VENTURE CAPITAL DEVELOPMENT IN CHINA 2019

中国创业投资发展报告

主 编 胡志坚 张晓原 贾敬敦 副主编 房汉廷 郑健健 郭 戎 张明喜

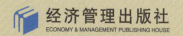

经济管理出版社
ECONOMY & MANAGEMENT PUBLISHING HOUSE

图书在版编目（CIP）数据

中国创业投资发展报告 2019/胡志坚，张晓原，贾敬敦主编.—北京：经济管理出版社，2019.10

ISBN 978-7-5096-3597-1

Ⅰ.①中… Ⅱ.①胡… ②张… ③贾… Ⅲ.①创业投资—研究报告—中国—2019

Ⅳ.①F832.48

中国版本图书馆 CIP 数据核字（2019）第 224248 号

组稿编辑：陈　力

责任编辑：高　娅

责任印制：高　娅

责任校对：王淑卿

出版发行：经济管理出版社

　　　　　（北京市海淀区北蜂窝 8 号中雅大厦 A 座 11 层　100038）

网　　址：www. E-mp. com. cn

电　　话：（010）51915602

印　　刷：北京玺诚印务有限公司

经　　销：新华书店

开　　本：880mm×1230mm/16

印　　张：14.75

字　　数：478 千字

版　　次：2019 年 10 月第 1 版　　2019 年 10 月第 1 次印刷

书　　号：ISBN 978-7-5096-3597-1

定　　价：150.00 元

委员会

主编

胡志坚　张晓原　贾敬敦

副主编

房汉廷　郑健健　郭　戎　张明喜

常务编委（按姓氏笔画排序）

丁飞燕	马俊理	马　敏	马德庆	方国银
王一军	王　元	王松奇	王俊艳	王品高
王树勋	王秋颖	王振伟	王晋斌	王润田
王　辉	王雄伟	王　衡	邓天佐	冯治库
卢道真	白瑞亮	刘华敏	刘　阳	刘维华
华裕达	向　兵	孙晓芸	成　功	朱星华
次仁平措	何国杰	何勇军	吴利军	吴　健
宋蜀玉	寿学平	张世杰	张　伟	张　华
张　帆	张自强	张建红	张俊芳	张　健
张　莉	李文雷	李　庆	李希义	李爱民
李雪婧	李　鑫	杨国荣	杨晓阳	沈文京
陈　千	陈工孟	陈云波	陈　伟	陈　玮
陈振权	陈晓明	陈海涛	尚朝秋	罗路兵
范　毅	郑社宁	金　戈	金弈名	俞志华
胥和平	荆树山	赵淑芳	赵　理	赵　雯
倪泽望	倪振东	唐永明	秦　勇	秦培龙
郭滕达	黄慰萍	傅丽枫	彭　元	曾　蓉
葛　晶	董　梁	谢照杰	韩　亮	韩　珺
蒲毅蕻	解　鑫	路　辉	熊仁章	蔡久田
黎苑楚	戴朝敏	魏世杰		

调研分析组

组　　长：郭　戎　　　副组长：张俊芳

执笔分工：

第 1 章	张俊芳	第 2 章	姜艳凤
第 3 章	赵淑芳	第 4 章	魏世杰
第 5 章	朱欣乐	第 6 章	李希义
第 7 章	朱欣乐	第 8 章	郭滕达
第 9 章	白瑞亮		

附录整理　张俊芳（附录1、附录2，附录4至附录7）

　　　　　朱欣乐（附录3）

　　　　　王秋颖（附录8）

创业投资调查员（按姓氏笔画排序）

马　宁	马　宇	马　肖	马晨征	王子铭
王　娜	王　铀	王　皓	邓　凯	邓韵然
兰定成	叶　竞	申　龙	刘　丽	刘其榕
刘　明	刘　森	华巢莘	孙　星	孙　婷
巩耀亮	庄鹭虹	纪博乐	邢金翠	邢慧婧
闫东开	闫晓斌	何　娟	吴　辉	宋蜀玉
张小莉	张　捷	张雪梅	张　婷	李国源
李　哲	李晓鹏	李　根	李连靖	李微微
杨文育	杨继涛	杨　燕	汪瑞民	苏淼淼
陈　诚	陈　娟	陈雪峰	周利平	孟雄伟
武　赟	苗　红	金　湛	姜宁朋	祝　涛
胡　焱	胡雷华	赵文君	赵　婧	赵　璐
郝殿伦	钟慧敏	徐东升	徐　佳	徐溪红
晋美诺布	栗建新	郭　俊	郭璐璐	曹建胜
隋　欣	博晓秋	蒋有文	谢　磊	韩巧娟
潘荣翠	潘懿文	薛　润		

参与和支持单位（排名不分先后）

科学技术部资源配置与管理司
中国科学技术发展战略研究院
科技部火炬高技术产业开发中心
科技部科技经费监督管理服务中心
国家科技风险事业开发中心
商务部外国投资管理司
国家开发银行投资业务局
中国进出口银行业务开发与创新部
中国社会科学院金融研究中心
中国科技金融促进会
中国台湾创业风险投资商业同业公会
亚洲创业基金期刊集团（中国香港）
中国风险投资研究院
中国风险投资有限公司
《中国科技投资》杂志社
北京清科创业风险投资顾问有限公司
北京市科学技术委员会
北京创业投资协会
北京市科技金融促进会
天津市科学技术委员会
天津市创业投资协会
上海市创业投资行业协会
重庆市科学技术委员会
重庆市科技创业投资协会
河北省科学技术厅
河北省科学技术情报研究院
河北石家庄高新技术产业开发区科技局
山西省科学技术厅
山西省风险投资协会
山西省科技基金发展总公司
内蒙古自治区生产力促进中心
内蒙古科技风险基金管理办公室
四川省科学技术厅
四川省成都生产力促进中心
四川省高新技术产业金融服务中心
四川省成都高新区财政金融局
四川省绵阳高新技术产业开发区创业服务中心
贵州省科学技术厅
贵阳国家高新区科技创新创业局
贵阳高新区金融办
贵州省科技评估中心

云南省科学技术厅
云南省科学技术院
辽宁大学工商管理学院
辽宁省股权和创业投资协会
辽宁省沈阳市科学技术局
辽宁省沈阳科技风险投资有限公司
辽宁省大连市生产力促进中心
辽宁省大连高新技术产业园区金融办
辽宁省阜新高新技术产业开发区管理委员会科技局
吉林省长春市科学技术局
吉林省高技术创业服务中心
吉林省科技厅
黑龙江省科学技术厅
黑龙江省哈尔滨市创业投资协会
黑龙江省科技资源共享服务中心
湖北省科学技术厅创投引导基金管理中心
湖北省创业投资同业公会
湖北省武汉市科技局
湖北省武汉市科技金融创新促进中心
湖北省襄樊高新技术创业服务中心
湖北省武汉东湖新技术开发区产业发展和科技创新局
河南省科学技术厅
湖南省科学技术厅
湖南省科技交流交易中心
山东省科学技术厅
山东省科技服务发展推进中心
山东省青岛市科技局
山东省青岛生产力促进中心
江苏省科学技术厅
江苏省创业投资协会
江苏省南京市科技局
江苏省无锡新区科技金融投资集团
浙江省科学技术厅
浙江省风险投资协会
浙江省杭州市科技局
浙江省宁波市科学技术局
安徽省科学技术厅
安徽省科技成果转化服务中心
江西省科学技术处
江西省科技金融管理服务中心
福建省高新技术创业服务中心

福建省厦门市科技局
福建省厦门火炬高技术产业开发区管委会
广东省科学技术厅
广东省风险投资促进会
广东省广州风险投资促进会
广东省佛山高新区经济发展和科技局
广东省珠海高新区科技创新和产业发展局
深圳市创业投资同业公会
深圳市科技金融服务中心
海南省科学技术厅
甘肃省科学技术厅
甘肃省科技风险投资有限责任公司
甘肃省兰州高科创业投资担保有限公司
宁夏回族自治区科学技术厅

宁夏回族自治区生产力促进中心
陕西省科学技术厅
陕西科技控股集团
陕西省西安高新技术产业开发区管理委员会金融服务办公室
陕西省杨凌农业高新技术产业示范区管委会金融工作办公室
陕西省创业投资协会
宝鸡高新区科技局
新疆维吾尔自治区科学技术厅
新疆新科源科技风险投资管理有限公司
广西科学技术厅
西藏自治区科学技术厅
西藏自治区科学信息研究所
青海省国有科技资产经营管理有限公司

目　录

摘　要

2018年创业投资市场观察与思考

全国创业投资调查组①

自2002年以来，科技部持续开展全国创业风险投资调查工作，跟踪行业发展的最新动态。本书结合2018年发展的宏观态势、第18次全国创投专项调查数据，以及行业调研数据，分析了2018年全球与我国创投资行业发展的新态势。同时，对行业未来发展提出了思考与展望。

1　2018年全球创业投资市场浅析

1.1　全球宏观经济环境浅析

2018年以来，全球经济总体延续复苏态势，但不同经济体之间差异扩大，全球经济增长的同步性降低。主要发达经济体经济复苏步伐出现分化，美国经济增长较为强劲，欧元区、英国和日本经济复苏势头有所放缓。新兴市场经济体总体增长较快，但内部表现继续分化，部分经济体仍面临调整与转型的压力。国际货币基金组织将2019年和2020年世界经济增长预测值下调到3.5%和3.6%。

2018年，全球金融脆弱性有所上升，国际金融市场走势分化、波动加剧。主要发达经济体复苏态势良好，发达经济体货币政策趋于正常化。全球流动性紧缩可能导致资产价格骤降，金融市场波动加剧。全球经济前景不明确、贸易摩擦升级、地缘政治冲突多点爆发，可能推动投资者避险情绪上升，引发投资回撤，并转向安全资产。与此同时，与金融科技等新技术相伴而生的新风险亦不容忽视，对全球金融监管构成新的挑战。

1.2　国外主要创业投资市场发展概述

2018年，全球主要国家创业投资市场仍然保持着较高的活跃性，行业机构数和管理资本量等多项指标均达到历史最好水平，募资增长强劲。例如，美国创投市场新募集资金540亿美元，达到有史以来的最高额度，占全球市场的67%；管理资产规模同比增长14%，达到4030亿美元；创投机构总量增幅8.9%，达到2931家。欧洲创投市场新募资金125.6亿美元，增幅11%，管理资本总量达到1141亿美元的新纪录；机构总量超过600家。韩国创业投资发展创下自2008年以来新高，新募基金47亿美元，管理资本总量201.2亿美元；新增机构140家，达到940家创投机构。

在投资方面，2018年全球创投活动也达到了创纪录的高点，在近15300宗交易中投资了2540亿美元。其中，美国创投企业投资额占全球总投资的51%，全年共有8948家企业获得了1310亿美元的创投资本融资。欧洲创投市场创下了历史最好水平，共有4400家企业获得90亿美元投资。韩国创业投资也达到历史最好水平，全年投资项目1399项，投资金额28.7亿美元。

---

① 全国创业投资调查写作组人员：张俊芳、张明喜、李希义、魏世杰、朱欣乐、郭滕达、白瑞亮、赵淑芳、薛薇等。本报告执笔人：张俊芳、张明喜。

2　2018 年中国创投市场发展的新态势

2018 年，为打好防范化解金融风险攻坚战，中国金融市场延续了去杠杆/稳杠杆政策以及防范系统性金融风险的相关政策监管措施，整体金融环境有所收紧，同时，受国际环境影响，股票市场指数下跌，债券市场、货币市场收益率下行，保险业资产增速放缓。但中国金融市场改革与创新持续深入，国家在金融市场制度建设方面做出积极探索，包括统一资产管理产品标准规制、加强对非金融企业投资金融机构的监管、进一步规范证券公司短期融资券管理、加强证券期货业监管制度建设等。整体上，服务民营企业、小微企业等实体经济功能更趋优化，对外开放举措有序推进，宏观杠杆率趋于稳定，金融风险防控取得进展，金融对实体经济的支持较为稳固。

2018 年，在资本寒冬的背景下，中国创投行业逆势而上，仍然保持着较高活力，市场全面进入洗牌期，整体投融资表现稳中有升。在政策方面，财政部、税务总局在全国范围推广实施税收抵扣优惠政策，证监会制定了创投基金投资企业上市解禁期与投资期反向挂钩政策，推动了早期科技项目和创业投资市场的发展。

2.1　行业持续活跃，机构数与资本总量再创新高

2018 年，中国创业投资机构数量持续增长，专业的创投基金与管理机构合计 2800 家[①]，较 2017 年增加 504 家，增幅 22.0%。其中，创投基金 1933 家，创投管理机构 869 家（见图 1）。

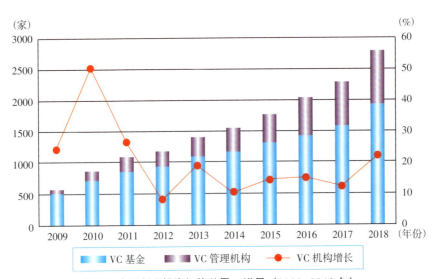

图 1　中国创业投资机构总量、增量（2009~2018 年）

尽管全年机构数量明显增长，但募集的资金规模却增速缓慢，部分新募基金尚未募集成功。全国创业投资管理资本总量达到 9179.0 亿元，较 2017 年增加 306.5 亿元，增幅仅为 3.5%；基金平均管理资本规模为 3.28 亿元（见图 2）。

2.2　整体资金面趋紧，募资呈现两极分化现象

2014 年以来，私募投资基金行业开始加强规范化监管。特别是 2018 年，整个市场资金面在强监管、紧信用、去杠杆的背景下趋紧，商业银行参与股权投资基金投资进入"严监管"时期，行业竞争进一步加剧，均影响了创投行业的资金募集。但保险机构和全国社保基金的股权投资限制逐渐放开，政府引导基金扩张进一步加剧，也推动了一些资金进入创投市场。

据调查，2018 年中国创业投资的资金来源构成中，政府引导基金出资占比 9.04%，其他政府财政资金出资占比 8.47%，国有独资投资机构出资占比 12.66%，三者合计占比 30.18%，较 2017 年上升了 4.14 个百分点；高净值个人投资占比 9.13%，较 2017 年略有下降；外资企业投资占比 1.75%，下降了 1.63 个百分点；此外，社保基金占比 0.33%，大幅增长。按照资金来源的金融属性划分，银行、保险、证券等金融机构资本合计占比 7.04%，较 2017 年大幅下降 4.95 个百分点。其中，银行资本占比较往年大幅下滑；主要资金仍来源于非金融资本，且占比上升，达到 65.99%（见图 3）。

---

① 为实际存量机构数，主要包括创业投资企业（基金）、创业投资管理企业。该数据已剔除不再经营创投业务或注销的机构数。

图2　中国创业投资管理资本总额（2009~2018年）

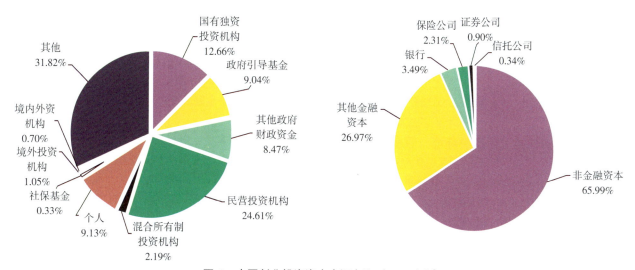

图3　中国创业投资资本来源占比（2018年）①

在市场资金面持续紧张的情况下，头部机构基于品牌影响力、历史优秀业绩等因素更容易获得投资人的青睐，中部及尾部机构募资难度不断加大。调查显示②，2018年大型创投机构的管理资本规模持续扩张，管理资本规模在5亿元以上的机构的管理资本占比较2017年明显上升，从72.2%提高至85.7%，而其他资金规模的创投机构占比均有所下降。

2.3　投资强度增大，人工智能、物联网与大数据等引领新一轮产业革命的领域持续成为投资热点

据统计，截至2018年底，全国创业投资机构累计投资项目数达到22396项，累计投资金额4769亿元。2018年当年披露投资项目2740项，披露投资金额为527.2亿元，项目平均投资强度1222万元/项，投资强度明显增大。

按行业板块划分，高新技术产业类别的投资项目占比达到61.5%，信息软件行业、生物医药行业、新能源环保业依然是中国创业投资的热点领域。从趋势看，2018年创业投资对医药生物业领域的投资金额有所下滑，投资资金占比15.27%；对信息服务业、计算机通信业的投资金额大幅度上升，投资资金占比达到23.84%。特别是，对物联网与大数据、人工智能、绿色经济等概念板块的投资持续高涨，投资金额占比分别达到12.23%、10.46%、7.81%。

---

① 总样本2800份，有效样本数1666份。
② 总样本2800份，有效样本数1663份。

2.4 多项政策齐发，促进投资阶段大幅前移

2018年，国务院出台的《关于促进创业投资持续健康发展的若干意见》中指出，要充分发挥引导基金的作用，支持初创期、早中期创新型企业发展。多项国家政策进一步细化落地，如证监会实施了创投基金投资企业上市解禁期与投资期反向挂钩政策；财政部、税务总局制定了天使投资税收抵扣优惠政策。以上政策均旨在引导投资阶段前移，促进早期投资。

调查结果显示，2018年投资于早期阶段的项目占比明显上升。投资于种子期、起步期的金额分别占10.94%、32.96%；投资于种子期、起步期的项目占比分别为24.10%、40.30%，均明显高于往年（见图4）。

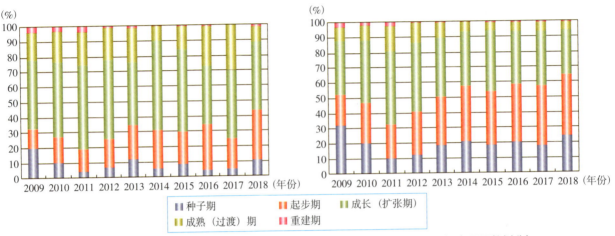

图4 投资项目所处阶段分布占比（2009~2018年）（分别按投资金额、投资项目数划分）

2.5 地方政府注重营造投资环境，吸引集聚效应明显

2018年，中国创业投资集聚效应依然明显，呈现出东部沿海和经济发达地区创投集聚，中部地区崛起，而西部广大地区平稳发展的态势。其中，北京、江苏和浙江的创投机构数量明显高出其他地区，分别为592家、560家、536家，合计占比60.3%；北京、江苏、广东三个地区的管理资本总量位居前三甲，分别为2134.4亿元、1946.8亿元、1616.2亿元，合计占比62.1%。

各地政策频出，积极引导投资方向，营造投资环境。其中，北京、江苏、四川、天津等地区种子期投资的项目占比超过了30%。从投资机构的注册地与投资项目所在地可以看出，北京、江苏、浙江、广东、上海地区吸引了大量的投资机构和投资项目。相比而言，上海、江苏、浙江等地的投资环境更优，投资项目占比超过了注册机构占比（见图5）。

2.6 受国内外宏观形势影响，投资收益有所下滑

2018年，受国内宏观经济影响和中美贸易摩擦影响，市场流动性紧张程度加剧，行业收益有所下滑。披露信息的创业投资机构主营业务平均年收入1340.80万元，低于2017年水平。其中，股权转让增值收入占全部收入的44.36%，分红收入占21.97%，管理费、咨询费收入占15.53%，其他收入占18.14%。

退出转让是创投机构获得收入的重要来源。受资本市场股指下挫的影响，2018年，创投上市退出账面回报率10.99倍，与2017年相比有所下滑；通过并购退出的项目回报率为130.13%，也出现了大幅下降。相比而言，新三板市场退出项目收益率出现大幅度上涨，总体收益率达到171.85%。全行业退出项目亏损占比45.9%，行业退出回报率下降到205.8%，年均回报率31.1%（见图6）。受行业投资阶段前移影响，退出步伐略微放缓，项目平均退出时间为4.7年。

2.7 政府引导基金扩张放缓，引导效果明显

从20世纪90年代末至今，政府引导基金经历了初期探索、快速扩张与规范发展阶段，在引导社会资本抚育初创期成长中发挥了有效作用。2018年，受资管新规落地等监管趋严因素影响，政府引导基金采用结构化方式撬动银行资金受到限制，许多基金募集受阻无法落地，新设基金数量和目标规模均大幅下滑。调查显示，截至2018年底，我国政府引导基金带动的创业投资参股基金共计492只，

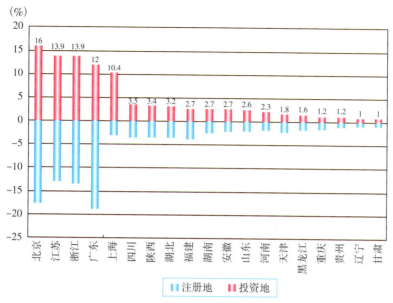

图5　创投机构注册地与项目投资地对比（2018年）

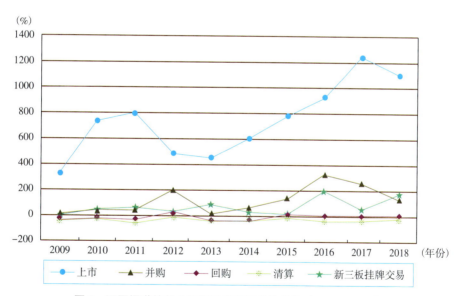

图6　不同渠道的创业投资退出项目总体收益（2009~2018年）

其中，政府引导基金出资865.65亿元，引导带动创业投资机构管理资金规模合计4848.2亿元。

调查显示，在获得政府引导基金支持的创投基金中，政府出资平均占比21.1%，与未获得引导基金支持的基金相比，表现出以下差异：一是基金规模明显偏大，获得引导基金的基金平均单只规模14.26亿元，而未获得引导基金支持的基金平均规模4.72亿元；二是获得引导基金支持的机构更加倾向于起步期阶段的投资，其投资金额占比达到37.5%，高于未获得引导基金支持的创业投资机构的29.6%；三是获得引导基金支持的创业投资机构更倾向于高新技术企业投资，2018年获得引导基金支持的创业投资机构所投资的高新技术企业占总投资项目数的26.9%，明显高于未获得引导基金支持的创业投资机构占比（17.7%）。

2.8　市场竞争加剧，基金管理内部水平有所提升

2018年，伴随着市场资金趋紧，行业头部效应更加明显，市场竞争加剧。据调查，"影响投资效果的主要原因"仍主要来源于"退出渠道""政策环境"以及"市场竞争程度"，其中，市场竞争程度的影响占到了17.4%。

另外，面对日益严峻的市场环境，提高机构募、投、管、退各方面的综合实力成为获得竞争优势的关键。伴随着市场的成熟，我国创投行业职业经理人素质有所提高，内部管理能力逐步增强。调查显示，2018年"影响投资效果的主要原因"中的"内部管理水平有限"占比由17.1%下降到了13.9%。统计显示，机构的投后管理意识已逐渐加强。2013年仅有16.1%的机构设置了专门的投后管理团队，而2018年的相应百分比已达70.3%。

3　思考与展望

中国创投行业从20世纪80年代开始，经历了萌芽期、起步期、快速扩张期和调整期，30余年起起伏伏，市场已日趋成熟，行业发展的环境整体向好。展望未来，我们认为，中国创投业应沿着"制度专业化""管理精细化""渠道多元化""环境生态化"的路径不断发展与完善。

一是走专业化路径。专业化是全球私募基金发展的普遍规律。从国际看，私募基金可分为证券类私募基金和股权类私募基金，而股权类私募基金又分为创投基金、股权基金（并购基金）、不动产基金等专业化运作基金。许多学者认为，专业化发展是我国私募基金实现高质量发展的必由之路。只有专业化，才能避免各类伪私募基金的泛滥，促进行业回归本原；只有专业化，才能打造基金管理品牌，有效提升核心竞争力；只有专业化，才能按照不同基金的特点实行差异化监管，精准施策。建议进一步完善私募基金法律的概念体系，明确证券投资基金、创业投资基金以及其他类股权投资基金的投资边界，为专业化发展奠定法律基础。进一步完善区别化的政策扶持体系和差异化的行政监管制度，避免"一刀切"行为，在行业注册、审批、监管、退出以及扶持优惠等方面给予充分考虑，推进落实创新容错机制，实施差异化政策。

二是走精细化路径。精细化管理源于日本20世纪50年代的一种企业管理理念，是一种以最大限度地减少管理所占用的资源和降低管理成本为主要目标的管理方式。精细化管理是社会分工的精细化以及服务质量的精细化对现代管理的必然要求，也是我国创投行业提质增质、做强做大的必然要求。我国创投行业发展正从粗放式管理走向规范化管理，未来应向精细化管理迈进。建议学习国际创投的先进管理经验，提高机构募、投、管、退各部门的专业实力，根据被投企业不同发展阶段、投资金额进行差异化的资源分配和管理服务，最大限度地利用投后资源提升被投企业的效益。加大对创业投资人才的培养、引进和使用力度，集聚国内外优质创业投资管理人，对高端人才引进给予适当奖励和便利服务。

三是走多元化路径。畅通的资本流动是创投行业发展的关键要素。与国外创投相比，募资与退出不畅一直是影响我国创投业发展的重要原因。未来，应进一步发展多元化的资金募集渠道与多元化的资本退出渠道。建议在法律法规允许的框架范围内，创新各类资金募集手段，鼓励各类有风险承受能力的主体（包括企业、个人、非营利组织等）开展创业投资业务；完善制度设计，降低银行、保险资金、社保基金等金融与类金融机构投资创业投资基金的门槛；鼓励和支持运作规范的创业投资企业，通过上市、发行企业债券、发行资金信托等方式，拓展多元化的融资渠道。进一步完善多层次资本市场建设，大力发展科创板，建立稳定的市场化运作机制，完善创投企业上市及退出相关制度建设，畅通创投机构的退出通道。

四是走生态化路径。创投行业的发展离不开项目的挖掘、选取、培养、退出等各个环节，需要完善生态系统的构建。建议优化鼓励专业化发展的市场环境，加快税收优惠等扶持政策的落地；继续完善优秀项目的孵化培育机制，通过建立国际合作孵化器、加速器、国际科技合作基地等方式，加快境外优秀项目的培养与引入；充分发挥科技投资服务平台作用，建立联通科技创新项目、各类基金以及科创板等市场板块的纽带，丰富创业投资企业的投资和退出渠道；推动银行、保险、券商、各类基金、担保公司以及其他专业科技金融机构之间的联动衔接，形成全方位一体化的金融服务生态。

Executive Summary

Observation and Consideration of Venture Capital Market in 2018

National Venture Capital Survey Group[①]

Since 2002, the Ministry of Science and Technology has continued to carry out national venture risk investment investigation work to track the latest news of industrial development. Through integrating the macroscopic situation of development in 2018, the 18th national venture capital survey data, and industry research data, this paper analyzes the new development trend of the investment industry in 2018 in China and throughout the world. In the meanwhile, it puts forward some thoughts and prospects for the future development of the industry.

1 A brief analysis of the global venture capital investment market in 2018

1.1 A brief analysis of the global macroeconomic environment

Since 2018, the global economy has extended the overall recovery trend, but the differences between different economies have expanded and the synchronization of global economic growth has decreased. The pace of economic recovery in major developed economies has shown a difference. The economy growth of the United States is rather rigorous, but the economic recovery impetus in the Eurozone, the UK and Japan has slowed. Emerging market economies generally grew faster, but internal performance continued to differentiate, and some economies were still confronted by the adjustment and transition pressure. The International Monetary Fund expects that the world economic growth forecast for 2019 and 2020 would be lowered to 3.5% and 3.6%, respectively.

In 2018, global financial fragility has increased, and international financial market trends have diverged and volatility has intensified. Major developed economies show sound recovery impetus, and the monetary policy in developed economies tends to normalize. The compression of the global liquidity will probably lead to a sharp drop in asset price and an intensified financial market volatility. Undefined global economic prospects, escalating trade frictions, and frequent explosion of geopolitical conflicts in several areas may promote investors to rise in risk aversion, trigger investment retracement, and turn to safe assets. At the same time, new risks accompanied by new technologies such as the financial technology and so on cannot be ignored, posing new challenges to global financial regulation.

1.2 Introduction of the development of main overseas venture capital investment markets

In 2018, the venture capital markets in major countries

[①] Members of the compilation team： Zhang Junfang, Zhang Mingxi, Li Xiyi, Wei Shijie, Zhu Xinle, Guo Tengda, Bai Ruiliang, Zhao Shufang, Xue Wei, et al. The writer of the report： Zhang Junfang and Zhang Mingxi.

throughout the world still maintained a high activeness. Several indexes, including the number of institutions and the amount of management capital created a record high, and the growth of fundraising was powerful. For example, the newly raised funds in the US venture capital market reached 54 billion US dollars, which was the highest level in the history, accounting for 67% of the global market; the scale of the managerial asset increased by 14% on a year-on-year basis to reach 430 billion US dollars; the total number of venture capital institutions increased by 8.9%, reaching the number of 2931. The newly raised funds in the European venture capital market was up to 12.56 billion US dollars, showing an increase of 11%, and the total amount of the managerial capital reached a record high of 1141 billion US dollars; the total number of institutions exceeded 600. The venture capital development of Korea has hit a new high since 2008, with a newly raised fund of 4.7 billion US dollars and a total managerial capital of 20.12 billion US dollars; 140 new institutions were established during the period, thus having a total of 940 venture capital institutions.

In terms of investment, the global venture capital activity reached a record high in 2018 as well, investing 254 billion US dollars in nearly 15300 transactions, in which, the investment amount of the US venture capital enterprises accounted for 51% of the total global investment, a total of 8948 companies received the venture capital financing of 131 billion US dollars throughout the year. The European venture capital market also created a record high, with a total of 4400 companies winning the investment of 9 billion US dollars. Korean venture capital has also reached the best level in history. There were a total of 1399 investment projects in China, with the investment amount of 2.87 billion US dollars.

2　New situation of the Chinese venture capital market development in China

In 2018, in order to have a good performance in preventing and resolving financial risks, the Chinese financial market continued the de-leveraging/leverage stabilizing policy and related policy supervision measures to prevent systemic financial risks. The overall financial environment has been tightened. In the meanwhile, because of the influence of the international environment, the stock market index fell, the profitability of

the bond market and currency market declined, and the asset of the insurance industry slowed down in the growth speed. However, on the other hand, reform and innovation of the Chinese financial market continued to deepen, and the state has actively explored financial market system construction, including: Unified asset management product standard regulation, strengthening supervision of non-financial enterprise investment financial institutions, further regulating of the short-term financing bond management of the securities firms and the strengthening of the supervisory system establishment of the securities and futures industry. As a whole, the real economic function of serving the private enterprises, small and micro enterprises is more optimized, the measures for opening up to the outside world are promoted in an orderly manner, the macro leverage ratio tends to become stable, the prevention and control of financial risks is progressing, and the financial support for the real economy is relatively stable.

In 2018, in the background of the depressed capital market, the Chinese venture capital industry resisted the downwards trend and still maintained a strong activity. The overall market entered the reshuffle period, and the overall investment and financing performance showed a steady rise performance. In terms of policies, the Ministry of Finance and the State Administration of Taxation promoted the implementation of preferential tax deduction policies nationwide. The China Securities Regulatory Commission formulated the reversed linking policy between the ban lifting period and investing period of the venture capital investment enterprises, thus promoting the development of early science and technology projects and venture capital markets.

2.1　The industry maintains active, and both the number of institutions and the total capital amount create a new record high

In 2018, the number of venture capital institutions in China continued to expand. The total number of professional venture capital fund and management institutions was 2800[①], increased by 504 compared with that of 2017, showing an increase of 22.0%. Among them, there are 1933 venture capital fund organizations and 869 venture capital management institutions (refer to Figure 1).

---

① It is the number of the organizations existing in practice, which mainly includes：Venture capital enterprise(fund), venture capital management enterprise. The data excludes the institutions no longer operating the venture capital business or have been canceled.

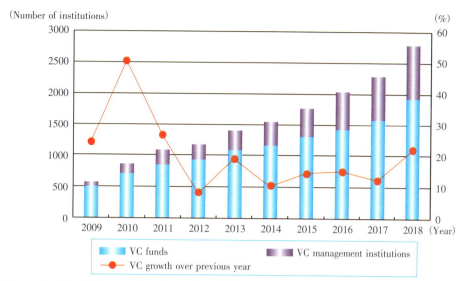

Figure 1   The total amount and growth of Chinese venture capital institutions (2009–2018)

Although the number of institutions increased significantly throughout the year, the scale of managerial fund collected grew slowly, and some new funds even failed in fund raising. The total amount of national venture capital managerial capital reached RMB 917.90 billion, increased by RMB 30.65 billion compared with that of 2017, showing an increase of only 3.5%; the average managerial capital scale of the fund was RMB 328 million (refer to Figure 2).

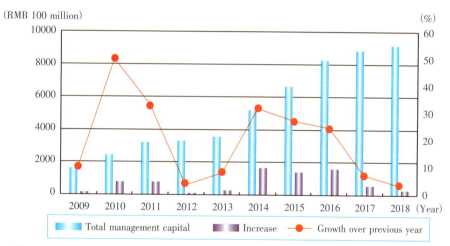

Figure 2   Total amount of Chinese venture capital managerial capital (2009–2018)

2.2   The overall fund face tends to be tight, and the fund raising presents a polarization phenomenon

Since 2014, the private investment fund industry has begun to strengthen standardized supervision. In particular, in 2018, the entire market capitalization was tightened under the background of strong supervision, tight credit and de-leverag-

ing. Commercial bank's participation in private equity and fund investment entered the "serious supervision" period and the industrial competition further intensified, which affected fundraising of the venture capital industry without exception. On the other hand, the restrictions on equity investment of insurance institutions and the National Social Security Fund have gradually eased, and the expansion of government-guided funds has further intensified, which has also pushed some funds into the venture capital market.

According to the investigation, as to the constitution of the fund source for venture capital investment in China in 2018, the government-guided fund accounted for 9.05%, the other government funds contributed 8.47%, and the contribution of the state-owned investment institutions accounted for 12.66%, which jointly accounted for 30.18%, rising by 4.14% compared with that of 2017. The high net worth personal investment accounted for 9.13%, showing a slight decrease compared with that of 2017. The investment of foreign companies accounted for 1.75%, showing a decrease of 1.63%. In addition, social security funds accounted for 0.33%, showing a substantial increase. According to the financial attributes of the fund sources, the total capital of financial institutions such as banks, insurance and securities accounted for 7.04%, decreasing dramatically by 4.95% compared with that of 2017. Among them, bank capital declined dramatically compared with the previous years. The main fund source was still from the non-financial capital, and the percentage increased, reaching 65.99% (refer to Figure 3).

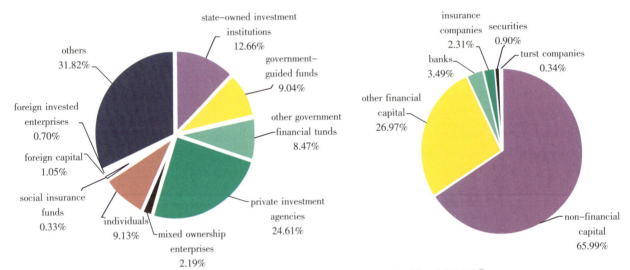

Figure 3   Percentage of the Chinese venture capital fund (2018)[①]

Under the circumstance of continued tight market capitalization, the head institutions are more likely to be favored by investors because of the brand influence, historical excellent performance and many other factors, and the middle and tail institutions tend to have more difficulty in fund raising. The survey[②] showed that the managerial capital of large venture capital institutions continued to expand in 2018, and the percentage of the management capital of the institutions with the managerial capital scale of over RMB 500 million rose significantly compared with that of 2017, from 72.2% to 85.7%. However, the percentage of the venture capital institutions with other capital scales declined without exception.

2.3   The investment intensity increases, and the fields leading the industrial reform in the new round, such as artificial intelligence, Internet of Things, and big data continue to become the investment hot spot

According to statistics, as of the end of 2018, the number of cumulative investment projects of national venture capital institutions reached 22396, with a total investment amount of RMB 476.9 billion. The amount of the disclosed investment projects was 2740, the disclosed investment amount was RMB 52.72 billion and the average investment strength of the project was RMB 12.22 million/project. The investment intensity increased significantly.

According to the industry segment, the proportion of in-

① Total 2800 samples, effective 1666 samples.
② Total 2800 samples, effective 1663 samples.

vestment projects in the high-tech industry category reaches 61.5%, and the information software industry, bio-pharmaceutical industry, and new energy and environmental protection industries are still hotspots for venture capital investment in China. From the perspective of the development tendency, the investment amount of venture capital investment in the field of pharmaceutical and biological industry declined in 2018, and the investment fund accounted for 15.27%. The investment amount of information service industry and computer communication industry increased significantly, and the proportion of investment funds reached 23.84%. In particular, the investment in the concept areas of the Internet of Things and big data, artificial intelligence, and green economy continued to rise, and the investment amount reached 12.23%, 10.46% and 7.81%, respectively.

2.4 At the same time, promoting the investment phase to march forward dramatically

In 2018, the State Council issued the *Several Opinions on Promoting the Sustainable and Healthy Development of Venture Capital*, which pointed out to give full play to the role of the guiding fund and support the development of innovative enterprises in the early stage, early and mid-term. Several national policies were further refined and settled in 2018. For example, the China Securities Regulatory Commission formulated the reversed linking policy between the ban lifting period and investing period of the venture capital investment enterprises; the Ministry of Finance and the State Administration of Taxation have formulated a preferential tax deduction policy for angel investment. Both the above policies are aimed at guiding the investment phase to move forward and promoting early investment.

The investigation result shows that the proportion of projects invested in the early stage in 2018 has increased significantly. The amount of investment in the seeding period and the starting period accounted for 10.94% and 32.96% respectively; the proportion of projects invested in the seeding period and the starting period was 24.10% and 40.30%, respectively, which were significantly higher than in previous years (refer to Figure 4).

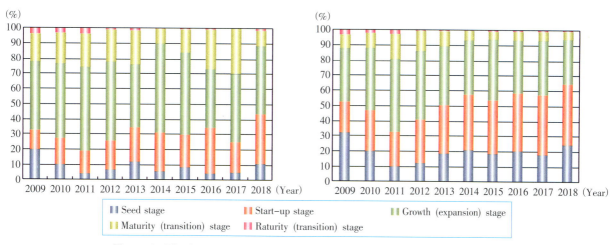

Figure 4 The investment project phase distribution proportion (2009~2018)
(divided by the investment amount and amount of the investment projects) ①

2.5 Local government focuses on creating the investment environment, and the attraction and accumulation effects are significant

In 2018, the accumulation effect of China's venture capital investment was still significant, showing the accumulation of venture capital in the eastern coastal areas and economically developed areas, the rise of the central region, and the steady development of the vast areas in the west. The numbers of venture capital institutions in Beijing, Jiangsu and Zhejiang were significantly higher than other regions, with 592, 560 and 536 respectively, totally accounting for 60.3%. The total managerial capitals of Beijing, Jiangsu and Guangdong took the first three places, which were respectively RMB 213.44 billion, RMB 194.68 billion and RMB 161.62 billion, totally accounting for 62.1%.

Policies of various local areas are issued frequently, actively guiding the investment direction and creating the investment environment. The projects being invested in the seed period in Beijing, Jiangsu, Sichuan, Tianjin and other regions accounted for more than 30%. It can be seen from the registration place of the investment institution and the location of the investment project that Beijing, Jiangsu, Zhejiang, Guangdong and Shanghai have attracted a large number of investment institutions and investment projects. In contrast, Shanghai, Jiangsu, Zhejiang and other places have better investment environment, and the proportion of investment projects exceeds the proportion of registered institutions (refer to Figure 5).

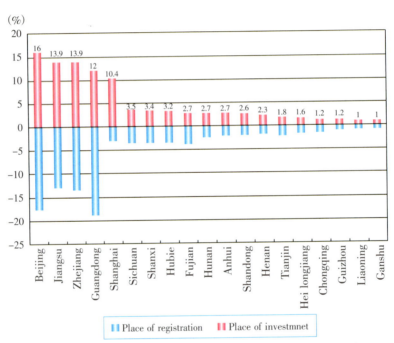

Figure 5   Contrast between the venture capital institution registration place and project investment location (2018)

2.6   Affected by domestic and overseas macro-situation, the investment earnings declines

In 2018, affected by the domestic macro economy and Sino-US trade friction, market liquidity tensions intensified and industry earnings declined. The average annual income of the main business of the venture capital institution that disclosed the information was RMB 13.408 million, which was lower than the level of 2017. Among them, equity transfer value-added income accounted for 44.36% of total income, dividend income accounted for 21.97%, management fees, consulting fee income accounted for 15.53%, and other incomes accounted for 18.14%.

Withdrawal to transfer is an important source for venture capital institutions gaining incomes. Affected by the decline in the capital market stock index, the return on investment of the venture capital listed company was 10.99 times in 2018, which was lower than that of 2017. The return rate of projects exited through mergers and acquisitions was 130.13%, which also showed a sharp drop. In contrast, the yield rate of the exit projects in the New Third Board market increased sharply, and the overall rate of return has reached 171.85%. The loss of the whole industry exit project accounted for 45.9%, the industry exit return rate fell to 205.8%, and the average annual return rate was 31.1% (refer to Figure 6). Affected by the advancement of the industry investment phase, the exit pace has slightly slowed down, and the average exit time of the project was 4.7 years.

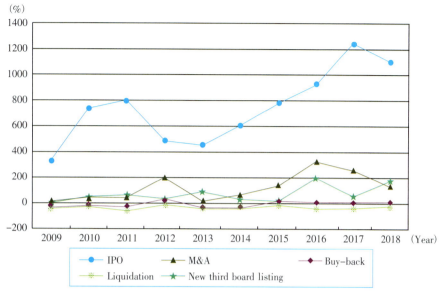

Figure 6   The overall yield of the venture capital exit projects in different channels   (2009–2018)

2.7   The expansion of the government guidance fund slows and the guidance effect is significant

From the end of the 1990s to the present, the government guidance fund has experienced the initial exploration stage, rapid expansion and standard development stages, and played an effective role in guiding the growth of social capital in the initial stage. In 2018, because of the tight supervision factors including the settlement of the capital regulatory new policies, the government guidance fund was restricted of its behavior in prizing the bank capital with the structural means. Many raised funds were blocked and unable to be settled. The number of newly-established funds and target scales fell sharply. According to the investigation, as of the end of 2018, the venture capital participation funds driven by the government guidance fund totaled 492 pieces, of which, the government guidance fund contributed RMB 86.565 billion, and the capital scale of the venture capital institutions being driven was RMB484.82 billion.

According to the investigation, in the venture capital funds obtaining the government guidance fund, the government contributed an average of 21.1%. The following differences are demonstrated compared with the funds obtaining no guidance fund: Firstly, the fund size is significantly larger. The average scale of the funds obtaining guidance fund is

RMB 1.426 billion, and the average scale of the funds obtaining no guidance fund is RMB 472 million. Secondly, the institutions obtaining the support of guidance fund are more inclined to invest in the initial stage, and the investment amount accounts for 37.5%, which is higher than 29.6% of venture capital institutions obtaining no guidance fund. Thirdly, venture capital institutions supported by the guidance fund are more inclined to invest in high-tech enterprises, and high-tech enterprises invested by venture capital institutions obtaining guidance fund in 2018 accounted for 26.9% of the total invested projects, which is significantly higher than the proportion of the venture capital institutions obtaining no guidance fund (17.7%).

2.8   The market competition keeps on intensifying, and the internal level of fund management is promoted

In 2018, as the market fund became tighter, the industry's head effect was more obvious and market competition kept on intensifying. According to the investigation, "the main reason affecting the investment effect" is still mainly from "exit channel", "policy environment" and "market competition level", in which, the influence of market competition degree accounts for 17.4%.

On the other hand, in the face of the increasingly severe

market environment, improving the comprehensive strength of the institution, such as fundraising, investment, management and retreat has become the key to gaining competitive advantage. As the market is becoming maturer, the quality of professional managers in China's venture capital industry has improved, and internal management capabilities have gradually increased. The investigation result shows that, the proportion of "limited internal management" in "the main reason affecting the investment effect" in 2018 decreased from 17.1% to 13.9%. Statistics show that the post-investment management awareness of the institution has gradually strengthened. In 2013, only 16.1% of institutions set up a specialized post-investment management team, and the corresponding percentage was up to 70.3% in 2018.

3 Consideration and look ahead

Since the 1980s, China's venture capital industry has experienced the germination period, starting period, rapid expansion period and adjustment period. After the fluctuations of the past 30 years, the market has matured and the overall environment for industry development is improving. Looking into the future, we believe that China's venture capital industry should continue to develop and improve along the path of "institutional specialization", "management refinement", "channel diversification" and "environmental ecology".

Firstly, Step on the path of specialization. Specialization is the universal law of the development of global private equity funds. From an international perspective, private equity funds can be divided into securities private equity funds and equity private equity funds, while equity private equity funds are again divided into professional operation funds such as venture capital funds, equity funds (M&A funds), and real estate funds. Many scholars believe that professional development is the inevitable course for China's private equity funds to achieve high-quality development. Only specialization can avoid the proliferation of various pseudo-private funds and promote the industry to regress to its original intention; only specialization can create fund management brands and effectively enhance the core competitiveness; only specialization can implement differentiated supervision and precision strategies according to the characteristics of different funds. It is suggested to further

improve the concept system of the law on private equity fund, clarify the investment boundaries of securities investment funds, venture capital funds and other equity investment funds, and lay a legal foundation for the specialized development. In addition, it is required to further improve the diversified policy support system and differentiated administrative supervision system, avoid "one-sizefits-all" behavior, give full consideration in terms of industry registration, approval, supervision, exit, and support incentives and so on, promote the implementation of innovative fault tolerance mechanism, and implement differentiated policies.

Secondly, Take the path of refining. Originated from a corporate management concept in Japan in the 1950s, refined management is a management method with the main goal of minimizing the resources occupied by management and reducing management costs. Refined management is not only the inevitable requirement of refined social labor division and defined service quality to modern management, but also an essential factor for the improvement and strengthening of China's venture capital industry. China's venture capital industry is developing from extensive management to standardized management, and it shall develop toward refined management in the future. It is suggested to learn the advanced management experience of international venture capital, improve the professional strength of the institutions in fund raising, investing, management and exiting, differentiate the resource allocation and management services according to the different development stages of the invested enterprises and the invested amounts, and utilize the post-investment resources to promote the benefit of the invested enterprises to the greatest extent. Efforts will be made to increase the training, introduction and use of venture capital talents, gather high-quality venture capital managers at home and abroad, and provide appropriate incentives and convenient services for the introduction of high-end talents.

Thirdly, Take the path of diversification. The unimpeded capital flow is a key element in the development of the venture capital industry. Compared with foreign venture capital, the impeded fund raising and exiting have always been important factors affecting the development of the venture capital industry in China. In the future, it is required to further develop diversified fund-raising channels and diversified capital exit channels. It is suggested to innovate various fund raising ap proaches within the framework permitted by laws and regulations, and encourage all types of risk-bearing entities (including enterprises, individuals, non-profit organiza tions, etc.) to carry out venture capital business; improve system design, lower the threshold of various financial and similar financial institutions, such as banks, insurance funds and social insurance funds and so on in venture capital investment; encourage and support venture capital enterprises with standardized operations to expand diversified financing channels through listing, issuance of corporate bonds, and issuance of fund trusts. Moreover, efforts will be made to further improve the construction of the multi-level capital market, vigorously develop the science and technology board, establish the stable market-oriented operation mechanism, improve the establish ment of the venture capital enterprise's listing and exit related systems, and smooth the exit channel of venture capital institutions.

Fourthly, Take the ecological path. The development of the venture capital industry can't do without the mining, selection, training, exit and other processes of the project, and it is required to perfect the construction of the ecological system. It is suggested to optimize the market environment that encourages professional development, accelerate the settlement of tax incentive supportive policy and the like, continue to improve the incubation mechanism for outstanding projects, and accelerate the training and guidance of outstanding overseas projects through the establishment of international cooperation incubators, accelerators, and international science and technology cooperation bases; give full play to the role of science and technology investment service platform, establish the bonds among market segments such as science and technology interconnection and innovation projects, various funds and science and technology boards, enrich the investment and exit channels of venture capital enterprises; promote the linked connection among banks, insurances, securities traders, various funds, bonding companies and other professional science and technology financial institutions, thus establishing the omnibearing integrated financial service ecology.

1　中国创业投资的机构与资本

1.1　2018年度调查概述

2019年1~5月，科技部、商务部、国家开发银行等部门联合启动第17次全国创业投资年度调查工作，按照国家统计局要求（国统制〔2018〕196号），组织了全国30个省（市、自治区、直辖市）、58个调查实施机构和143名调查员进行网上填报。在此期间，各类创业投资机构认真贯彻落实《中华人民共和国统计法》（以下称简《统计法》），积极配合调查工作。十余年来，本项统计调查工作为中央引导地方科技发展专项资金、科技成果转化引导基金申报，以及创业投资年度评奖等工作提供了有效的数据支持，也为我国创投业内重要政策的出台提供了有力支撑，成为我国科技金融工作的重要组成部分。

本报告所调查的创业投资机构主要包括以下两类：①创业投资企业（基金），包括以政府资金直接投资项目，或采用引导基金的方式参股创业投资。②创业投资管理企业，其受创业投资基金委托，筛选投资项目，提出投资决策建议，并受托进行投资后管理。目前，创业投资机构的组织形式主要包括公司制与合伙制企业。

根据创业投资的标准概念，我们剔除以下样本：①行业性和综合性投资公司，如电力投资、工交投资集团、投资主业模糊不清的投资类公司等。②以基建、房地产等大建设投资为主业的产业投资基金。③以并购、夹层融资等为主业的私募股权投资基金（PE）。④主要从事担保业务、信托业务的金融机构，但持续地开展创业投资业务的机构除外。⑤在境外注册设立、在境内仅以办公室形式开展商业活动的私募股权机构。

统计显示，截至2018年底，"中国创业投资信息系统"（www.ivcc.casted.org.cn）中累计有7262家机构参与过调查（包括关停并转等注销机构），其中2018年首次参与调查的新注册机构有1086家。

1.2　创业投资机构和管理资本

2018年，中国创投市场全面进入洗牌期。一方面，募集新基金的需求依旧强劲，但随着政策趋紧，募资难问题变得突出，募资周期变长，许多新成立的基金募集资金速度明显放缓；另一方面，市场格局的两极分化现象变得更加明显，少数的头部机构能够保持较高活跃度，而大量的中小机构则处于募资难、投资少的低迷运营状态。

2018年，中国创业投资机构数达到2800家①，较2017年增加了504家，增幅为22.0%。其中，创业投资基金为1931家、创业投资管理机构869家（见表1-1、图1-1）。

---

① 为实际存量机构数，主要包括创业投资企业（基金）、创业投资管理企业。该数据已剔除不再经营创投业务或注销的机构数。

表 1-1　中国创业投资机构总量、增量（2009~2018 年）①

项目　　　　　年份	2009	2010	2011	2012	2013	2014	2015	2016	2017	2018
现存的 VC 机构（家）	576.0	867.0	1096.0	1183.0	1408.0	1551.0	1775.0	2045.0	2296.0	2800.0
其中：VC 基金（家）	495.0	720.0	860.0	942.0	1095.0	1167.0	1311.0	1421.0	1589.0	1931.0
其中：VC 管理机构（家）	81.0	147.0	236.0	241.0	313.0	384.0	464.0	624.0	707.0	869.0
当年新募集基金（家）②	152.0	261.0	250.0	204.0	147.0	230.0	283.0	248.0	199.0	252.0
VC 机构增长（%）	24.1	50.5	26.4	7.9	19.0	10.2	14.4	15.2	12.3	22.0

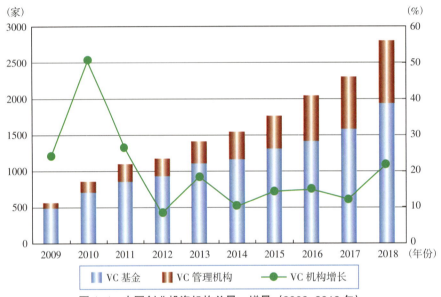

图 1-1　中国创业投资机构总量、增量（2009~2018 年）

　　尽管全年机构数量明显增长，但募集的资金管理规模却增速缓慢。2018 年，全国创业投资管理资本总额达到 9179.0 亿元③，较 2017 年增加了 306.5 亿元，增幅仅为 3.5%；基金平均管理资本规模为 3.28 亿元（见表 1-2、图 1-2）。

表 1-2　中国创业投资管理资本总额（2009~2018 年）

项目　　　　　年份	2009	2010	2011	2012	2013	2014	2015	2016	2017	2018
管理资本总额（亿元）	1605.10	2406.60	3198.00	3312.90	3573.90	5232.40	6653.30	8277.10	8872.50	9179.00
较上年增长（%）	10.30	49.90	32.90	3.60	7.90	31.70	27.20	24.40	7.20	3.50
基金平均管理资本规模（亿元）	3.24	3.34	3.72	3.52	3.26	4.48	4.66	4.05	3.86	3.28

　　① 由于我国创投行业迅猛发展，基金形态日趋多样，从 2010 年起，按照国际惯例区分基金和基金管理公司，并对前期数据进行了追溯调整。

　　② 在实际统计中当年新募基金数量存在一定偏差，存在当年进入统计而实际为前几年募集成立的基金，因此每年对前期新募基金数据进行调整。

　　③ 我国创业投资的业态不断复杂化，存在大量的资本嵌套。因此，在计算管理资本量时，我们对母子基金以及基金与受托管理公司之间重复的资本量进行了剔除。

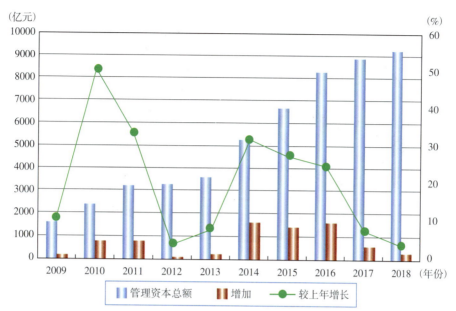

图 1-2 中国创业投资管理资本总额（2009~2018 年）

1.3 创业投资的资本来源

考虑到不同资本来源属性之间的交叉关系，以及近年来创业投资资金来源日趋多元化的特点，采用两个维度对我国创业投资的资本来源进行划分。

第一个维度按照资金来源的机构性质进行分类如下：①政府引导基金。②其他财政资金，包括各级政府（包括事业单位）对创业风险资本的直接资金支持。③国有独资机构投资，指国有独资公司直接提供的资金，包括企业和银行等国有金融机构。④混合所有制机构投资。⑤民营投资机构投资。⑥社保基金。⑦高净值人群。⑧境内外资，指通过已在中国境内注册并运作的外商独资（含港、澳、

台）和合资合作企业取得的创业投资资本。⑨境外资金，指境外机构获得的创业投资资本。⑩其他资金。

据统计，2018 年中国创业投资的构成中，政府引导基金出资占比 9.05%，其他财政资金出资占比 8.47%，国有独资投资机构出资占比 12.66%，三者合计占比 30.18%，较 2017 年上升了 4.14 个百分点；高净值个人投资占比 9.13%，较 2017 年略有下降；外资企业占比 1.75%，下降了 1.63 个百分点；此外，社保基金大幅增长，占比为 0.33%（见表 1-3、图 1-3）。

表 1-3 中国创业投资资本来源（2017~2018 年）（维度一）①

单位：%

资本来源 年份	国有独资 投资机构	政府引导 基金	其他财政 资金	民营投资 机构	混合所有制 投资机构	个人	境外投资 机构	境内外资 机构	社保基金	其他
2017	12.47	7.28	6.29	27.07	6.03	9.73	0.32	3.06	0.04	27.72
2018	12.66	9.05	8.47	24.61	2.19	9.13	1.05	0.70	0.33	31.82

① 有效样本数为 1666 份。

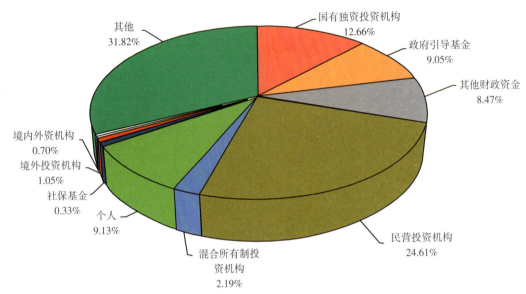

图 1-3   中国创业投资资本来源（2018 年）（维度一）①

第二个维度按照资金来源的金融属性划分，2018 年，银行、保险、证券、信托等金融机构资本合计占比 7.04%，较 2017 年大幅下降 4.95 个百分点。由于 2018 年以来，我国整个金融行业的流动性降低，短期内股权投资市场资金面紧缩，银行资本占比较往年大幅下滑；其他金融资本占比 26.97%，较上年略有下降；主要资金仍来源于非金融资本，且占比上升，达到 65.99%（见表 1-4、图 1-4）。

表 1-4   中国创业投资资本来源（2017~2018 年）（维度二）②   单位：%

资本来源 年份	非金融资本	其他金融资本	银行	保险公司	证券公司	信托公司
2017	60.15	27.85	6.66	0.83	2.54	1.96
2018	65.99	26.97	3.49	2.31	0.90	0.34

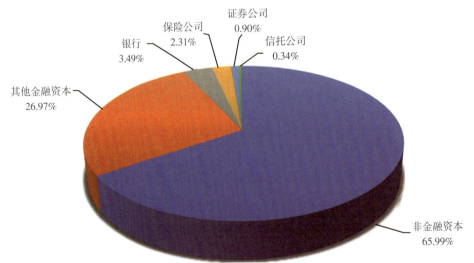

图 1-4   中国创业投资资本来源（2018 年）（维度二）③

① 有效样本数为 1666 份。
②③ 有效样本数为 1663 份。

1.4　创业投资机构的资本规模及分布

　　总体而言，2018 年创业投资机构管理资金规模的两极效应更加明显，平均管理规模下滑。从资金分布情况看，管理资金在 5000 万元以下的创业投资机构占机构总数的 32.6%，持续上升；管理资金规模在 5 亿元以上的占到了 12.6%，也较 2017 年上升了 2.4 个百分点。而管理资金规模在 5000 万~1 亿元、1 亿~2 亿元，以及 2 亿~5 亿元的机构占比均较 2017 年有所下滑（见表 1-5、图 1-5）。

表 1-5　中国不同规模创业投资机构分布（2017~2018 年）　　　　　　单位：%

年份	5000 万元以下	5000 万~1 亿元	1 亿~2 亿元	2 亿~5 亿元	5 亿元以上
2017	32.3	20.1	18.1	19.0	10.2
2018	32.6	19.9	17.5	17.3	12.6

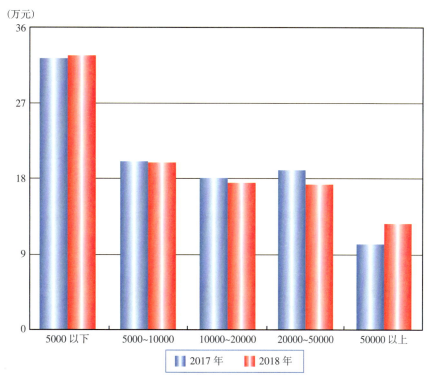

图 1-5　中国不同规模创业投资机构分布（2017~2018 年）[①]

---

① 有效样本数为 3464 份。

按机构的管理资金规模划分，2018 年大型创投机构的管理资本持续扩张，管理资本规模在 5 亿元以上的机构占比较 2017 年明显上升，从 72.2% 提高到 85.7%，而其他各阶段资金规模的创投机构占比均有所下降（见表 1-6、图 1-6）。

表 1-6　中国不同规模创业投资机构管理资本分布（2017~2018 年）①　　　　　　单位：%

年份	5000 万元以下	5000 万~1 亿元	1 亿~2 亿元	2 亿~5 亿元	5 亿元以上
2017	2.1	4.2	6.9	14.7	72.2
2018	1.1	2.2	3.6	7.4	85.7

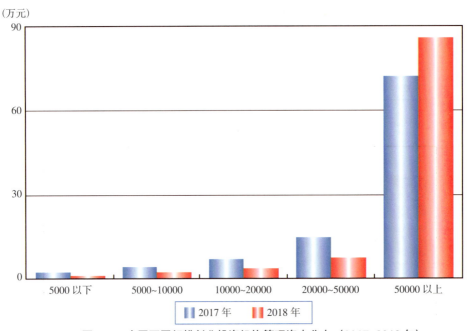

图 1-6　中国不同规模创业投资机构管理资本分布（2017~2018 年）

1.5　中国创业投资的总体投资情况

2018 年，披露的中国创投市场投资项目达到 2740 项，与上年相比略有增长。披露项目投资金额为 527.2 亿元，较 2017 年大幅下降，项目平均投资额为 1924 万元，与往年持平。其中，投资高新技术企业项目 682 项，投资金额为 134.3 亿元，均较 2017 年有所下降，项目平均投资额为 1969 万元（见表 1-7）。

---

① 有效样本数为 3464 份。

表 1-7 截至 2018 年底中国创业投资当年投资情况（2012~2018 年）

年份	当年投资项目总数（项）	投资高新技术企业/项目数（项）	当年投资金额（亿元）	投资高新技术企业/项目金额（亿元）
2012	1903	850	356.0	172.6
2013	1501	590	279.0	109.0
2014	2459	689	374.4	124.8
2015	3423	820	465.6	117.2
2016	2744	634	505.5	92.1
2017	2687	825	845.3	153.8
2018	2740	682	527.2	134.3

截至 2018 年底，全国创业投资机构累计投资项目数达到 22396 项，累计投资金额 4769 亿元，其中，投资高新技术企业项目数 9279 项，占累计项目数的 41.4%；投资高新技术企业金额 1757.2 亿元，占比 36.8%（见表 1-8）。

表 1-8 截至 2018 年底中国创业投资累计投资情况（2012~2018 年）

年份	累计投资项目总数（项）	投资高新技术企业/项目数（项）	累计投资金额（亿元）	投资高新技术企业/项目金额（亿元）
2012	11112	6404	2355.1	1193.1
2013	12149	6779	2634.1	1302.1
2014	14118	7330	2933.6	1401.9
2015	17376	8047	3361.2	1493.1
2016	19296	8490	3765.2	1566.8
2017	20674	8851	4110.2	1627.3
2018	22396	9279	4769.0	1757.2

2   中国创业投资的投资分析

2.1   中国创业投资行业特征

2.1.1   中国创业投资行业分布[①]

2018年，中国创业投资的行业分布发生了较大变化。从投资金额来看，主要集中在医药保健、IT服务业、其他制造业、传统制造业和软件产业等领域；从投资项目数看，主要集中在IT服务业、医药保健、软件产业、其他制造业、生物科技等领域（见表2-1）。

表2-1   投资项目行业分布：投资金额与投资项目（2017~2018年）   单位：%

投资行业	2018年		2017年	
	投资金额	投资项目	投资金额	投资项目
医药保健	10.79	7.38	8.96	6.09
IT服务业	9.54	8.78	2.68	5.13
其他制造业	6.09	6.47	2.97	7.22
传统制造业	5.79	4.21	3.99	4.70
软件产业	5.70	6.79	2.16	7.18
新能源、高效节能技术	5.23	3.89	2.02	3.74
网络产业	5.13	5.29	1.95	4.52
生物科技	4.48	5.61	8.04	5.26
社会服务	4.19	3.21	2.70	1.87
新材料工业	3.78	4.34	1.91	4.39
金融保险业	3.60	2.90	5.12	3.48
其他IT产业	3.47	2.76	0.32	1.44
半导体	3.00	3.48	0.84	3.09
科技服务	2.91	4.52	1.33	5.35
传播与文化娱乐	2.66	3.89	1.85	5.13
计算机硬件产业	2.26	2.58	0.84	2.39
消费产品和服务	2.03	3.76	2.86	4.92
环保工程	1.80	1.86	1.78	3.39

[①] 有效样本数为2210份。

续表

投资行业	2018 年		2017 年	
	投资金额	投资项目	投资金额	投资项目
光电子与光机电一体化	1.79	2.04	0.80	1.74
批发和零售业	1.65	1.90	0.47	1.44
通信设备	1.19	2.04	0.67	1.48
农林牧副渔	0.97	1.22	2.37	1.78
房地产业	0.78	0.36	0.14	0.22
交通运输仓储和邮政业	0.68	0.90	0.89	1.39
建筑业	0.63	0.59	14.37	1.39
采掘业	0.38	0.09	20.19	0.43
水电煤气	0.08	0.09	0.26	0.30
核应用技术	0.01	0.05	0.01	0.09
其他行业	9.40	9.00	7.52	10.44

　　从我国创业投资行业变化趋势看，仍然以高科技类企业为主要投资对象。相对而言，2018 年投资于生物科技的热度下降，IT 服务业、传统制造业、医药保健、软件产业等行业不断获得创业投资的青睐（见表 2-2、表 2-3）。

表 2-2　创投主要投资领域（按投资资金分布）（2009~2018 年）　　　　单位：%

年份	2009	2010	2011	2012	2013	2014	2015	2016	2017	2018
医药保健	4.90	5.30	3.80	4.85	10.04	7.35	5.37	3.65	8.96	10.79
IT 服务业	1.50	3.20	2.80	3.14	3.58	3.00	3.03	3.30	2.68	9.54
其他行业	10.00	15.70	11.20	7.62	2.65	8.45	10.41	12.90	7.52	9.40
其他制造业	—	—	8.20	4.83	5.30	3.31	3.67	1.65	2.97	6.09
传统制造业	11.90	10.10	7.70	10.10	7.19	7.64	3.77	1.99	3.99	5.79
软件产业	10.90	2.90	2.10	2.41	2.02	7.37	7.54	9.58	2.16	5.70
新能源、高效节能技术	8.50	8.30	6.20	7.19	8.69	2.94	2.95	1.97	2.02	5.23
网络产业	1.80	2.80	2.50	2.05	1.90	4.02	5.07	34.03	1.95	5.13
生物科技	2.50	3.90	3.90	2.80	2.27	3.68	2.13	1.89	8.04	4.48
社会服务	—	—	0.70	1.09	1.86	2.36	3.42	0.90	2.70	4.19
新材料工业	6.40	9.30	8.70	7.81	7.13	3.72	5.66	3.36	1.91	3.78
金融保险业	15.20	7.80	2.40	5.42	10.12	2.86	5.71	6.97	5.12	3.60
其他 IT 产业	2.20	1.20	1.50	1.68	0.36	1.02	0.48	0.64	0.32	3.47
半导体	2.30	1.20	1.30	1.44	1.40	1.35	0.65	0.96	0.84	3.00
科技服务	2.00	2.30	1.60	1.64	1.02	2.18	1.76	1.61	1.33	2.91
传播与文化娱乐	2.50	2.10	2.20	6.35	6.16	5.44	5.50	3.02	1.85	2.66

续表

年份	2009	2010	2011	2012	2013	2014	2015	2016	2017	2018
计算机硬件产业	0.10	1.10	0.70	1.10	0.68	4.15	1.65	1.27	0.84	2.26
消费产品和服务	4.30	7.10	9.40	6.27	5.00	1.57	2.14	1.43	2.86	2.03
环保工程	1.80	3.30	2.60	2.81	2.89	2.83	2.31	1.47	1.78	1.80
光电子与光机电一体化	4.10	4.20	3.30	3.49	4.62	1.89	0.85	0.85	0.80	1.79
批发和零售业	0.30	0.70	1.20	0.85	0.50	3.82	1.24	0.43	0.47	1.65
通信设备	1.90	1.00	2.80	3.63	3.11	13.76	18.59	0.95	0.67	1.19
农林牧副渔	3.50	4.10	4.10	6.07	6.33	2.00	1.94	0.96	2.37	0.97
房地产业	—	—	4.90	1.24	0.21	1.99	0.94	0.37	0.14	0.78
交通运输仓储和邮政业	—	—	1.40	0.35	2.57	0.18	1.86	1.60	0.89	0.68
建筑业	—	—	1.60	1.94	1.32	0.62	0.76	1.98	14.37	0.63
采掘业	1.50	2.50	0.60	1.30	0.51	0.00	0.06	0.01	20.19	0.38
水电煤气	—	—	0.10	0.29	0.25	0.44	0.46	0.24	0.26	0.08
核应用技术	0.10	0	0.40	0.24	0.17	0.06	0.08	0.04	0.01	0.01

表 2-3   创投主要投资领域（按投资项目分布）（2009~2018 年）　　　单位：%

年份	2009	2010	2011	2012	2013	2014	2015	2016	2017	2018
IT 服务业	3.30	4.20	4.10	3.42	4.17	5.67	5.75	6.70	5.13	8.78
医药保健	6.00	5.80	4.40	6.18	9.99	5.28	4.05	5.44	6.09	7.38
软件产业	13.90	7.00	3.50	3.12	5.32	9.40	7.41	7.58	7.18	6.79
其他制造业	—	—	8.30	4.98	4.67	4.11	5.25	4.09	7.22	6.47
生物科技	5.50	5.60	3.30	4.80	4.17	4.11	3.47	4.37	5.26	5.61
网络产业	3.10	4.80	3.20	2.82	3.74	8.88	10.61	11.35	4.52	5.30
科技服务	2.70	2.50	1.80	2.58	1.94	2.60	3.05	4.51	5.35	4.53
新材料工业	7.20	10.10	9.50	8.76	7.61	5.93	5.48	5.53	4.39	4.35
传统制造业	9.40	7.30	8.00	8.82	6.03	4.98	4.44	3.58	4.70	4.21
新能源、高效节能技术	6.30	7.80	6.00	7.20	6.75	4.16	4.17	3.77	3.74	3.89
传播与文化娱乐	2.10	1.90	2.40	5.28	5.24	3.81	4.32	5.26	5.13	3.89
消费产品和服务	3.10	4.10	7.20	3.54	3.45	2.56	2.66	3.07	4.92	3.76
半导体	3.80	2.50	1.70	1.44	2.51	1.78	1.16	1.30	3.09	3.49
社会服务	—	—	1.30	2.34	1.87	1.65	3.09	1.95	1.87	3.21
金融保险业	5.40	4.10	2.00	4.20	6.54	3.59	5.17	3.12	3.48	2.85
其他 IT 产业	3.70	2.30	2.40	1.92	1.01	1.60	1.04	1.02	1.44	2.76
计算机硬件产业	0.40	1.40	1.30	1.50	1.22	1.69	1.81	1.91	2.39	2.58
通信设备	3.00	2.50	3.20	3.72	3.16	8.32	5.79	2.00	1.48	2.04

续表

年份	2009	2010	2011	2012	2013	2014	2015	2016	2017	2018
光电子与光机电一体化	5.10	6.00	4.60	3.78	4.89	2.86	2.05	2.14	1.74	2.04
批发和零售业	0.30	0.70	1.20	0.72	0.36	1.86	1.08	0.70	1.44	1.90
环保工程	2.70	3.30	3.20	3.06	3.95	3.03	3.09	3.12	3.39	1.86
农林牧副渔	2.30	3.20	4.80	4.74	3.66	2.73	2.01	1.91	1.78	1.22
交通运输仓储和邮政业	—	—	0.80	0.24	1.15	0.17	0.89	0.88	1.39	0.91
建筑业	—	—	1.80	1.62	1.22	0.56	0.58	0.56	1.39	0.59
房地产业	—	—	0.30	0.54	0.29	0.22	0.35	0.23	0.22	0.36
采掘业	1.00	1.20	0.70	0.48	0.57	0.04	0.04	0.09	0.43	0.09
水电煤气	—	—	0.10	0.42	0.29	0.22	0.31	0.05	0.30	0.09
核应用技术	0.10	0.00	0.50	0.48	0.29	0.04	0.04	0.09	0.09	0.05
其他行业	9.70	11.70	8.40	7.26	3.74	8.14	10.85	13.67	10.44	9.01

按行业大类统计，信息软件行业、生物医药行业、新能源环保业依然是中国创业投资的热点领域。从趋势看，2018年创业投资对医药生物业领域的投资金额有所下滑，对信息服务业、计算机通信业的投资金额大幅度上升（见表2-4）。

表2-4　主要投资领域（2017~2018年）　　　　　单位：%

行业划分			2018年		2017年	
			投资金额（亿元）	投资项目（个）	投资金额（亿元）	投资项目（个）
I	信息传输、软件和信息服务业	IT服务业	23.84	23.62	7.11	18.27
		其他IT产业				
		软件产业				
		网络产业				
C8	医药生物业	生物科技	15.27	12.99	17.00	11.38
		医药保健				
C9	新能源和环保业	核应用技术	10.82	10.14	5.72	11.61
		环保工程				
		新材料工业				
		新能源、高效节能技术				
O	其他行业		9.40	9.00	7.52	10.44
C7	计算机、通信和其他电子设备制造业	半导体	8.24	10.14	3.15	8.70
		光电子与光机电一体化				
		计算机硬件产业				
		通信设备				

续表

行业划分		2018 年		2017 年	
		投资金额（亿元）	投资项目（个）	投资金额（亿元）	投资项目（个）
C12	其他制造业	6.09	6.47	2.97	7.22
CA	传统制造业	5.79	4.21	3.99	4.70
J	金融保险业	3.60	2.90	5.12	3.48
N	传播与文化娱乐	2.47	3.89	1.85	5.13

近年来，由于新技术的出现，许多行业已经难以再采用传统的行业分类方式进行划分。比如，金融科技产业可能部分属于网络产业，部分属于金融保险行业，而人工智能产业则可能分布于多个领域。因此，从 2017 年调查起，我们除了按照传统的行业进行分类统计，还采用了概念板块进行投资分布统计。

从统计结果来看①，除其他板块以外，2018 年中国创业投资的项目主要分布在物联网与大数据、人工智能、绿色经济等概念板块（见表 2-5）。

表 2-5　投资项目的概念板块分布：投资金额与投资项目（2018 年）　　　　单位：%

概念板块	投资金额占比	投资项目占比
物联网与大数据	12.23	10.54
人工智能	10.46	12.97
绿色经济	7.81	5.97
金融科技	4.58	5.36
互联网教育	0.74	1.77
共享经济	0.37	0.97
扶贫	0.23	0.37
其他	63.59	62.06

2.1.2　中国创业投资对高新技术产业与传统产业的投资比较②

通过对行业进行产业结构划分，可以看出，2018 年中

国创业投资对高新技术产业的投资金额和投资项目占比均有所上升（见表 2-6、图 2-1、表 2-7、图 2-2）。

表 2-6　投资金额年度行业分布：高新技术产业与传统产业（2009~2018 年）　　　　单位：%

产业　　年份	2009	2010	2011	2012	2013	2014	2015	2016	2017	2018
高新技术产业	52.3	52.4	44.9	47.6	50.4	59.3	58.2	65.6	54.5	57.2
传统产业	47.7	47.6	55.1	52.4	49.6	40.7	41.8	34.4	45.5	42.8

---

① 有效样本数为 1642 份。
② 有效样本数：高新项目样本数为 1359 份；传统项目样本数为 851 份。

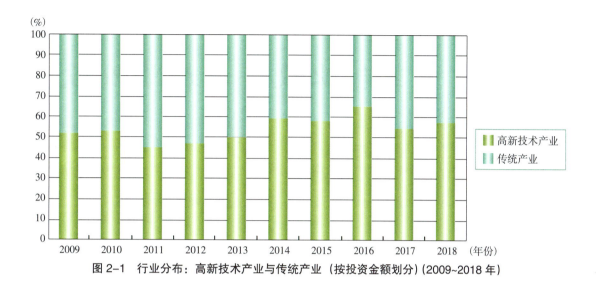

图 2-1 行业分布：高新技术产业与传统产业（按投资金额划分）(2009~2018 年)

表 2-7 投资项目年度行业分布：高新技术产业与传统产业（2009~2018 年） 单位：%

产业＼年份	2009	2010	2011	2012	2013	2014	2015	2016	2017	2018
高新技术产业	67.7	67	53.4	55.3	61.3	65.4	59	60.9	55.7	61.5
传统产业	32.3	33	46.6	44.7	38.7	34.6	41	39.1	44.3	38.5

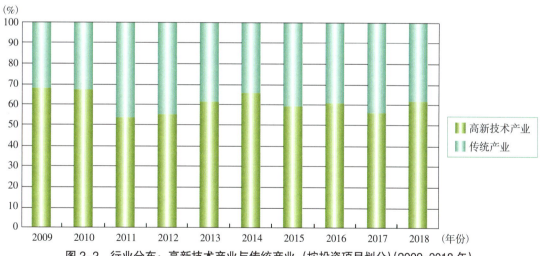

图 2-2 行业分布：高新技术产业与传统产业（按投资项目划分）(2009~2018 年)

2.2　中国创业投资的投资阶段

2.2.1　中国创业投资所处阶段总体分布[①]

按照投资金额划分，2018 年中国创业投资机构的投资金额主要集中在成长（扩张）期（44.6%）、起步期（33.0%）；投资项目主要集中在起步期（40.3%）、成长（扩张）期（29.4%）（见表 2-8）。

表 2-8　投资项目所处阶段总体分布：投资金额与投资项目（2018 年）　　　　单位：%

成长阶段	投资金额	投资项目
种子期	10.9	24.1
起步期	33.0	40.3
成长（扩张）期	44.6	29.4
成熟（过渡）期	10.4	5.4
重建期	1.1	0.8

从历史趋势来看，2018 年投资于早期阶段的项目占比明显上升；投资于种子期的金额达到 10.94%，投资项目占比 24.1%，明显高于 2017 年；投资于起步期的金额占比 32.96%，项目占比 40.3%，也明显高于 2017 年（见表 2-9、图 2-3、表 2-10、图 2-4）。

表 2-9　投资项目所处阶段分布：投资金额（2009~2018 年）　　　　单位：%

阶段＼年份	2009	2010	2011	2012	2013	2014	2015	2016	2017	2018
种子期	19.90	10.20	4.30	6.55	12.22	5.63	8.11	4.33	4.54	10.94
起步期	12.80	17.40	14.80	19.32	22.38	25.23	21.53	30.30	20.76	32.96
成长（扩张）期	45.10	49.20	55.00	52.00	41.42	59.04	54.40	38.50	44.66	44.61
成熟（过渡）期	18.50	20.20	22.30	21.56	22.82	10.05	15.24	26.31	29.86	10.42
重建期	3.70	3.00	3.60	0.57	1.16	0.05	0.72	0.55	0.17	1.07

[①] 有效样本数为 2278 份。

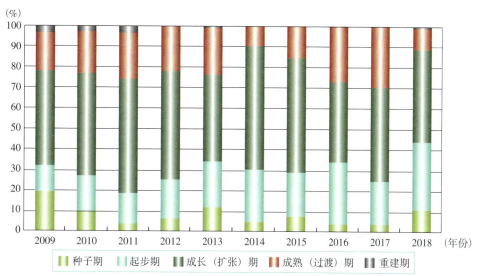

图 2-3 投资项目所处阶段分布（按投资金额划分）(2009~2018 年)

表 2-10 投资项目所处阶段分布：投资项目（2009~2018 年） 单位：%

阶段 \ 年份	2009	2010	2011	2012	2013	2014	2015	2016	2017	2018
种子期	32.20	19.90	9.70	12.33	18.36	20.76	18.22	19.62	17.77	24.10
起步期	20.30	27.00	22.70	28.66	32.46	36.55	35.55	38.92	39.51	40.30
成长（扩张）期	35.20	40.90	48.30	44.98	38.21	35.94	40.15	35.00	36.22	29.46
成熟（过渡）期	9.00	10.00	16.70	13.24	10.00	6.49	5.41	5.71	5.91	5.36
重建期	3.30	2.20	2.60	0.79	0.97	0.26	0.66	0.75	0.59	0.79

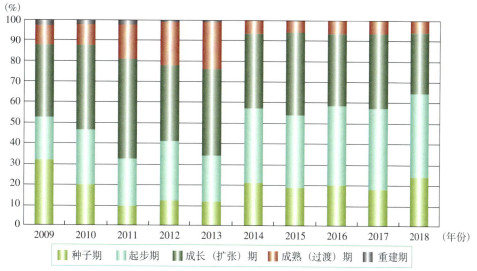

图 2-4 投资项目所处阶段分布（按投资项目划分）(2009~2018 年)

2.2.2 中国创业投资在主要行业投资项目的阶段分布

按照行业分布来看，2018 年中国创投业在通信设备、半导体、高效节能、软件等行业的早前期（包括种子期、起步期）的投资资金占比超过半数；在通信设备、软件行业、半导体、IT 服务业等行业的早前期投资项目占比超过了 60%（见表 2-11、表 2-12）。

表 2-11   主要行业投资阶段分布：按投资金额划分（2018 年）①   单位：%

投资行业	种子期	起步期	成长（扩张）期	成熟（过渡）期	重建期
交通运输仓储和邮政业	1.76	57.66	37.65	2.93	—
新能源、高效节能技术	7.09	50.81	34.61	7.50	—
科技服务	11.03	48.83	32.52	5.04	—
通信设备	6.06	47.19	35.84	10.01	0.90
其他行业	17.04	45.91	28.66	8.39	—
软件产业	5.95	43.88	44.74	5.43	—
网络产业	8.76	43.58	41.44	6.22	—
半导体	21.29	39.24	38.97	0.51	—
新材料工业	17.18	38.97	36.35	5.36	2.14
消费产品和服务	10.73	36.18	47.62	2.57	2.89
农林牧副渔	5.94	35.57	49.65	8.85	—
IT 服务业	10.97	35.47	29.47	18.13	5.96
生物科技	19.82	35.23	38.06	6.51	0.38
传播与文化娱乐	11.66	34.34	34.90	16.28	2.81
传统制造业	1.46	33.31	48.60	15.45	1.18
其他 IT 产业	11.20	33.00	35.20	20.37	0.22
其他制造业	4.18	32.17	56.54	7.10	—
医药保健	11.91	30.24	51.22	5.46	1.17
计算机硬件产业	14.61	29.15	33.19	23.05	—
批发和零售业	22.06	23.27	27.80	26.88	—
建筑业	1.40	22.41	11.21	64.98	—
金融保险业	12.44	20.55	60.51	2.35	4.15
环保工程	1.48	16.78	81.21	0.52	—
光电子与光机电一体化	20.20	16.19	26.90	36.71	—
社会服务	11.91	14.52	60.72	12.86	—
房地产业	0.98	4.08	94.93	—	—
水电煤气	93.23	—	—	6.77	—
采掘业	46.15	—	53.85	—	—
核应用技术	100.00	—	—	—	—

① 有效样本数为 2114 份。

表 2-12 主要行业的投资阶段分布：按投资项目划分（2018 年）①   单位：%

投资行业	种子期	起步期	成长（扩张）期	成熟（过渡）期	重建期
通信设备	13.64	52.27	27.27	4.55	2.27
房地产业	12.50	50.00	37.50	0	0
软件产业	20.55	47.26	28.77	3.42	0
交通运输仓储和邮政业	5.88	47.06	41.18	5.88	0
半导体	18.31	46.48	33.80	1.41	0
农林牧副渔	19.23	46.15	30.77	3.85	0
IT 服务业	21.35	45.83	25.00	7.29	0.52
其他行业	26.74	44.39	25.67	3.21	0
科技服务	22.58	43.01	30.11	2.15	2.15
其他制造业	18.66	42.54	35.07	3.73	0
环保工程	17.50	42.50	37.50	2.50	0
其他 IT 产业	25.42	42.37	23.73	6.78	1.69
计算机硬件产业	31.37	41.18	21.57	5.88	0
网络产业	21.43	41.07	34.82	2.68	0
消费产品和服务	27.71	40.96	28.92	1.20	1.20
金融保险业	36.51	39.68	19.05	3.17	1.59
新材料工业	23.33	38.89	31.11	4.44	2.22
生物科技	24.37	38.66	29.41	5.88	1.68
传播与文化娱乐	26.51	38.55	26.51	4.82	3.61
新能源、高效节能技术	20.48	37.35	32.53	9.64	0
医药保健	21.74	35.40	37.27	4.35	1.24
传统制造业	10.47	29.07	51.16	6.98	2.33
批发和零售业	33.33	28.21	33.33	5.13	0
社会服务	56.72	26.87	11.94	4.48	0
光电子与光机电一体化	26.19	23.81	30.95	19.05	0
建筑业	7.69	15.38	46.15	30.77	0
采掘业	50.00	0	50.00	0	0
核应用技术	100.00	0	0	0	0
水电煤气	50.00	0	0	50.00	0

按照行业概念板块进行划分，2018 年，金融科技、共享经济等领域的种子期投资金额较多，人工智能、互联网教育的种子期投资项目较多；而扶贫、绿色经济概念板块的投资则主要分布在成长（扩张）期，其中扶贫板块成长（扩张）期的投资项目达 50%（见表 2-13、表 2-14）。

---

① 有效样本数为 2210 份。

表 2-13　概念板块的投资阶段分布：按投资金额划分[1]　　　　　　　　单位：%

投资行业	种子期	起步期	成长（扩张）期	成熟（过渡）期	重建期
人工智能	9.40	33.52	39.72	17.35	—
金融科技	20.69	28.34	40.15	4.96	5.86
扶贫	0.09	8.61	41.34	49.96	—
互联网教育	6.55	28.04	49.99	1.67	13.74
物联网与大数据	5.31	45.29	41.19	8.21	—
绿色经济	5.29	31.97	46.48	16.26	—
共享经济	13.06	46.08	40.85	—	—
其他	11.88	34.51	42.49	10.38	0.75

表 2-14　概念板块的投资阶段分布：按投资项目划分[2]　　　　　　　　单位：%

投资行业	种子期	起步期	成长（扩张）期	成熟（过渡）期	重建期
人工智能	23.15	42.36	28.08	6.40	0
绿色经济	18.28	36.56	39.78	5.38	0
互联网教育	22.22	37.04	29.63	3.70	7.41
扶贫	16.67	16.67	50.00	16.67	0
物联网与大数据	16.15	51.55	27.33	4.97	0
金融科技	29.63	43.21	22.22	2.47	2.47
共享经济	25.00	50.00	25.00	0	0
其他	21.03	40.34	33.05	4.72	0.86

2.3　中国创业投资的投资强度

2.3.1　中国创业投资强度的变化趋势与行业差异[3]

　　数据显示，我国创业投资强度自 1995 年以来呈现总体上升趋势，到 2011 年达到顶峰，此后逐年下滑，到 2017 年以后呈现再次上升的趋势，2018 年项目的投资强度为 1222.06 万元/项（见表 2-15、图 2-5）。

表 2-15　项目的投资强度分布（2009~2018 年）　　　　　　　　单位：万元/项

年份	2009	2010	2011	2012	2013	2014	2015	2016	2017	2018
投资强度	1059.77	1356.53	1550.53	1322.66	1282.12	1129.53	1089.26	1014.76	1085.55	1222.06

[1] 有效样本数为 1555 份。
[2] 有效样本数为 1642 份。
[3] 有效样本数为 2498 份。

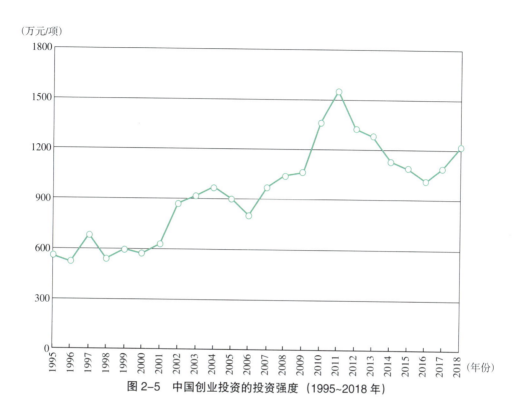

图 2-5 中国创业投资的投资强度（1995~2018 年）

按行业划分，2018 年创业投资的大项目主要集中在采掘业、医药保健、建筑业、新能源等领域，而对网络产业、软件产业等行业的单项投资金额较小，这可能与行业性质和投资阶段有关（见表 2-16、图 2-6）。

表 2-16　中国创业投资不同行业的投资强度（2009~2018 年） 单位：万元/项

行业 ＼ 年份	2009	2010	2011	2012	2013	2014	2015	2016	2017	2018
采掘业	1211.0	1633.2	1184.3	2130.4	1537.8	200.0	3002.0	290.0	1968.4	6000.0
医药保健	1052.5	1409.3	1444.5	1144.5	1351.0	1429.6	1190.4	1212.9	1321.3	1805.7
建筑业	—	—	1466.7	1834.0	1989.3	1346.9	1181.1	700.3	1809.1	1644.5
新能源、高效节能技术	1156.6	1302.8	1647.8	1373.0	1420.2	1059.2	1054.3	1089.9	1430.0	1390.4
其他 IT 产业	827.4	980.7	1297.0	1171.2	616.4	971.1	849.4	695.7	729.3	1342.8
水电煤气	—	—	866.7	1050.0	1512.5	1232.5	1845.4	—	2790.0	1315.9
计算机硬件产业	495.0	997.3	1117.0	799.6	581.5	1225.9	1067.8	908.0	991.1	1294.7
传统制造业	1481.1	2057.8	1754.9	1390.3	1409.1	1032.4	1115.1	1122.4	1356.7	1239.2
生物科技	612.0	805.1	1369.0	904.5	960.5	1059.2	1130.9	1091.2	1110.0	1227.1
农林牧副渔	1580.6	2054.7	1505.4	1836.0	1516.6	1036.7	1517.0	1073.9	1107.3	1217.9
新材料工业	1212.9	1376.6	1639.7	1224.5	1444.0	1006.4	1416.6	1033.1	1194.9	1176.0
金融保险业	1964.0	1326.1	977.6	1653.0	1885.6	929.0	1216.9	1469.1	931.3	1166.4
其他行业	1189.9	1542.2	1628.9	1110.4	1075.7	1400.5	1156.7	1179.8	1204.1	1135.0

续表

年份 行业	2009	2010	2011	2012	2013	2014	2015	2016	2017	2018
半导体	688.7	895.4	1608.3	1312.6	963.9	1322.8	856.4	1064.9	892.6	1133.0
光电子与光机电一体化	879.1	1075.8	1420.0	1288.3	1294.2	863.4	769.8	708.2	1290.4	1113.1
IT 服务业	609.1	1002.1	1208.5	1216.5	963.0	843.4	895.5	854.1	1005.4	1064.5
社会服务	—	—	1150.3	728.5	1370.1	1147.2	752.7	771.4	977.3	1058.3
软件产业	788.4	756.2	976.3	1029.8	677.8	945.0	907.7	751.3	939.7	1031.6
网络产业	805.5	925.8	1487.4	1028.8	721.0	742.8	794.4	1007.9	891.1	1022.3
其他制造业	—	—	1825.3	1483.5	959.4	1181.2	1107.6	921.1	1031.7	999.4
科技服务	785.9	1400.8	1391.7	842.4	944.0	903.1	854.1	708.9	709.2	990.5
通信设备	671.0	726.0	1791.6	1439.3	1704.3	1540.4	1268.5	1200.5	948.5	899.0
传播与文化娱乐	1437.6	1413.1	1458.1	1398.6	1441.9	1543.3	961.0	907.5	872.3	865.4
环保工程	893.7	1501.4	1368.9	1402.3	1268.6	1559.3	1311.4	1184.6	1291.8	846.1
消费产品和服务	1435.8	2463.2	2102.0	2036.9	1712.8	1053.3	1260.2	781.0	877.3	833.2
交通运输仓储和邮政业	—	—	2163.9	2244.7	1432.4	1762.5	1633.9	1148.4	1198.3	825.9
建筑业	—	—	1466.7	1834.0	1989.3	1346.9	1181.1	700.3	1809.1	1644.5
房地产业	—	—	1492.2	1523.9	1237.5	511.0	2193.6	365.0	2160.0	634.3

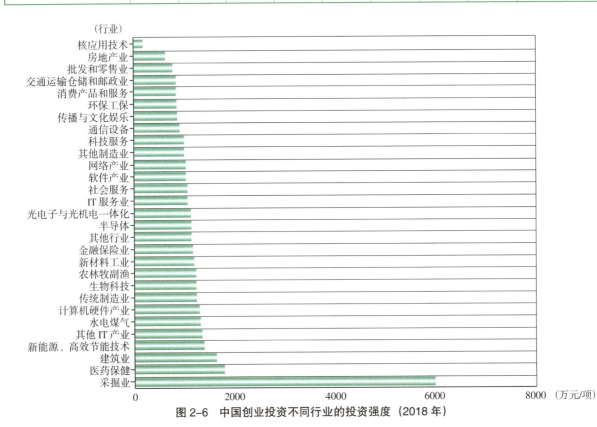

图 2-6　中国创业投资不同行业的投资强度（2018 年）

按行业概念板块进行划分，绿色经济板块的项目大多属成长期项目，单笔投资体量较大。想对而言，共享经济、互联网教育等领域的投资阶段较为靠前，投资强度较低（见表2-17）。

表 2-17　概念板块的投资强度（2018 年）　　　　　　　　单位：万元/项

概念板块	投资强度
共享经济	586.09
互联网教育	638.64
扶资	967.50
人工智能	1232.13
金融科技	1305.35
其他	1574.91
物联网与大数据	1773.22
绿色经济	1998.43

2.3.2　中国创业投资机构单项投资规模分布[①]

2018 年，中国创业投资机构投资项目中，500 万~1000 万元的投资项目所占比例最大，达到 20%；其次是 1000 万~2000 万元的投资项目，占比为 18.3%。与 2017 年相比，投资强度有所上升（见表 2-18）。

表 2-18　单项投资金额分布（2009~2018 年）　　　　　　　　单位：%

金额（万元） 年份	<100	100~300	300~500	500~1000	1000~2000	>2000
2009	11.7	22.4	12.6	20.3	17.3	15.7
2010	13.4	15.5	8.9	17.5	21.5	23.2
2011	6.8	10.6	10.2	20.6	25.7	26.2
2012	10.2	13.1	11.3	21.2	24.7	19.5
2013	8.4	17.6	14.6	20.0	20.1	19.3
2014	12.3	19.1	13.9	18.3	20.4	15.9
2015	14.5	17.5	15.3	19.9	17.2	15.6
2016	15.9	18.1	15.5	20.9	15.8	13.8
2017	10.7	18.0	17.7	21.2	18.1	14.2
2018	8.9	18.1	16.9	20.0	18.3	17.9

2.3.3　中国创业投资的投资策略（联合投资）

数据显示，2018 年创业投资机构和其他创业投资主体联合投资的项目中，100 万~500 万元规模的项目占比为 29.9%；其次为 500 万~1000 万元、1000 万~2000 万元的项目，分别占比 18.7% 和 20.9%（见表 2-19、图 2-7）。相较于 2017 年，小于 100 万元的项目联合投资占比明显增多。这在一定程度上说明，在项目的早期阶段，创投企业愿意进行联合投资，通过合作分享其他创业投资伙伴的专业知识和技能，有效分散创业投资机构的投资风险。

---

① 有效样本数为 2498 份。

表2-19　联合投资的单项投资金额分布（2009~2018年）①　　　　单位：%

金额（万元）年份	<100	100~500	500~1000	1000~2000	>2000
2009	13.0	28.0	21.0	19.0	19.0
2010	10.3	15.4	24.1	23.1	27.2
2011	6.1	22.0	18.3	25.6	28.0
2012	13.0	28.7	20.9	20.0	17.4
2013	12.0	32.0	28.0	12.0	16.0
2014	16.0	27.6	10.4	23.3	22.7
2015	11.4	28.5	23.2	21.3	15.6
2016	14.6	32.5	20.4	10.7	21.8
2017	11.1	32.9	19.6	19.6	16.9
2018	15.0	29.9	18.7	20.9	15.5

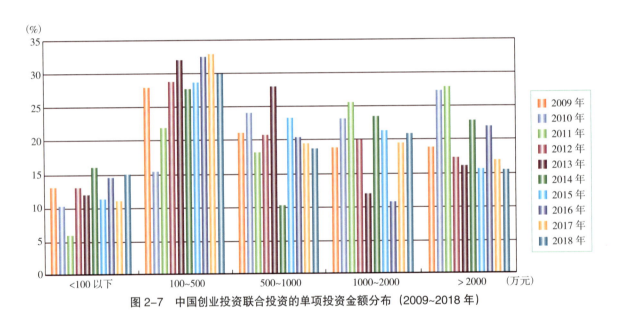

图2-7　中国创业投资联合投资的单项投资金额分布（2009~2018年）

2.4　中国创业投资的首轮投资与后续投资

2018年，中国创业投资项目的首轮投资和后续投资占比分别为70.9%和29.1%。与2017年相比，首轮投资占比降低了1.8个百分点，后续投资占比有所上升。总体而言，2018年我国创业投资机构对被投资项目的首轮投资仍然居于主导地位（见表2-20、图2-8）。

---

① 有效样本数为187份。

表 2-20   首轮投资和后续投资 （2009~2018 年）   单位：%

项目 \ 年份	2009	2010	2011	2012	2013	2014	2015	2016	2017	2018
首轮投资	82.7	86.2	83.4	80.1	77.5	68.1	62.7	69.0	72.7	70.9
后续投资	17.3	13.8	16.6	19.9	22.5	31.9	37.3	31.0	27.3	29.1

图 2-8   首轮投资和后续投资 （2009~2018 年）

2.5   中国创业投资机构持股结构

    2018 年，中国创业投资机构的持股结构仍然以参股为主，不谋求控股始终是创业投资机构的主导经营策略。统计数据显示，2018 年创业投资机构的投资项目中，持股比例在 10% 以下的项目所占比例高达 66.95%，与往年相比，这一数据有所下降，而持股比例在 50% 以上的项目占比仅为 4.60%（见表 2-21、图 2-9）。

表 2-21   创业投资机构持股结构分布 （2009~2018 年）   单位：%

年份 \ 股权比例（%）	<10	10~20	20~30	30~40	40~50	>50
2009	44.60	22.77	13.64	5.98	5.14	7.87
2010	50.99	25.15	10.85	6.17	3.14	3.70
2011	61.04	20.46	7.08	4.38	2.24	4.80
2012	56.29	22.57	9.07	4.70	3.00	4.37
2013	50.32	25.60	11.60	4.40	2.88	5.20
2014	50.79	26.43	9.30	5.55	4.60	3.33
2015	63.47	21.88	6.10	2.96	2.14	3.46
2016	66.97	19.16	5.03	3.29	2.41	3.13
2017	68.57	18.12	5.67	3.11	2.20	2.33
2018	66.95	16.88	5.76	3.39	2.42	4.60

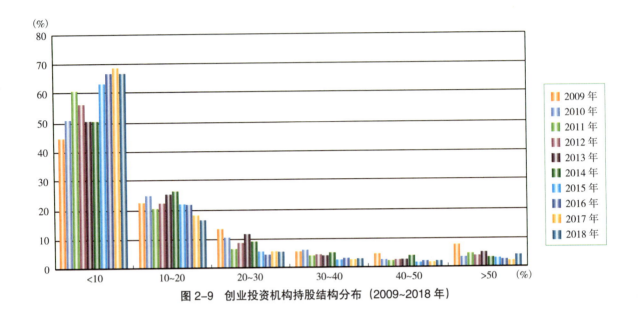

图 2-9　创业投资机构持股结构分布（2009~2018 年）

3　中国创业投资的退出

3.1　中国创业投资退出的基本情况[①]

市场数据显示，截至 2018 年 12 月 31 日，上海证券交易所上市公司数达到 1450 家，总股本 37708 亿股，股票筹资总额 6113 亿元；深圳证券交易所主板 A 股 463 家，中小板 922 家，创业板 739 家，总市值分别为 54275.47 亿元、70122 亿元和 40459.58 亿元。

2018 年，在中国境内沪深股市首次公开发行（IPO）的企业共 105 起，相比 2017 年的 436 起下降了 76%；融资规模为 1386 亿元，远低于 2017 年的 2304 亿元。其中，上海主板 IPO 共计 57 起，融资金额为 873 亿元；深圳中小企业板 IPO 共计 19 起，融资金额为 226 亿元；深圳创业板 IPO 共计 29 起，融资金额为 287 亿元。

2018 年，中国创业投资行业共披露了 998 个退出项目的收入分布情况，其中收入在 2000 万元以上的退出项目占到了 34.30%，较上年增加了 3.1 个百分点；收入在 100 万元以下的退出项目占比较 2017 下降了 2.6 个百分点（见表 3-1、图 3-1）。

表 3-1　创业投资项目的退出收入分布（2009~2018 年）　　　　　　　　　　单位：%

年份＼收入规模	100 万元以下	100 万~500 万元	500 万~1000 万元	1000 万~2000 万元	2000 万元以上
2009	26.8	27.5	15.7	12.4	17.6
2010	27.3	19.7	13.7	13.7	25.7
2011	22.9	24.1	11	10.6	31.4
2012	19.2	17.1	10.5	17.4	35.8
2013	21.8	19.8	10.6	11.8	35.9
2014	15.7	24.7	14.4	12.7	32.4
2015	10.3	22.4	13.8	19.3	34.2
2016	16.8	22.3	15.3	16.2	29.3
2017	15.3	23.3	12.6	17.6	31.2
2018	12.7	24.6	12.5	15.9	34.3

① 有效样本数为 998 份。

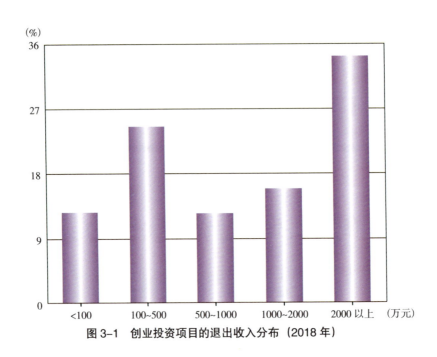

(%)

图 3-1 创业投资项目的退出收入分布（2018 年）

3.2 中国创业投资的退出方式[①]

3.2.1 中国创业投资的主要退出方式

按照退出渠道划分，创业投资的项目中共有 125 家通过 IPO 方式实现退出，占比 16.23%，与 2017 年相比增长了 2.57 个百分点。相对而言，回购交易仍然是退出的主要渠道，退出项目数达到了 302 项，占比 39.22%（见表 3-2、图 3-2）。

表 3-2 创业投资的退出方式分布（2009~2018 年） 单位：%

退出方式 年份	上市	并购	回购	清算	其他（含新三板）
2009	25.30	33.00	35.30	6.30	0.00
2010	29.80	28.63	32.82	6.87	1.91
2011	29.40	29.97	32.28	3.17	5.19
2012	29.41	15.86	45.01	6.65	3.07
2013	24.33	23.75	44.83	4.60	2.49
2014	20.72	36.02	36.02	4.83	2.41
2015	15.51	31.02	37.52	6.50	9.45
2016	17.32	29.67	40.14	8.06	4.80
2017	13.66	32.65	34.84	8.88	9.97
2018	16.23	32.99	39.22	9.87	1.69

① 有效样本数为 770 份。

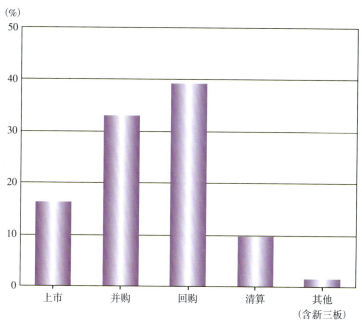

图 3-2　创业投资的退出方式（2018 年）

3.2.2　中国创业投资的 IPO 退出情况

随着我国多层次资本市场的建设，目前已形成主板、中小板、创业板、新三板和科创板市场的基本构架。随着科创板建立和注册制试点落地，不同板块间逐步形成了相互补充、相互竞争、共同发展的市场格局。"沪港通""深港通"开闸，为内地投资者投资港股开通了一条便捷的渠道，港股也逐渐成为除 A 股之外的另一个主流投资市场。"沪伦通"的正式启动，促进了中英资本市场的共同发展，进一步加速了 A 股国际化进程。

与 2017 年不同，2018 年境内主板市场成为退出的主要渠道，占比达到 49.60%，较 2017 年增加 18.29%。此外，29.60% 的企业通过境内创业板退出，仅 9.60% 的企业通过境内中小板市场退出，较 2017 年下降 38.88%，降幅明显；11.20% 的企业通过境外主板上市实现退出，与上年相比，有较大幅度增长（见表 3-3、图 3-3）。

表 3-3　创业投资 IPO 退出的市场分布情况（2011~2018 年）①　　　　单位：%

年份	境内主板上市	境内创业板上市	境内中小板上市	境外主板上市
2011	14.71	30.39	49.02	5.88
2012	21.74	38.26	36.52	3.48
2013	21.26	40.94	30.71	7.09
2014	22.33	42.72	21.36	13.59
2015	48.48	28.28	16.16	7.07
2016	48.51	29.70	18.81	2.97
2017	31.31	15.15	48.48	5.05
2018	49.60	29.60	9.60	11.20

① 有效样本数为 125 份。

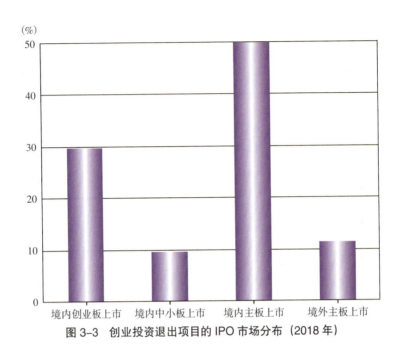

图 3-3　创业投资退出项目的 IPO 市场分布（2018 年）

3.3　中国创业投资退出项目的行业分布①

从一级行业划分情况来看，2018 年，软件和信息服务业行业的退出占比上升了 1.8 个百分点，增加到 20.2%，成为退出最多的行业。此外，医药生物业，传播与文化娱乐行业，计算机、通信设备制造业的退出占比均有不同程度的上升（见表 3-4）。

表 3-4　创业投资退出项目的行业分布（2009~2018 年）　　　　　　　　单位：%

行业 ＼ 年份	2009	2010	2011	2012	2013	2014	2015	2016	2017	2018
软件和信息服务业	26.7	15.9	12.9	9.4	11.5	11.6	20.3	15.9	18.4	20.2
新能源和环保业	12.7	24.5	16.7	22.2	16.2	15.2	15.7	17.6	15.9	14.8
计算机、通信设备制造业	18.1	14.2	14.4	10.6	14.0	14.2	9.9	10.9	11.2	11.4
医药生物业	9.0	11.0	13.5	11.1	12.5	8.3	8.7	10.8	7.3	10.0
传统制造业	12.2	7.9	11.3	14.3	17.5	12.2	9.3	8.5	8.3	8.9
其他行业	9.5	11.4	5.0	6.2	3.9	8.7	7.3	12.5	11.1	7.2
其他制造业	0.0	0.0	5.3	6.2	8.2	4.1	7.5	4.7	6.5	5.4
传播与文化娱乐	0.9	1.6	1.9	3.0	2.7	5.5	2.3	5.9	3.9	5.0
金融保险业	2.7	3.1	2.2	2.2	3.9	1.8	2.9	1.6	2.4	3.9
科技服务	2.7	1.6	0.6	2.2	0.6	1.2	2.8	2.4	3.5	3.7
农林牧副渔	1.4	4.7	6.0	6.5	3.7	4.3	3.2	3.3	2.8	1.1
社会服务	0.0	0.0	0.6	1.6	0.8	1.4	1.5	1.6	2.4	1.1

① 有效样本数为 721 份。

从二级细分行业划分的情况来看，2018 年，中国创业投资项目退出最多的行业是传统制造业，占比 8.9%。其次是其他行业，但较 2017 年占比下降 3.1 个百分点。此外，医疗保健、新材料工业、网络产业以及传播与文化娱乐产业退出占比均出现不同程度的增加。软件行业的退出占比有所下降，但仍是投资热点。退出项目占比排名前 10 的行业合计占 64.9%，较 2017 年上升 3.24 个百分点，行业集中度仍然较高（见表 3-5）。

表 3-5 创业投资退出项目的行业分布（2017~2018 年）　　　　单位：%

行业分类	2017 年	2018 年
传统制造业	8.4	8.9
其他行业	11.3	8.2
新材料工业	6.4	7.8
医药保健	3.8	6.5
IT 服务业	3.6	6.4
软件产业	8.4	5.8
网络产业	4.2	5.8
其他制造业	6.7	5.4
新能源、高效节能技术	5.3	5.1
传播与文化娱乐	3.9	5.0
通信设备	3.4	3.9
金融保险业	2.4	3.9
科技服务	3.6	3.7
生物科技	3.6	3.5
半导体	3.7	3.2
消费产品和服务	2.0	3.2
光电子与光机电一体化	3.3	2.4
其他 IT 产业	2.5	2.2
环保工程	4.1	1.9
计算机硬件产业	1.0	1.9
建筑业	1.8	1.2
农林牧副渔	2.8	1.1
社会服务	2.4	1.1
批发和零售业	0.4	1.1
交通运输仓储和邮政业	1.0	0.8

3.4 中国创业投资退出项目的地区分布①

近年来，中国创业投资退出项目的地区分布总体上未出现较大波动，其分布与创业投资机构投资分布情况较为一致。因东部地区创业投资发展相对成熟，退出项目占比也较高，其中江苏、浙江、广东、北京、上海等地区退出项目占比长期处于领先地位。

2018年，退出项目占比排名前10的地区合计占比81.17%，较上一年度增加3.47个百分点，区域集聚效应仍然较为明显（见表3-6、图3-4）。

表 3-6　中国创业投资退出项目的地区分布前 10 名（2009~2018 年）　　　　　单位：%

	地区/比例									
2009 年	地区	江苏	广东	浙江	北京	陕西	安徽	上海	四川	湖北	天津
	比例	26.40	17.40	10.00	7.50	5.50	5.00	4.00	4.00	3.50	3.00
2010 年	地区	江苏	湖北	广东	浙江	上海	山东	北京	新疆	湖南	天津
	比例	26.60	16.70	12.40	9.00	6.40	3.40	3.00	3.00	2.60	2.60
2011 年	地区	江苏	上海	浙江	广东	天津	北京	河南	山东	湖北	福建
	比例	27.60	11.50	11.20	9.60	8.10	6.50	3.40	2.80	2.80	2.20
2012 年	地区	江苏	浙江	广东	湖北	北京	上海	河北	天津	安徽	湖南
	比例	35.60	9.80	8.40	7.60	7.30	5.40	3.80	3.80	3.80	3.50
2013 年	地区	江苏	浙江	上海	广东	北京	天津	安徽	山东	湖北	重庆
	比例	35.00	10.60	8.10	7.70	5.40	5.20	3.30	3.10	2.90	2.70
2014 年	地区	江苏	浙江	广东	上海	北京	湖北	辽宁	湖南	山东	天津
	比例	20.40	13.50	13.30	10.20	9.80	3.80	3.30	3.10	2.90	2.70
2015 年	地区	江苏	北京	浙江	广东	上海	河南	安徽	天津	湖北	四川
	比例	24.30	13.20	10.40	8.60	5.30	4.20	4.20	4.10	3.60	3.10
2016 年	地区	江苏	浙江	北京	广东	上海	山东	天津	安徽	福建	湖南
	比例	29.70	12.70	11.80	8.00	6.10	4.30	4.00	3.50	2.90	2.80
2017 年	地区	江苏	广东	浙江	北京	上海	湖南	山东	福建	重庆	湖北
	比例	20.08	11.44	10.88	8.51	7.67	4.32	3.91	3.77	3.63	3.49
2018 年	地区	江苏	浙江	广东	北京	上海	湖南	福建	安徽	山东	四川
	比例	17.20	13.04	12.90	11.16	6.85	5.11	4.97	3.49	3.36	3.09

---

① 有效样本数为 744 份。

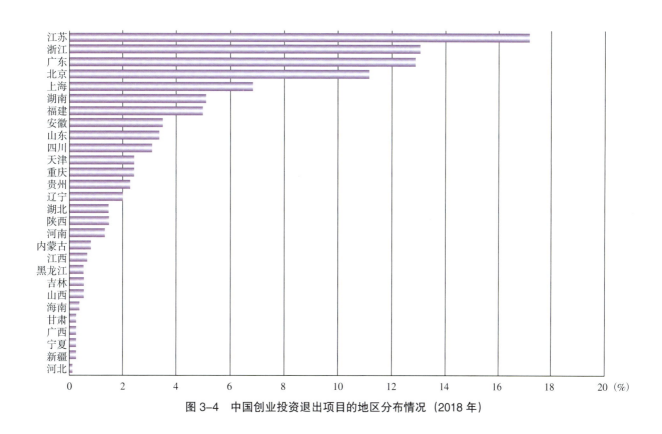

图 3-4　中国创业投资退出项目的地区分布情况（2018 年）

3.5　中国创业投资项目的退出绩效

3.5.1　中国创业投资退出的总体绩效表现

2018 年，国内经济总体平稳运行，增速略有放缓。受金融去杠杆、中美贸易摩擦等内外部因素影响，创业投资项目退出收益率出现下滑，全行业的项目退出收益率降到 205.78%，较 2017 年下降 37.57%。整个行业投资退出步伐略微放缓，项目平均退出时间为 4.73 年；整体行业年均收益率为 31.12%（见表 3-7、图 3-5）。

表 3-7　创业投资退出的投资收益率（2009~2018 年）①

单位：%

年份	2009	2010	2011	2012	2013	2014	2015	2016	2017	2018
总体收益率	144.89	221.87	193.71	196.35	117.70	123.00	260.18	225.73	243.35	205.78
年均收益率	19.33	37.82	45.62	44.01	13.85	23.46	32.39	29.69	38.33	31.12

① 有效样本数为 3847 份。

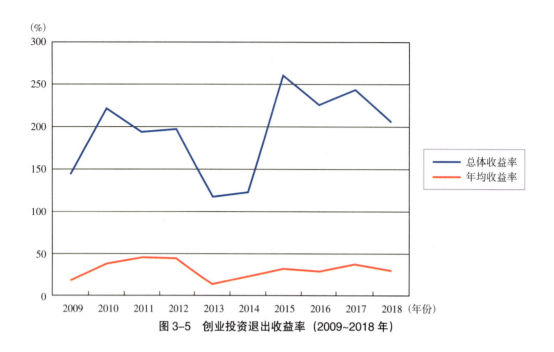

图 3-5　创业投资退出收益率（2009~2018 年）

退出项目的投资收益分布趋势情况显示（见表 3-8、图 3-6）：2018 年退出项目亏损占比为 45.9%，较 2017 年减少 7.1%。此外，与 2017 年相比，收益率在 0~15%、20%~50%、50%~100%的均有不同程度的增加，其中在 20%~50%的增幅最大，增加 4.2 个百分点。

表 3-8　中国创业投资退出收益率分布（2009~2018 年）[①]　　　　单位：%

年份	亏损	0~15%	15%~20%	20%~50%	50%~100%	100%以上
2009	63.0	4.8	3.2	10.6	4.2	14.3
2010	63.2	8.0	1.9	4.7	4.2	17.9
2011	47.9	9.9	3.0	10.6	6.5	22.1
2012	47.0	8.6	3.5	10.5	4.5	25.9
2013	67.1	2.4	2.7	8.7	2.2	16.9
2014	56.9	4.7	4.1	9.4	11.6	13.3
2015	48.9	12.1	3.5	11.8	7.4	16.2
2016	57.0	9.7	2.6	9.9	5.8	15.1
2017	53.0	7.5	3.1	9.4	7.7	19.3
2018	45.9	8.0	2.3	13.6	11.2	19.0

① 有效样本数为 704 份。

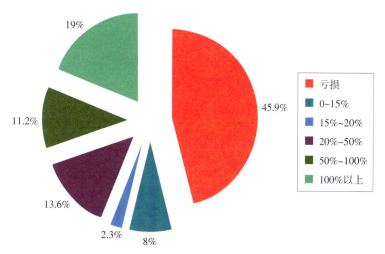

图 3-6　创业投资退出收益分布（2018 年）

3.5.2　中国创业投资不同退出方式的绩效表现

2018 年受内外部因素的共同影响，A 股主要指数普遍下跌，市场流动性紧张程度加剧。上市退出收益率为 1099.37%，即平均账目回报 10.99 倍，与 2017 年相比，收益率明显下滑。通过并购退出的项目收益率为 130.13%，与 2017 年相比，也出现了大幅下降。与 2017 年相比，新三板市场退出项目收益率出现大幅度上涨，总体收益率达 171.85%（见表 3-9、图 3-7）。

表 3-9　不同渠道的创业投资退出项目总体收益率（2009~2018 年）[①]　　　　　单位：%

年份	上市	并购	回购	清算	新三板挂牌交易
2009	327.75	4.74	−29.47	−42.66	—
2010	736.68	44.71	−21.19	−24.43	48.85
2011	799.38	41.47	−30.51	−65.37	63.19
2012	486.10	198.29	29.18	−15.34	32.48
2013	448.03	15.27	−34.28	−43.47	89.79
2014	601.66	63.55	−34.43	−34.43	27.23
2015	779.27	135.55	19.01	−15.60	16.86
2016	922.12	323.41	3.02	−43.62	193.82
2017	1240.98	253.75	−1.04	−38.91	51.18
2018	1099.37	130.13	9.42	−18.49	171.85

---

① 有效样本数为 3847 份。

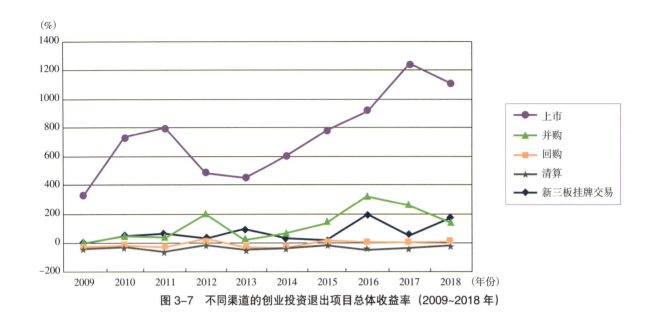

图 3-7   不同渠道的创业投资退出项目总体收益率（2009~2018 年）

从历年年均收益率情况来看，上市仍是收益最高的退出渠道，一般年均收益率在 100% 左右，2011 年年均收益率高达 200%，2018 年年均收益率为 139.94%，较 2017 年的上市退出收益率有所增加。此外，并购退出的年均收益率为 31.07%，与 2017 年相比出现大幅下滑；新三板挂牌退出的年均收益率为 27.73%，与 2017 年相比涨幅明显，表现较好（见表 3-10、图 3-8）。

表 3-10   不同渠道的创业投资退出项目年均收益率（2009~2018 年）①   单位：%

年份	上市	并购	回购	清算	新三板挂牌交易
2009	113.08	-0.37	-21.02	-6.59	—
2010	187.62	5.04	-5.35	-4.83	5.64
2011	200.41	12.99	-20.71	-8.46	13.20
2012	84.62	66.40	14.86	-10.33	-4.47
2013	73.36	2.71	-19.31	-8.26	-0.90
2014	107.19	17.49	-4.22	-11.48	12.93
2015	114.38	44.45	4.05	-2.00	6.10
2016	120.35	37.58	0.38	-10.66	43.89
2017	129.72	66.89	-5.41	-9.54	9.55
2018	139.94	31.07	0.20	-4.11	27.73

① 有效样本数为 3847 份。

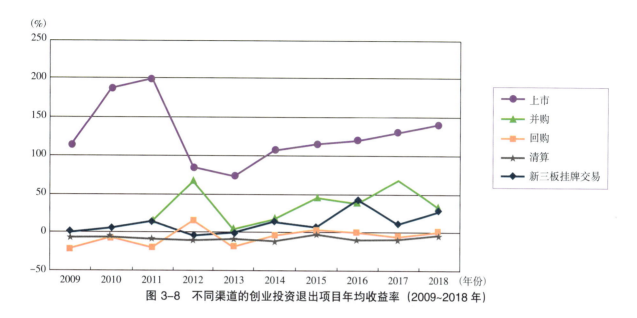

图 3-8　不同渠道的创业投资退出项目年均收益率（2009~2018 年）

3.5.3　中国创业投资不同行业退出的绩效表现

随着我国创业投资企业管理能力的逐步提升，项目总体收益率呈现上升趋势。无论是高新技术行业还是传统行业，在经历了 2013 年的较大下滑后，项目退出的盈利水平平均出现回升；与 2017 年相比，2018 年退出项目的盈利水平平均有较大提高，尤其是高新技术行业创业投资退出项目盈利增幅明显，增加 7.07 个百分点（见表 3-11、图 3-9、表 3-12、图 3-10）。

表 3-11　高新技术行业创业投资退出项目盈亏状况（2009~2018 年）①   单位：%

年份	2009	2010	2011	2012	2013	2014	2015	2016	2017	2018
盈利	37.17	37.30	52.87	55.62	32.13	47.76	51.06	44.59	46.09	53.16
亏损	62.83	62.70	47.13	44.38	67.87	52.24	48.94	55.41	53.91	46.84

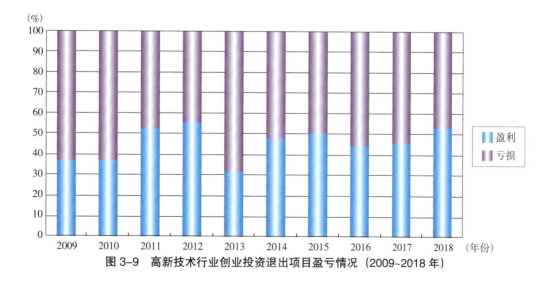

图 3-9　高新技术行业创业投资退出项目盈亏情况（2009~2018 年）

① 有效样本数为 384 份。

表 3-12 传统行业创业投资退出项目盈亏状况（2009~2018 年）① 单位：%

年份	2009	2010	2011	2012	2013	2014	2015	2016	2017	2018
盈利	39.29	36.36	48.48	50.00	35.45	38.56	50.23	40.27	46.21	50.97
亏损	60.71	63.64	51.52	50.00	64.55	61.44	49.77	59.73	53.79	49.03

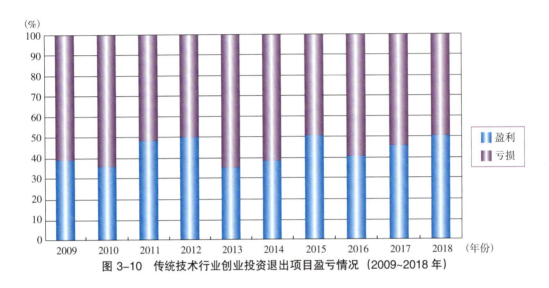

图 3-10 传统技术行业创业投资退出项目盈亏情况（2009~2018 年）

按细分行业划分，2018 年，新能源、高效节能技术行业的退出平均总体收益水平高居榜首，达到了 11.26 倍。其次是半导体行业、网络产业，账面回报率分别为 6.20 倍、3.04 倍。这几类行业将成为新一轮投资热点（见表 3-13）。

表 3-13 退出项目的行业平均总体收益情况（2018）② 单位：%

行业	平均总体收益率
新能源、高效节能技术	1125.68
半导体	620.39
网络产业	304.12
交通运输仓储和邮政业	292.34
其他 IT 产业	260.67
传统制造业	246.79
金融保险业	199.17
IT 服务业	123.03
新材料工业	98.78
软件产业	92.44
生物科技	83.12
通信设备	60.12
传播与文化娱乐	48.67

① 有效样本数为 290 份。
② 有效样本数为 654 份。

续表

行业	平均总体收益率
医药保健	40.61
房地产业	39.95
批发和零售业	33.30
农林牧副渔	32.40
建筑业	27.17
光电子与光机电一体化	20.98
水电煤气	20.00
其他行业	9.22
其他制造业	9.15
科技服务	4.86
计算机硬件产业	−0.11
社会服务	−11.04
环保工程	−19.35

4　中国创业投资的绩效

4.1　创业投资机构的收入

4.1.1　投资机构的收入

2018 年，披露信息的创业投资机构[1]与投资业务相关的主营业务总收入和平均收入分别为 166.12 亿元和 1340.80 万元（见图 4-1），均低于 2017 年水平。

图 4-1　投资机构收入趋势（2011~2018 年）

（1）获得投资相关收益的机构占比大幅提升。2018 年，披露收入和主营业务收入的机构数量有所下降。但是 768 家收入大于 0 的机构中有 682 家获得投资相关主营业务收入，占比达到 88.80%，主营业务收入占全部收入的比重也达到 72.75%，均远高于 2017 年水平。

（2）基金投资相关收入略高于管理机构。对比披露收入信息的基金与管理机构发现，436 家管理机构主营业务收入为 54.80 亿元，平均每家机构为 1257.02 万元，803 家投资基金主营业务收入为 111.32 亿元，平均每家机构为 1386.30 万元，基金的平均收入较管理机构高 10.28%。

（3）政府支持对机构收入的促进效应削弱。对比发现，获得政府引导基金支持的机构投资相关收入平均为 901.51 万元，未获得政府引导基金支持的机构投资相关收入平均为 1364.82 元，差距继续拉大。

4.1.2　不同规模投资机构的收入特征[2]

按机构管理资本规模从低到高，我们将创业投资机构划分为五个组别，统计不同规模创业投资机构的平均收入及其在总收入中的占比情况，如表 4-1 所示。

---

① 有效样本数为 1239 份。
② 有效样本数为 1009 份。

表4-1　不同规模投资机构的平均收入及其占比（2011~2018年）

年份\机构规模\项目	5000万元以下		5000万~1亿元		1亿~2亿元		2亿~5亿元		5亿元以上	
	平均收入（万元）	占总收入比重（%）	平均收入（万元）	占总收入比重（%）	平均收入（万元）	占总收入比重（%）	平均收入（万元）	占总收入比重（%）	平均收入（万元）①	占总收入比重（%）
2011	694.4	8.7	486.7	6.4	983.9	9.8	2777.6	28.6	5577.4	46.4
2012	916.0	10.8	593.1	7.9	1224.9	13.7	1190.6	14.8	6794.9	52.8
2013	443.4	4.7	945.4	10.1	1406.6	12.3	3150.7	31.9	7896.3	41.1
2014	319.8	4.8	1205.3	17.5	779.7	9.6	1299.7	16.5	7383.7	51.5
2015	374.6	4.6	985.9	11.0	1477.6	13.2	2049.1	18.9	9544.2	52.3
2016	417.3	8.2	1379.6	20.1	1036.8	13.0	1494.8	18.6	6090.8	40.1
2017	817.2	15.1	1006.0	12.7	433.0	5.1	1502.4	19.6	7120.4	47.5
2018	618.0	11.8	842.4	11.1	825.1	10.1	944.1	11.4	6631.6	55.7

2018年，中国创业投资机构收入分布具有如下特征：

（1）机构规模越大，平均收入越高。除管理资本1亿~2亿元的机构，其他规模机构的平均收入与管理资本规模成正比。其中管理资本5000万元以下的机构平均收入为618万元，管理资本超过5亿元的机构平均收入达到6631.6万元；大型机构收入占比保持较高水平，管理资本5亿元以上的机构收入占总收入的比重为55.7%，管理资本2亿元以上的机构收入占比达到67.1%，而管理资本5000万元以下的机构收入占比仅为11.8%。

（2）小规模机构收入有所回落。2018年，管理资本在1亿元以下的机构平均收入下降明显，5000万元以下、以及5000万~1亿元管理资本规模的企业平均收入分别较2017年下降了24.38%和16.26%。

（3）中等规模机构收入回升。2018年，管理资本1亿~2亿元的机构平均收入大幅回升，平均收入达到825.1万元，占比达到10.1%，接近往年水平。

4.1.3　投资机构的收入来源结构

2018年，681家② 创业投资机构披露了主营业务收入，其中，股权转让增值收入占全部收入的44.36%，分红收入占21.97%，管理费、咨询费收入占15.53%，其他收入占18.14%（见图4-2）。与2017年相比，股权转让增值收入占比下降4.8个百分点，分红收入占比提高了3.6个百分点，管理费、咨询费收入占比下降1.6个百分点，其他收入占比降低2.9个百分点。

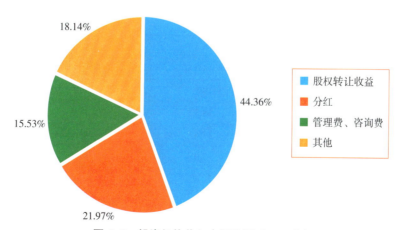

图4-2　投资机构收入来源比例（2018年）

① 有效样本数为1234份。
② 仅包括收入大于0且各项收入占比之和等于100%的机构，剔出未填写各类收入占比的机构。

近年来，股权转让增值和分红收入对创业投资机构主要收入的贡献保持相对稳定的增长，2016 年以来连续两年小幅降低；管理费、咨询费收入占比明显提高。

4.1.4 投资机构当年最大收入来源[①]

2018 年统计调查显示，中国创业投资机构最大收入来源分布与往年相比未发生显著的结构变化。

（1）不同最大收入来源的机构分布。以股权转让为最大收入来源的机构占 23.2%，较上年提高 1 个百分点；以分红为最大收入来源的创业投资机构占 20.4%，较上年提高 3.4 个百分点；二者合计为 43.6%，较上年提高 4.4 个百分点；以管理费、咨询费等收入为最大收入来源的创业投资机构占比为 39.2%，较上年下降 5.1 个百分点；以其他收入为最大收入来源的创业投资机构占比为 17.2%，较上年提高 0.7 个百分点（见图 4-3、表 4-2）。

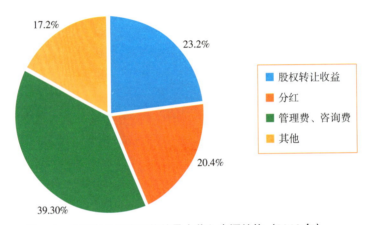

图 4-3 中国创业投资机构的最大收入来源结构（2018 年）

表 4-2 中国创业投资机构的最大收入来源结构（2008~2018 年）　　　　单位：%

年份 \ 收入来源	股权转让收益	分红	管理费、咨询费	其他
2008	44.0	23.4	22.5	10.1
2009	33.8	17.4	29.8	19.0
2010	34.4	14.1	32.5	19.0
2011	36.8	15.5	30.4	17.3
2012	34.1	16.5	28.9	20.5
2013	37.1	15.0	27.4	20.5
2014	26.9	19.1	30.5	23.5
2015	27.8	18.8	35.9	17.5
2016	25.8	17.6	41.3	15.3
2017	22.2	17.0	44.3	16.5
2018	23.2	20.4	39.3	17.2

（2）投资相关业务收入占比提高。近年来，股权转让和分红已经成为机构的主要利润来源。2018 年，虽然资本市场热度下降，但是以股权转让收益和分红为第一收入来源的机构占比均出现了不同程度的提高。

（3）最大收入来源与机构业务相关。管理机构和投资机构的主要收入来源也与其经营业务保持高度一致，

---

① 有效样本数为 681 份。

71.7%的管理机构以管理、咨询等为最大收入来源，只有12.2%的投资机构以管理、咨询等为最大收入来源；64.9%的投资机构以股权转让、分红等投资直接收入为最大收入来源，只有17.6%的管理机构以股权转让和分红为最大收入来源。

4.2　创业投资项目的收益情况

2018年调查显示，2800家创业投资机构新增投资项目2740项，其中1043个项目披露了主营业务收入信息。

4.2.1　被投资项目的主营业务收入[①]

创业投资机构新增投资项目的主营业务收入与2017年相比主要变化如下（见表4-3、图4-4）：

表4-3　被投资项目的主营业务收入分布（2008~2018年）　　　　　　单位：%

收入（万元） 年份	<100 以下	100~500	500~1000	1000~3000	3000~5000	>5000
2008	18.8	12.1	8.1	15.1	5.6	40.3
2009	33.9	9.4	7.1	7.6	7.0	34.9
2010	29.1	6.8	5.0	12.3	4.8	41.9
2011	14.9	6.7	4.7	10.0	5.4	58.3
2012	20.3	7.7	5.5	9.8	6.7	49.9
2013	29.9	10.7	4.6	10.4	5.9	38.6
2014	54.0	5.8	3.4	8.7	4.8	23.3
2015	34.9	13.9	6.8	11.1	4.2	29.1
2016	36.8	13.3	6.5	12.2	4.7	26.5
2017	28.6	12.0	6.4	11.3	6.0	35.7
2018	32.8	12.8	7.4	11.3	5.3	30.5

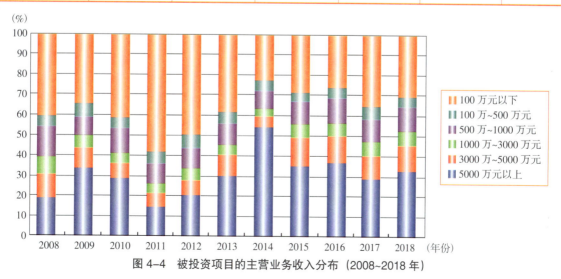

图4-4　被投资项目的主营业务收入分布（2008~2018年）

① 有效样本数为1043份。

（1）2018 年，新增投资项目的主营业务收入仍然呈"W"形分布。5000 万元以上的项目占比略有下降，100 万元以下的项目占比有所提高，其他规模项目占比变化不大。

（2）小规模项目占比提高明显。主营业务收入 100 万元以下的项目占比较上年提高了 4.2 个百分点；主营业务收入 100 万~500 万元的项目占比较上年提高了 0.8 个百分点，500 万~1000 万元的项目占比较上年提高了 1 个百分点。

（3）主营业务收入 3000 万元以上的项目占比下降明显。相比 2017 年，主营业务收入 3000 万元以上的项目占比出现了明显下滑，其中，3000 万~5000 万元的项目占比下降了 0.7 个百分点，5000 万元以上项目占比下降了 5.2 个百分点。

4.2.2　被投资项目的平均主营业务收入

2018 年，不同主营业务收入规模的中国创业投资机构投资项目的平均主营业务收入分化明显（见表 4-4）。[1]

表 4-4　不同规模被投资项目的平均主营业务收入（2011~2018 年）　　单位：万元

主营业务收入（万元） 年份	<100	100~500	500~1000	1000~3000	3000~5000	>5000
2011	13.0	281.0	759.0	1971.0	3951.0	62777.0
2012	13.0	281.0	729.0	2170.0	4030.0	37292.0
2013	13.0	253.0	776.0	1915.0	4040.0	64047.0
2014	33.0	290.0	725.0	1871.0	4028.0	775370.0
2015	16.0	249.4	741.1	1775.4	3883.5	52008.3
2016	14.6	277.9	765.2	1824.2	3948.5	33239.5
2017	13.9	270.8	753.0	1740.0	4038.9	75334.2
2018	14.1	277.9	757.0	1853.4	4064.4	92073.1

（1）小规模项目收入能力不强。2018 年，大部分小规模项目收入非常低，特别是主营业务收入 100 万元以下的项目，平均主营业务收入仅为 14.1 万元，均值远远小于 50 万元，说明有相当多的项目处于亏损状态。

（2）中型项目的收入比较平均。2018 年，主营业务收入 100 万~500 万元、500 万~1000 万元、1000 万~3000 万元和 3000 万~5000 万元的项目收入分布相对均衡，各组别平均主营业务收入均略高于组别中间值。

（3）大项目收入非常高。主营业务收入 5000 万元以上的项目平均主营业务收入达到 9.2 亿元，超大项目占比较高。

4.3　创业投资项目的总体运行与趋势

4.3.1　被投资项目总体运行情况

截至 2018 年底，中国创业投资机构[2]累计投资项目达到 22396 项，其中，继续运行项目占比为 74.9%；境内外已上市项目占比为 7.1%；原股东（创始人）收购和管理层收购项目合计占比为 8.5%；被其他机构收购项目比重为 5.7%；清算的项目比重为 3.8%（见图 4-5）。

---

① 有效样本数为 1043 份。
② 有效样本数为 1440 份。

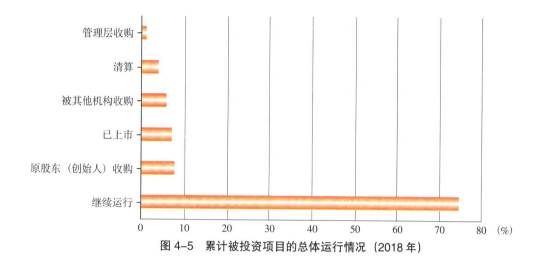

图 4-5　累计被投资项目的总体运行情况（2018 年）

4.3.2　被投资项目总体运行趋势

2018 年，中国创业投资机构累计投资项目的运行趋势表现出如下特征（见表 4-5）：

（1）资本市场略有回暖，上市项目比重小幅提高。2018 年，国内资本市场行情疲软，IPO 再次降速，全年上市企业数仅为 105 家，不足上年创业板上市公司数；境外市场 IPO 比例虽然始终保持较低水平，但是占比出现明显提高。

（2）并购市场内热外冷，被投项目更受国内关注。

2018 年，被境内机构收购的项目占比为 5.6%，境内收购比例继续提高。

（3）原股东（创始人）和管理层收购小幅下降，境内市场出现反弹。包括创始人在内的原股东、管理层收购占比继续下降，达到 8.5%，其中原股东（创始人）收购占比 7.5%，管理层收购占比 1%。

（4）清算项目占比继续提升。2018 年清算项目比重再次提高，达到 3.8%，反映了创业投资市场的激烈竞争，这也从侧面反映了行业的投资风险偏好发生变化。

表 4-5　累计被投资项目的总体运行状况分布（2008~2018 年）　　　　单位：%

运行情况 年份	已上市		被收购		原股东（创始人）收购	管理层收购	继续运行	清算
	境内	境外	境内收购	境外收购				
2008	1.8	1.1	3.1	2.9	6.2	0.6	82.7	1.6
2009	4.6	1.8	4.5	4.0	13.2	1.0	67.6	3.3
2010	5.9	1.7	4.7	4.1	10.6	0.9	69.6	2.5
2011	6.7	1.5	3.6	0.2	8.0	1.4	76.9	1.7
2012	6.7	1.4	3.3	0.1	7.2	1.0	78.9	1.4
2013	5.7	0.9	3.8	0.1	8.7	2.7	76.4	1.7
2014	6.0	1.6	4.4	0.3	6.6	0.7	79.0	1.4
2015	8.0	1.3	4.9	0.2	7.6	1.4	74.7	1.9
2016	6.6	0.3	4.8	0.1	7.9	1.1	76.5	2.7
2017	7.0	0.3	5.4	0.3	7.3	1.4	74.8	3.5
2018	6.5	0.6	5.6	0.1	7.5	1.0	74.9	3.8

4.4 创业投资机构的总体运行情况评价

4.4.1 投资机构对全行业发展情况的评价[①]

2018 年，1546 家创业投资机构对全行业发展情况给出评价，整体评价分布发生明显偏移（见图 4-6）。与 2017 年相比，中国创业投资机构对全行业的评价整体偏向保守，乐观评价比重下降明显，认为全行业发展"非常好"和"较好"的机构比重分别下降了 3.3 个和 10.6 个百分点；认为"不好"和"非常不好"的机构比重分别提高了 2.0 个和 0.9 个百分点；认为全行业整体发展"一般"和"不好说"的机构比重分别提高了 4.7 个和 6.3 个百分点（见表 4-6）。

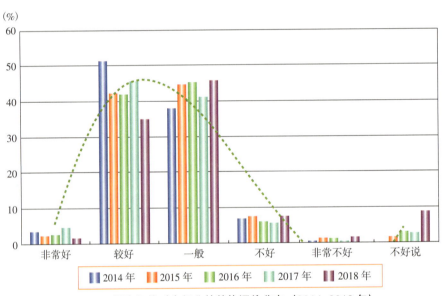

图 4-6 投资机构对全行业的整体评价分布（2014~2018 年）

表 4-6 投资机构对全行业的整体评价分布（2014~2018 年）　　　　　　　　单位：%

评价 年份	非常好	较好	一般	不好	非常不好	不好说
2014	3.4	51.5	38.0	6.7	0.4	—
2015	2.4	42.4	44.7	7.6	1.2	1.7
2016	2.7	41.9	45.3	5.9	1.1	3.1
2017	4.7	45.6	41.2	5.5	0.5	2.5
2018	1.4	35.0	45.9	7.5	1.4	8.8

4.4.2 投资机构的投资前景预测[②]

对于 2019 年投资前景，中国创业投资机构整体上给出了相对乐观的预测，但是与 2018 年相比更加保守。认为 2019 年投资前景"非常好"和"好"的机构占比分别为 2.4% 和 43.5%，合计较上年下降 15.2 个百分点。相应地，对 2019 年投资前景预期相对悲观的机构占比从 2018

---

① 有效样本数为 1546 份。
② 有效样本数为 1551 份。

年的 2.7% 上升至 5.3%（见表 4-7）。

表 4-7　投资机构投资前景的预测分布（2015~2019 年）　　　　　　　单位：%

整体评价 年份	非常好	好	一般	不好	非常不好	不确定
2015	5.6	65.2	27.7	1.3	—	0.2
2016	3.7	49.3	37.8	4.5	—	0.8
2017	3.6	55.0	34.1	3.2	—	4.1
2018	7.4	53.7	31.3	2.4	0.3	4.8
2019	2.4	43.5	41.1	4.6	0.7	7.6

对 2019 年投资前景"不确定"的机构比重达到 7.6%，自 2015 年以来，选择该项调查对象占比持续提高，除了机构对自身更早年份乐观预期的修正外，更重要的是反映了它们对宏观经济形势的判断，特别是对中美贸易摩擦的担忧（见图 4-7）。大约 83.8% 的机构认为目前宏观经济对行业影响较大，其中接近两成的被调查企业认为影响非常大[1]。

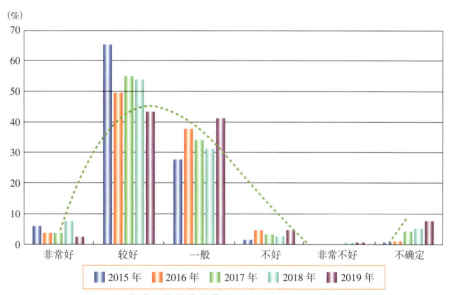

图 4-7　投资机构投资前景预测的分布（2015~2019 年）

---

[1] 有效样本数为 1542 份。

5　中国创业投资的经营管理

5.1　中国创业投资项目来源

2018 年，创业投资的项目来源渠道仍然以"政府部门推荐""项目中介"和"朋友介绍"为主[1]，三者占比之和与 2017 年持平。自 2017 年增加"科技金融服务平台"这一渠道后，"科技金融服务平台"已经成为第四个主要来源渠道，与前三项累计占比 63.6%（见表 5-1、图 5-1）。

此外，选择"众创空间"这一渠道占比也略有上升；

选择"股东推荐"和"项目业主"渠道占比均较 2017 年略有下降；选择"银行介绍"渠道占比在 2017 年出现大幅下跌，2018 年占比与 2017 年基本持平。

总体看，通过"中介渠道"获得信息仍然是主要来源渠道，占比较"自有渠道"高 37.4 个百分点[2]。

表 5-1　创业投资机构获取项目信息来源渠道（2009~2018 年）　　　单位：%

信息渠道 年份	政府部门推荐	朋友介绍	项目中介机构	科技金融服务平台	众创空间（孵化器）	股东推荐	项目业主	银行介绍	媒体宣传	其他
2009	25.9	19.1	16.1	—	—	13.4	13.0	6.6	3.0	2.9
2010	26.2	17.9	18.5	—	—	13.2	11.3	7.2	2.9	2.7
2011	25.4	18.7	18.5	—	—	13.3	11.7	7.4	2.8	2.1
2012	25.2	19.2	18.6	—	—	13.2	11.5	6.9	2.2	3.2
2013	25.5	19.9	19.1	—	—	13.2	10.1	6.0	2.6	3.6
2014	24.9	17.7	17.1	—	—	14.3	11	7.4	3.9	3.6
2015	21.3	14.6	15.2	—	10.4	13.9	11.3	7.1	3.5	2.7
2016	20.2	15.4	15.1	—	11.3	14.1	11.5	6.1	3.5	2.7
2017	21.9	14.0	16.0	11.0	9.1	11.4	9.5	2.5	1.4	3.2
2018	22.5	12.9	16.5	11.7	10.3	9.8	8.6	2.5	1.8	3.4

---

[1] 有效样本数为 1567 份。

[2] 自有渠道：朋友介绍、股东推荐、项目业主；中介渠道：政府部门推荐、项目中介机构、银行介绍、媒体宣传、众创空间（孵化器）、科技金融服务平台以及其他。

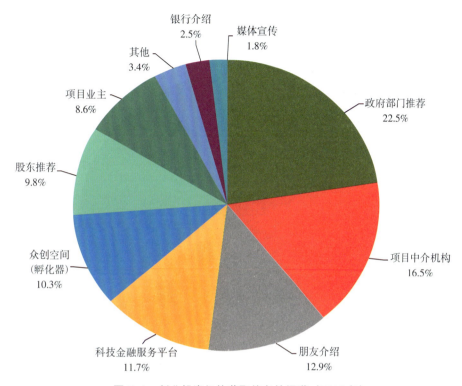

图 5-1　创业投资机构获取信息的渠道（2018 年）

5.2　中国创业投资决策要素

影响创业投资机构是否投资的因素很多。调查显示，2018 年影响创业投资机构进行决策的因素与 2017 年相比并没有明显变化。2018 年，"市场前景""管理团队""技术因素"以及"财务状况"仍然是影响创业投资机构进行投资决策的四个主要因素[1]（见表 5-2、图 5-2），累计占比 82.8%，较 2017 年低 0.1 个百分点。

表 5-2　影响创业投资机构进行投资决策的因素（2012~2018 年）　　　　单位：%

原因 年份	市场 前景	管理 团队	技术 因素	财务 状况	盈利 模式	公司治 理结构	股权 价格	资信 状况	竞争对 手情况	投资 地点	中介服 务质量	其他
2012	24.3	22.5	13	9.2	12.4	5.4	5.2	2.9	2.9	1.7	0.3	0.2
2013	24.1	22.5	12.7	9.9	12.1	5.1	4.5	3.2	2.9	2.1	0.6	0.3
2014	24.3	21.4	13.7	8.8	11.7	5.6	4.4	3.7	3.3	2.1	0.7	0.4
2015	20.3	18.2	12.7	11	10.8	7.2	5.8	5.1	4.7	2.6	1.1	0.6
2016	18.3	17.2	12.2	11.6	10.3	8.1	6.4	5.7	5.4	3.3	1.1	0.4
2017	30.5	24.7	17.9	9.9	8.3	2.6	2.5	1.3	1.1	0.8	0.2	0.2
2018	31.0	24.1	17.8	9.9	8.6	2.9	2.0	1.4	1.1	0.8	0.3	0.2

---

[1] 有效样本数为 1569 份。

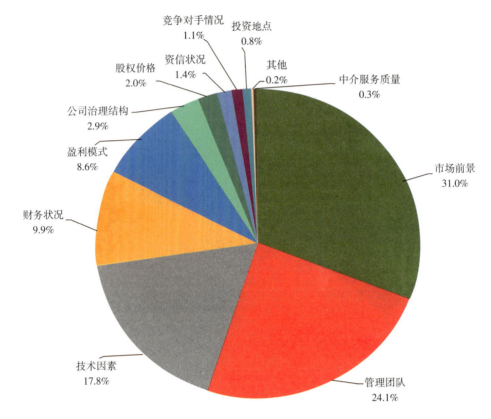

图 5-2　影响创业投资机构进行投资决策的因素（2018 年）

5.3　中国创业投资对被投资项目的
管理方式

　　总体而言，创业投资机构对被投资项目的管理方式并没有出现明显的变化。2018 年，"提供管理咨询"延续了 2017 年的态势，仍然是对被投资项目最主要的监管方式，占比为 39.9%，"董事会席位"占比 34.7%，二者累计占比较 2017 年多了 1.9 个百分点，为 74.6%（见图 5-3）①。"只限监管"较 2017 年略有下降，从 17.8% 下降至 17%。

① 有效样本数为 1558 份。

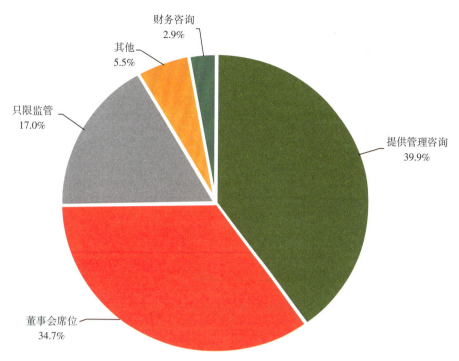

图 5-3 创业投资机构对被投资企业的管理方式（2018 年）

2018 年，"一般参股"仍然是创业投资机构参与经营的主要方式①（见表 5-3、图 5-4），但占比较 2017 年下降了 2.6 个百分点，为 87.6%。与 2017 年相比，"绝对控股"增加了 2.2 个百分点，"相对控股"上升至 7.8%。

表 5-3 创业投资机构股权参与程度（2009~2018 年）   单位：%

年份 \ 股权参与程度	绝对控股	相对控股	一般参股
2009	7.7	16.1	76.3
2010	3.7	12.1	84.2
2011	4.9	8.6	86.5
2012	4.4	11.0	84.6
2013	5.2	10.2	84.6
2014	3.4	12.3	84.3
2015	3.5	7.05	89.5
2016	3.1	7.90	89.0
2017	2.4	7.4	90.2
2018	4.6	7.8	87.6

① 有效样本数为 2151 份。

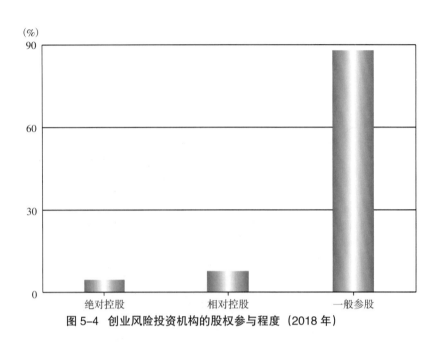

图 5-4　创业风险投资机构的股权参与程度（2018 年）

回顾 2009~2018 年创投机构股权参与程度不难发现，"一般参股"一直都是创业投资机构的主要参与方式，"绝对控股"表现为 2009 年最高，基本在 5% 以下波动；"相对参股"在 2014 年下降至 10% 以下，基本保持在 7% 左右。

5.4　与创业投资经营管理有关的人力资源因素

整体而言，2018 年对合格的创业投资经营管理从业人员所具备的基本素质的认识与 2017 年相比没有明显变化。2018 年，"资本运作能力"仍然是一名合格的创业投资人员应具备的首要素质，但占比较 2017 年略有下降，从 26.0% 下降至 25.8%。"判断力和洞察力"以 21.1% 位居第二，较 2017 年上升了 1.1 个百分点[1]（见图 5-5）。

与 2017 年相比，"财务管理能力""技术背景"略有上升，分别从 17.0% 和 14.6% 上升至 17.6% 和 14.9%。"商务谈判能力""人际关系网络和协调能力"略有下降，分别下降了 0.1 个和 2.2 个百分点，至 12.2% 和 7.6%。

图 5-6 给出了 2018 年管理者认为创业投资人员相对缺乏的专业知识情况[2]。"技术评估""资本运作"和"企业管理"依然是从事创业风险投资人员最缺乏的三类专业技能。其中，"技术评估"连续三年被评为创业投资人员最缺乏的专业知识，占比从 2017 年的 20% 上升到 20.7%。"技术背景"占比从 2017 年的 11.7% 上升至 2018 年的 12%。总体来看，"技术评估"和"技术背景"累计占比为 32.7%，累计占比连续四年超过 30%，成为创业投资人员最缺乏的专业知识。"资本运作"能力较 2017 年明显上升，从 11.7% 上升至 18.2%。"企业管理""法律知识"和"财务管理能力"较 2017 年略有下降，分别从 2017 年的 16.1%、9.4% 和 7.1% 下降到 15%、7.7% 和 6.7%。

---

① 有效样本数为 1549 份。
② 有效样本数为 1551 份。

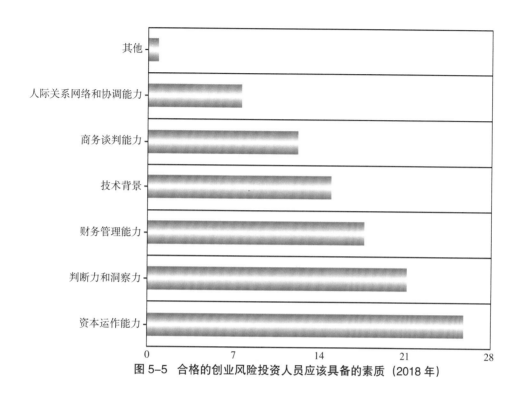

图 5-5 合格的创业风险投资人员应该具备的素质（2018 年）

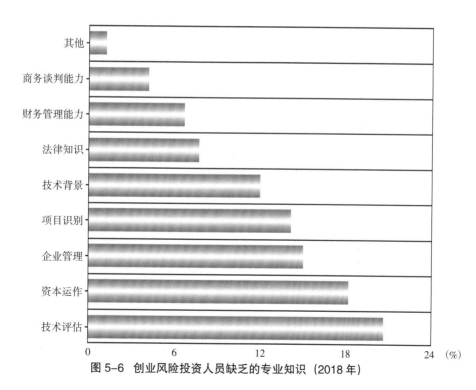

图 5-6 创业风险投资人员缺乏的专业知识（2018 年）

5.5 投资效果不理想的主要原因

2018 年，创投企业投资效果不理想的主要原因仍然来自"退出渠道不畅"和"政策环境变化"，且较 2017 年略有上升，分别从 18.5% 和 17.3% 上升至 20.8% 和 18.7%；"市场竞争程度"和"内部管理水平有限"分别较 2017 年下降了 0.9 个和 3.2 个百分点（见表 5-4、图 5-7）。

总体来看，投资效果不理想的主要原因变化不大，"退出渠道不畅""政策环境变化"以及"市场竞争程度"仍然是主要因素。受 2018 年宏观经济环境、资本市场 IPO 收紧等因素的影响，外部因素仍然是制约机构投资效果的主要原因。

表 5-4 创业投资机构投资效果不理想的主要原因（2013~2018 年）　　　　单位：%

原因 年份	退出渠道 不畅	政策环境 变化	市场竞争 程度	内部管理 水平有限	后续融资 不力	技术不成熟	其他	缺乏诚信
2013	26.6	26.7	18.2	8.4	5.7	6.8	4.6	3.1
2014	25.4	23.4	19.4	9.5	8	7.1	4.6	2.6
2015	26.2	23.7	17.6	10.3	8.4	6.7	4.7	2.4
2016	25.9	23.2	17.0	10.4	9.1	7.7	4.5	2.2
2017	18.5	17.3	18.3	17.1	11.5	12.4	1.0	3.9
2018	20.8	18.7	17.4	13.9	13.1	11.8	3.4	0.9

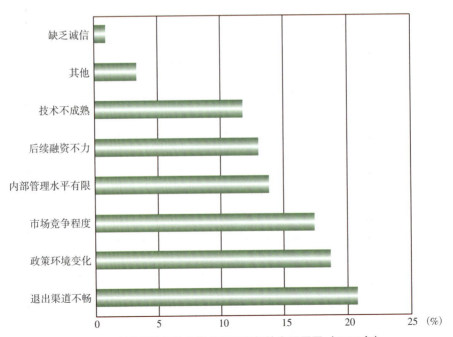

图 5-7 创业投资机构投资效果不理想的主要原因（2018 年）

为进一步了解企业的退出渠道具体情况，2018 年我们对机构首选的上市退出渠道进行了调查[1]。调查发现，主板市场仍然是机构首选的主要退出渠道，占比从 2017 年的 49.4%略微上升至 50.2%，创业板和新三板占比分别是

26.3%和 12.2%，较 2017 年分别上升了 2.5 个百分点和下降 0.7 个百分点。尽管主板上市有较多的限制条件，但因其更加成熟、流动性强等原因，仍然是机构更加倾向的退出渠道（见图 5-8）。

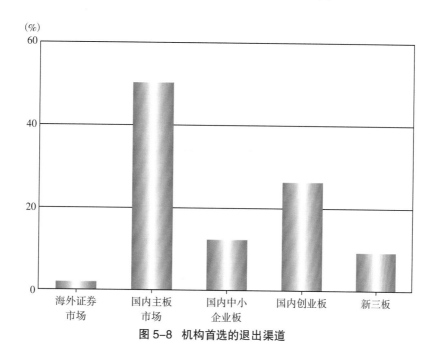

图 5-8　机构首选的退出渠道

5.6　创投机构最看好的投资领域

关于 2019 年投资领域前景判断的调查显示（见图 5-9），"计算机、通信等电子设备制造业（人工智能行业）"受各项利好政策影响，将延续前期判断，依然是最被看好的投资领域，占比从 23.4%上升至 25.2%[2]。

与上年不同，2019 年"医药与生物科技"成为第二个

被看好的投资领域，占比从 2018 年的 19.8%上升至 22.7%。"新能源环保行业"滑落至第三名，占比从 2018 年的 21.9%下降至 21.3%。"金融科技"排名持续下滑，占比从 5.5%下降至 3.9%，下降了 1.6 个百分点。

---

① 有效样本数为 1519 份。本次调查时科创板尚未纳入统计。
② 有效样本数为 1541 份。

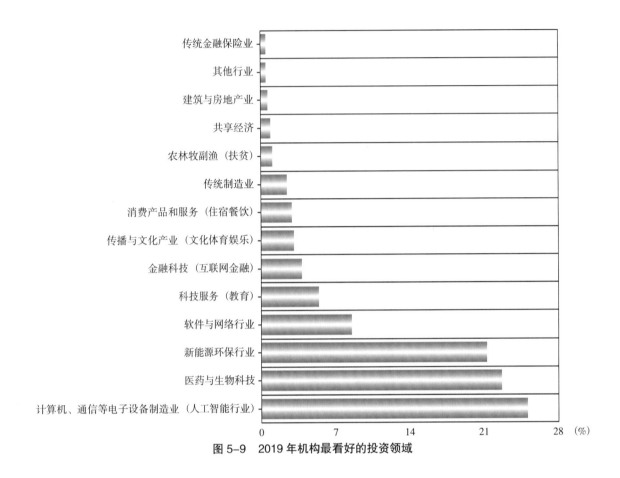

图 5-9   2019 年机构最看好的投资领域

6 中国创业投资区域的运行状况

6.1 创业投资机构数量地区分布

根据调查统计，2018 年进入全国创业投资调查的有效创业投资机构总数达 2800 家，增幅达 28.9%。从地域分布看，2018 年全部创业投资机构分布在全国 30 个省、直辖市和自治区（见表 6-1、图 6-1），其地区分布具有如下特点：

（1）整体上，中国创业投资仍旧呈现集中在东部沿海和经济发达地区，中部地区创业投资机构崛起，而西部广大地区呈机构数量较少、平稳发展的特点。

（2）北京、浙江和江苏的创业投资机构数量明显高出其他地区，位居全国前三位。2018 年，北京的创业投资机构数量跃居全国第一，机构总数是 592 家[①]；浙江的创业投资机构数量位居全国第二，机构数量是 560 家；江苏的创业投资机构数量位居全国第三，机构数是 536 家。浙江

的创业投资机构数量超过江苏，主要原因是浙江的创业投资机构中，有限合伙形式的基金数量和管理机构数量增长迅速，有限合伙形式的创业投资基金成立方便、灵活，更适合浙江这种民营经济发达的地区。

（3）广东、上海的创业投资机构数量继续保持在国内前列。而山东、湖南、安徽、福建、陕西、重庆等地创业投资机构发展迅速，机构数量保持国内第二梯队。

（4）部分西部地区发展态势良好，如新疆、四川、重庆、贵州等地。

（5）东北三省呈现出不同的发展状态，辽宁和黑龙江的创业投资机构数量相对较多，而吉林地区的创业投资机构数量相对较少且发展缓慢。

表 6-1 中国各地区创业投资机构数量（2018 年）

单位：家

地区	有效创投机构数	创投基金数	创投管理机构数
北京	592	393	199
浙江	560	421	139
江苏	536	420	116
广东	131	88	43
上海	115	75	40
山东	109	76	33
湖南	88	49	39
安徽	74	63	11
福建	69	37	32
陕西	69	27	42
重庆	60	26	34

① 主要原因是 2018 年北京市调查机构加大了调查统计力度。

续表

地区	有效创投机构数	创投基金数	创投管理机构数
天津	48	30	18
河南	45	26	19
山西	42	19	23
四川	40	25	15
辽宁	37	20	17
贵州	34	26	8
黑龙江	32	22	10
湖北	31	20	11
河北	29	28	1
新疆	23	14	9
甘肃	12	12	0
宁夏	5	1	4
云南	5	2	3
江西	4	4	0
海南	3	0	3
青海	3	3	0
广西	2	2	0
吉林	1	1	0
内蒙古	1	1	0

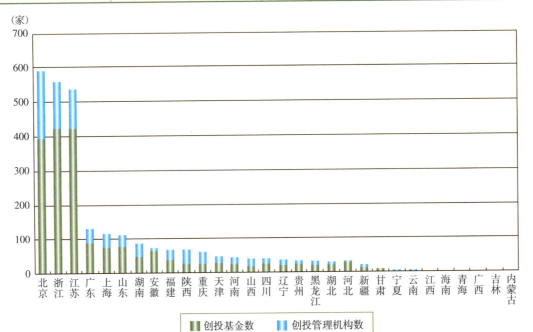

图 6-1　中国创投地区机构数

6.2 创业投资管理资本的地区分布

表 6-2 和图 6-2 显示了 2018 年我国不同地区创业投资公司的管理资本规模。

2018 年，全国创业投资公司管理资金规模达 9179 亿元，继续保持良好的增长势头，各个地区特点如下：

（1）整体上，东西部地区创业投资管理资金规模的差距仍明显。东部的北京、江苏的创业投资管理资金规模在千亿元以上，而海南和内蒙古创业投资管理资金规模在 10 亿元以下。

（2）北京、江苏、广东和浙江的创业投资管理资本总量仍然位居全国前四，2018 年四个地区创业投资管理资本合计占全国总量的 68.3%。其中，排名第四的浙江创业投资管理资本总量是 640 亿元，与北京、江苏和广东三个地区的差距相对较大。主要原因是浙江省内的创业风险投资机构相对较小，民营机构居多，有限合伙制企业数量较多。

（3）2018 年，安徽和湖南的创业投资发展迅速，管理资本位居全国前列。安徽创业投资管理资本达 549.35 亿元，排名第五，与 2017 年名次相同。湖南的创业投资管理资本达 400.43 亿元，排名跃居全国第六。上海、陕西、福建、山东等地创业投资管理资本规模也都在 150 亿元以上。

（4）部分地区创业投资管理资本规模较小。2018 年，吉林、青海、海南和内蒙古创业投资管理资本总量都在 5 亿元以下，进一步发展空间很大。

表 6-2　中国创业投资管理资本的地区分布（2018 年）　　　　　　　　单位：亿元

地区	管理资本总额
北京	2134.40
江苏	1946.75
广东	1616.15
浙江	575.92
安徽	549.35
湖南	400.43
上海	276.26
陕西	253.49
福建	177.35
山东	150.02
天津	140.70
新疆	140.60
黑龙江	125.29
四川	110.91
湖北	101.20
河南	100.50
重庆	99.63
辽宁	57.38

续表

地区	管理资本总额
宁夏	56.00
山西	45.51
河北	37.88
甘肃	31.30
江西	15.74
广西	11.50
云南	9.34
贵州	6.80
青海	4.40
吉林	3.06
内蒙古	0.74
海南	0.41
总计	9179.00

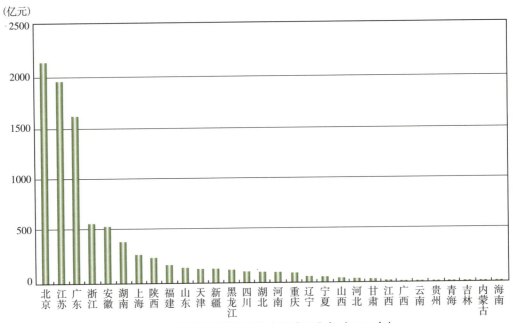

图 6-2　中国创业投资管理资本的地区分布（2018 年）

6.3 各地区创业投资机构的规模分布

表 6-3 和图 6-3 显示了 2018 年我国不同地区创业投资管理资本的规模分布。

2018 年，国内大部分地区创业投资机构的管理资金规模分布与 2017 年类似，主要分布在 5000 万元以下、1 亿~2 亿元和 2 亿~5 亿元档次，而 5000 万~1 亿元和 5 亿元以上规模的投资机构占比相对较小。

管理资金规模在 5 亿元以上投资机构数量占据主导地位的地区有北京、上海和新疆，其中北京的占比超过 40%，上海和新疆分别占地区机构总数的 1/3，而江苏和浙江等地的民间资本较为发达，资金规模主要以 5000 万元以下的机构数量最多。

表 6-3 各地区创业投资机构的管理资本规模分布（2018 年）　　单位：%

地区	5000 万元以下	5000 万~1 亿元	1 亿~2 亿元	2 亿~5 亿元	5 亿元以上
黑龙江	3.33	10.00	36.67	33.33	16.67
四川	10.34	37.93	31.03	10.34	10.34
湖北	13.04	8.70	26.09	39.13	13.04
山东	13.85	13.85	32.31	27.69	12.31
上海	17.78	8.89	8.89	31.11	33.33
北京	18.18	14.14	15.15	11.11	41.41
宁夏	20.00	0.00	20.00	20.00	40.00
安徽	20.00	7.14	25.71	27.14	20.00
新疆	22.22	22.22	11.11	11.11	33.33
天津	23.26	23.26	20.93	18.6	13.95
湖南	24.29	18.57	20.00	20.00	17.14
陕西	25.00	18.75	20.31	21.88	14.06
云南	25.00	0.00	50.00	0.00	25.00
重庆	26.19	21.43	7.14	21.43	23.81
贵州	26.47	26.47	20.59	20.59	5.88
江苏	28.57	17.04	23.06	22.06	9.27
辽宁	29.03	19.35	25.81	19.35	6.45
福建	31.25	12.50	23.44	15.63	17.19
广东	32.46	10.53	14.04	13.16	29.82
青海	33.33	0.00	33.33	33.33	0.00
河北	33.33	28.57	9.52	19.05	9.52
浙江	34.43	22.13	22.13	14.48	6.83
河南	37.14	8.57	17.14	25.71	11.43

续表

地区	5000 万元以下	5000 万~1 亿元	1 亿~2 亿元	2 亿~5 亿元	5 亿元以上
山西	54.76	14.29	9.52	16.67	4.76
海南	100.00	0	0	0	0
内蒙古	0	100.00	0	0	0
甘肃	0	8.33	41.67	33.33	16.67
广西	0	50.00	—	0	50.00
江西	0	0	33.33	33.33	33.33
吉林	0	0	0	100.00	0

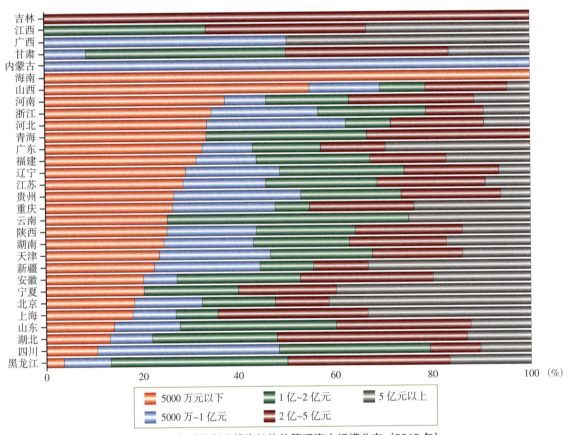

图 6-3　各地区创业投资机构的管理资本规模分布（2018 年）

6.4　各地区创业投资机构的资本来源

本部分从两个维度来分析 2018 年国内创业投资机构的资本来源。

6.4.1　按资金来源的机构性质划分

如表 6-4 所示，2018 年全国各地区创业投资机构的资本来源呈现如下典型特征：

（1）政府资金依然是国内创业投资机构的主要资金来源。以国有投资机构、政府引导基金和其他财政资金为代表的政府资金仍然是大部分地区创业投资的主要资金来源。其中，有 28 个地区设有国有独资创业投资机构，而广西、河南、青海、江西、吉林、辽宁等地区创业投资资金主要来源于国有独资投资机构。有 27 个地区设有政府引导基金，其中主要以政府引导基金方式支持创业投资的地区包括宁夏、贵州、黑龙江、湖南、上海、河北、甘肃、内蒙古等地。

（2）民营投资机构成为很多地区创业投资机构的重要资金来源。2018 年，除了内蒙古和吉林之外，其余地区的创业投资机构资金来源都有民营机构参与。其中，民营投资机构资金来源占比比较高的地区有山东、湖北、江苏、海南、广东、天津、福建、浙江等地。而民营投资机构资金来源占比很低的地区包括新疆、山西和广西等地。

（3）个人投资持续成为中国创业投资机构的重要资金来源。在国家相关政策的引导下，个人投资者积极参与创业投资。2018 年，有 26 个地区的创业投资的资本来源包含个人投资，与 2017 年持平；其中占比比较高的地区有四川、浙江、福建等地。

（4）部分地区混合所有制投资机构成为创业投资机构的重要资本来源。2018 年，云南、湖北、湖南、浙江、天津等地混合所有制投资机构在创业投资的资本中占比比较高，其中最高的云南达 61%。

（5）外资在国内创业投资发展中起着重要作用。2018 年，共有 15 个地区的创业投资资本有外资参与，比 2017 年多 3 个。其中，浙江、北京、甘肃和上海的占比比较高。

表 6-4　2018 年不同地区创业投资的资本来源（按机构性质）　　单位：%

地区	个人	国有独资投资机构	混合所有制投资机构	境内外投资机构	民营投资机构	其他	其他财政资金	政府引导基金	境外投资机构	社保基金
宁夏	0.5	5.3	0	0	3.0	63.2	1.8	26.2	0	0
安徽	0.7	9.4	0.7	0.1	6.1	73.5	5.8	3.8	0	0
广西	0.7	95.7	0	0	1.8	0	0	1.8	0	0
贵州	2.3	27.2	0	0	8.9	10.9	15.7	34.9	0	0
黑龙江	2.5	24.4	0	0	4.0	18.9	12.5	37.7	0	0
新疆	2.6	0.9	0.6	0	1.0	3.5	87.2	4.3	0	0
河南	2.9	58.9	1.6	0	12.6	11.3	3.9	8.9	0	0
山东	4.3	20.7	5.6	0	32.1	7.6	10.6	18.9	0.1	0.2
陕西	4.3	18.6	0.2	1.0	11.7	46.6	1.5	16.0	0	0
北京	4.7	3.3	1.5	0.2	7.7	74.0	0.7	3.3	4.6	0
湖南	4.7	19.2	7.1	0	6.0	18.4	8.9	35.6	0	0
江苏	5.7	12.9	0.6	0.4	36.2	35.6	4.4	2.6	0.6	1.0
湖北	6.4	18.2	10.3	1.1	33.5	12.3	1.4	13.1	—	3.7
青海	7.6	33.7	0	0	5.6	0	27.0	26.1	0	0

地区	个人	国有独资投资机构	混合所有制投资机构	境内外投资机构	民营投资机构	其他	其他财政资金	政府引导基金	境外投资机构	社保基金
上海	8.7	25	2.5	0.1	18.8	3.5	6.2	32.8	2.4	0
辽宁	9.7	31	0	0.1	6.4	45.7	3.3	3.2	0.4	0.1
海南	10.9	0	0	0	76.5	0	12.6	0	0	0
广东	13.4	7.1	1.4	0	37.6	18.3	14.6	6.2	1.3	0
江西	13.4	69.9	0	0	5.3	0	0	11.4	0	0
云南	13.6	12.6	61.0	0	7.4	0	0	5.4	0	0
重庆	16.1	20.6	1.7	0.1	17.3	9.6	7.6	27	0	0
天津	18.2	19.7	9.4	0	35.8	5.9	4.9	5.4	0.7	0
河北	18.6	17.3	0	0	9	13.7	14.6	26.8	0	0
福建	21.4	22.4		0.3	35.6	7.6	7.4	5.2	0	0
浙江	27.9	6.1	9.1	7.5	34.5	4.3	0.3	10.3	0	0
四川	51.8	28.0	1.1	0.8	7.5	7.1	1.1	2.6	0	0
甘肃	0	3.2	2.3	3.4	14.3	8.9	31.2	36.7	0	0
吉林	0	100.0	0	0	0	0	0	0	0	0
内蒙古	0	0	0	0	0	0	100.0	0	0	0
山西	0	17.3	0	0	0.9	76.7	5.1	0.1	0	0

6.4.2　按金融资本类型划分

从金融资本类型角度看，如表 6-5 所示，2018 年中国创业投资机构的资本来源呈现如下特点：

（1）非金融资本依旧是中国各地创业投资机构的主要资本来源。2018 年，非金融资本占创业投资机构的资本总额比例超过 50% 的地区共有 20 个，比 2017 年减少 2 个，

表 6-5　2018 年不同地区创业投资的资本来源（按金融资本类型）　　　　单位：%

地区	非金融资本	其他金融资本	信托公司	银行	证券公司	保险公司
吉林	100.0	0	0	0	0	0
江西	100.0	0	0	0	0	0
内蒙古	100.0	0	0	0	0	0
浙江	94.2	5.6	0	0.3	0	0
安徽	92.2	7.1	0.3	0.1	0.3	0
新疆	90.1	2.1	0	7.8	0	0
甘肃	88.8	8.9	0	0	2.3	0
青海	88.6	11.4	0	0	0	0
山东	87.4	11.3	0	0	1.2	0
上海	86.7	10.8	1.8	0.7	0	0
江苏	83.6	2.0	0.3	9.0	0.2	4.8

地区	非金融资本	其他金融资本	信托公司	银行	证券公司	保险公司
云南	80.2	18.2	0	0	1.6	0
黑龙江	78.0	14.2	7.1	0.8	0	0
福建	77.4	22.6	0	0	0	0
天津	76.4	20.4	3.1	0	0	0
陕西	67.8	28.2	0	3.8	0.2	0
重庆	66.4	31.0	0	2.6	0	0
海南	62.4	37.6	0	0	0	0
河北	59.0	41.0	0	0	0	0
贵州	51.2	40.5	0	0	8.3	0
广东	48.7	40.8	0	2.3	3.6	4.6
辽宁	46.6	48.9	0	2.9	1.6	0
山西	40.5	59.5	0	0	0	0
四川	37.5	48.8	0	13.7	0	0
宁夏	36.3	63.7	0	0	0	0
湖北	34.1	54.3	0	0.3	0.4	11.0
北京	29.4	69.9	0.1	0.2	0.2	0.2
河南	27.3	70.3	0.9	0.1	1.4	0
湖南	27.1	72.8	0	0.1	0	0
广西	4.3	95.7	0	0	0	0

其中吉林、江西和内蒙古都是100%。

（2）金融资本开始成为很多地区创业投资机构资本的主要来源。2018年，金融资本在创业投资机构资本总额占比超过30%的地区有14个，其中广西、湖南、河南、北京、山西等地的比例相对较高，显示这些地区金融机构参与创业投资的力度较大。

（3）银行、证券和信托资金成为部分地区创业投资的资本来源。2018年，创业投资的资本来源包括银行的地区有15个，其中，比例较高的地区是新疆和四川，最高的四川达到13.7%。创业投资的资本来源包括信托机构的地区有7个，其中，比例较高的地区是黑龙江和天津。创业投资的资本来源包括证券机构的地区有12个，其中，比例较高的地区有贵州、广东和甘肃。创业投资的资本来源包括保险机构的地区有4个，数量与2017年持平，分别是北京、湖北、广东和江苏。

6.5 各地区创业投资的投资特征

6.5.1 创业投资项目的地区分布

本部分从两个维度分析 2018 年中国创业投资项目的地区分布：一是从投资机构的注册地分析当地的创业投资机构的投资活跃状况；二是从投资项目所在地角度分析创业投资最乐于选择投资的地区。

（1）以投资机构注册地划分。表 6-6、图 6-4 显示了 2018 年不同地区创业投资机构开展项目投资的情况。

调查显示，2018 年全国共有 28 个地区的创业投资机构进行了项目投资，其中，占据前四位的地区分别是广东、北京、浙江和江苏，四者合计占比达 63%。

值得注意的是，福建、陕西、湖北、四川、湖南、天津、安徽和山东等地的项目数量位列第二梯队，显示上述几个地区创业投资的发展态势明显。

广大西部地区和经济欠发达地区包括贵州、甘肃、山西、宁夏、海南、云南、新疆、广西、青海等，创业投资机构的投资行为相对不活跃，2018 年投资的项目数量较少。

表 6-6　2018 年以投资机构注册地划分的中国创业投资项目地区分布　　单位：%

地区	投资项目占比
广东	18.9
北京	17.7
浙江	13.5
江苏	12.9
福建	3.8
陕西	3.6
湖北	3.5
四川	3.5
上海	3.1
湖南	2.6
天津	2.3
安徽	2.3
山东	2.0
河南	1.9
黑龙江	1.7
重庆	1.5
辽宁	1.1
贵州	1.1
甘肃	0.9
山西	0.7

续表

地区	投资项目占比
宁夏	0.4
海南	0.2
云南	0.2
新疆	0.2
广西	0.1
河北	0.1
青海	0.1
江西	0.1
吉林	0

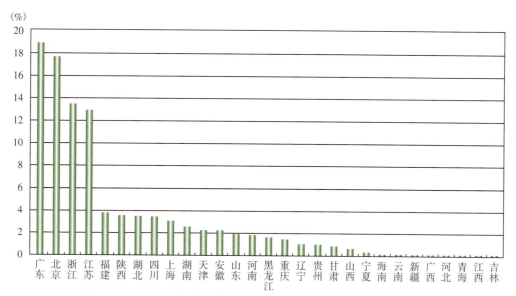

图 6-4　2018 年以投资机构注册地划分的中国创业投资项目地区分布

（2）以投资项目所在地划分。表 6-7 显示了 2018 年中国创业投资机构所投资项目的注册地区分布。

2018 年，中国创业投资机构的投资项目分布在全国 30 个地区，集中在东部经济和科技发达地区，北京依然是创业投资机构投资项目最多的地区，占全部的 16%，江苏和浙江并列第二，投资项目占比前五的地区合计占全国的 66.1%，比 2017 年增加 5 个百分点，显示国内创业投资青睐的投资地区更加集聚。

相对而言，部分地区的项目占比依旧很少，尤其是广大西部地区和部分东部地区，内蒙古、江西、吉林、云南、广西的项目占比都在 0.1% 以下。

表 6-7　2018 年中国创业投资机构所投资项目的注册地区分布　　　　单位：%

地区	投资项目占比
北京	16.0
江苏	13.9
浙江	13.9
广东	12.0
上海	10.4
四川	3.5
陕西	3.4
湖北	3.2
安徽	2.7
福建	2.7
湖南	2.7
山东	2.6
河南	2.3
天津	1.8
黑龙江	1.6
重庆	1.2
贵州	1.2
甘肃	1.0
辽宁	1.0
山西	0.7
新疆	0.3
宁夏	0.3
河北	0.3
海南	0.3
青海	0.2
西藏	0.2
内蒙古	0.1
江西	0.1
吉林	0.1
云南	0
广西	0

6.5.2　各地区创业投资的投资强度

2018 年全国 29 个地区的创业投资机构所投资项目的投资强度如表 6-8 和图 6-5 所示。

2018 年，中国创业投资机构所投资项目的投资强度地区差距比 2017 年有所缩小，最高的宁夏是 6451 万元/项，最低的海南是 241.60 万元/项。

表 6-8　2018 年各地区创业投资的投资强度　　　单位：万元/项

地区	投资强度
宁夏	6451.00
广东	4365.71
云南	3240.50
江西	2699.45
安徽	2664.93
青海	2365.00
山东	2070.91
甘肃	2018.75
北京	1970.72
新疆	1948.32
贵州	1881.09
辽宁	1618.34
河南	1610.27
黑龙江	1572.61
湖南	1530.92
山西	1507.37
重庆	1391.56
上海	1312.29
陕西	1137.36
浙江	1109.02
江苏	1087.65
福建	1075.12
天津	1064.06
吉林	1000.00
湖北	799.52
广西	783.33
四川	653.05
河北	300.00
海南	241.60

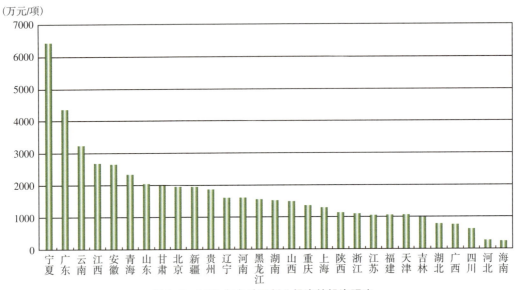

（万元/项）

图 6-5　2018 年各地区创业投资的投资强度

6.5.3　各地区创业投资机构的项目持股结构

　　表 6-9 和图 6-6 显示，2018 年大部分地区的创业投资机构不寻求绝对控股，有 25 个地区的持股<50%的项目占全部投资项目的比例超过 90%，与 2017 年持平，有 13 个地区的创业投资机构持股比例都在 50%以下，比 2017 年增加 1 个地区。2018 年，持股比例≥50%的项目占比较高的地区有北京、安徽、河南和辽宁。

表 6-9　2018 年中国创业投资机构所投资项目持股结构的地区分布　　　　　　单位：%

地区	持股比例≥50%	持股比例<50%
北京	20.9	79.1
安徽	16.4	83.6
河南	13.0	87.0
辽宁	11.5	88.5
福建	7.9	92.1
贵州	7.1	92.9
湖南	6.3	93.8
山东	4.3	95.7
陕西	4.0	96.0
天津	3.6	96.4
重庆	2.6	97.4
黑龙江	2.3	97.7
广东	2.3	97.7
浙江	1.7	98.3
江苏	1.3	98.7

续表

地区	持股比例≥50%	持股比例<50%
湖北	1.1	98.9
新疆	0	100
河北	0	100
吉林	0	100
江西	0	100
甘肃	0	100
四川	0	100
海南	0	100
山西	0	100
云南	0	100
广西	0	100
上海	0	100
青海	0	100
宁夏	0	100

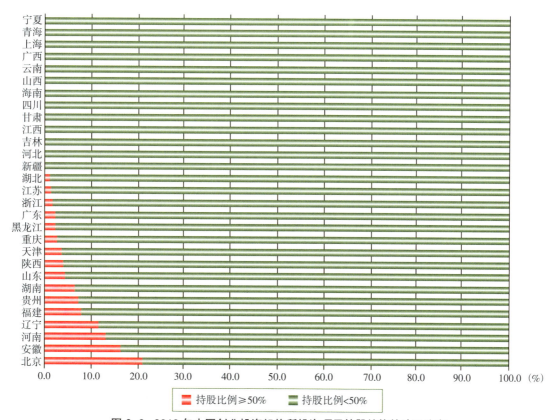

图6-6　2018年中国创业投资机构所投资项目持股结构的地区分布

6.5.4 各地区创业投资项目的所处阶段

表 6-10 和图 6-7 显示了 2018 年中国各地创业投资机构投资项目的所处阶段。2018 年，中国各地创业投资机构投资项目所处阶段具有如下几个主要特点：

（1）种子期的项目受到越来越多地区创业投资的重视。2018 年，有 20 个地区的创业投资投资于种子期的项目占比超过 10%，其中，种子期的项目占比超过 30% 的地区有 5 个，分别是北京、江苏、四川、天津、广西。表明在各地政策引导下，创业投资更加认识到种子期项目的重要性，投资阶段前移。

（2）起步期和成长（扩张）期的项目依旧是大部分地区创业投资机构的投资重点。2018 年，有 22 个地区创业投资机构对起步期的投资项目超过对成长（扩张）期的投资项目。其中，有 9 个地区创业投资机构在起步期的项目占比不低于 50%。

（3）大部分地区的创业投资在成熟（过渡）期的项目占比相对较低。2018 年，除甘肃、新疆之外，其他地区创业投资在成熟（过渡）期的项目占比都在 10% 以下。

（4）2018 投资于重建期项目的地区很少，只有 6 个地区，数量与 2017 年持平，分别是宁夏、浙江、山东、湖北、北京和江苏。

表 6-10　2018 年中国各地区创业投资项目所处阶段　　　　　　　　　　　　　单位：%

地区	种子期	起步期	成长（扩张）期	成熟（过渡）期	重建期
甘肃	8.3	54.2	25.0	12.5	0
湖南	8.8	36.8	50.0	4.4	0
宁夏	10.0	10.0	60.0	10.0	10.0
贵州	10.3	41.4	44.8	3.4	0
安徽	11.7	55.0	30.0	3.3	0
重庆	12.8	46.2	35.9	5.1	0
河南	16.3	41.9	34.9	7.0	0
黑龙江	17.8	44.4	31.1	6.7	0
浙江	17.9	40.6	35.7	4.9	0.9
广东	18.8	43.2	28.9	9.1	0
山东	19.2	42.3	26.9	9.6	1.9
福建	19.7	60.5	17.1	2.6	0
海南	20.0	60.0	20.0	0	0
辽宁	21.7	34.8	39.1	4.3	0
湖北	22.8	30.4	26.1	9.8	10.9
上海	26.2	49.2	24.6	0	0
陕西	28.3	32.6	33.7	5.4	0
北京	31.6	41.7	22.4	4.2	0.2
江苏	33.1	26.2	35.4	4.6	0.7
四川	33.8	48.5	16.2	1.5	0
天津	45.6	35.1	12.3	7.0	0
广西	50.0	50.0	0	0	0
云南	0	16.7	83.3	0	0

续表

地区	种子期	起步期	成长（扩张）期	成熟（过渡）期	重建期
新疆	0	60.0	20.0	20.0	0
山西	0	92.3	7.7	0	0
青海	0	66.7	33.3	0	0
江西	0	0	100.0	0	0
吉林	0	100.0	0	0	0
河北	0	100.0	0	0	0

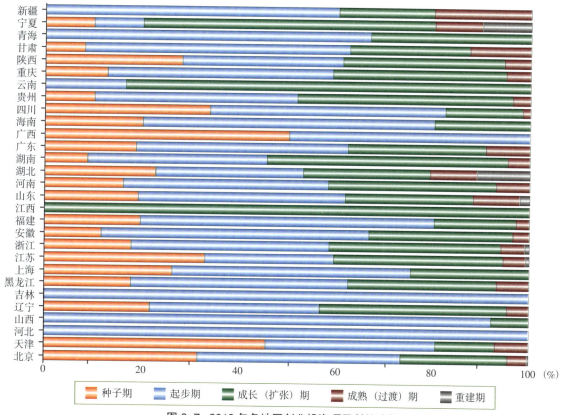

图6-7 2018年各地区创业投资项目所处阶段

6.6 部分地区创业投资行业投资特征

本部分对2018年中国创业投资较为活跃的地区进行重点分析，以掌握和了解这些地区投资项目的行业分布和资金分布（见表6-11至表6-20）。这里的投资强度是指行业内项目的平均投资金额。

6.6.1　北京

如表 6-11 所示，2018 年北京创业投资项目分布在 24 个行业，投资比例较多的行业是 IT 服务业、其他 IT 产业、消费产品和服务、传播与文化娱乐和网络产业，上述行业的投资项目占比达 50.7%。与 2017 年相比，IT 服务业超越生物科技，成为北京市创业投资最多的行业，投资项目占总数的 1/4，显示北京的创业投资对 IT 服务行业的高度青睐。

至于行业投资强度，2018 年北京市创业投资行业中，大部分投资强度在 1000~2500 万元/项。整体投资强度高于 2017 年，投资强度超过 1000 万元/项的行业有 22 个，占总数的 91.7%，远远超过 2017 年的 55.6%。

表 6-11　2018 年北京市创业投资的行业特点

项目数		投资强度	
行业	百分比（%）	行业	行业投资强度（万元/项）
IT 服务业	24.1	社会服务	4521.2
其他 IT 产业	8.4	新能源、高效节能技术	3807.1
其他行业	7.0	网络产业	2410.6
消费产品和服务	6.8	传统制造业	2263.0
传播与文化娱乐	6.4	新材料工业	2250.0
网络产业	6.4	科技服务	2134.4
生物科技	5.2	IT 服务业	2015.7
医药保健	5.0	半导体	1970.9
社会服务	4.8	其他 IT 产业	1962.9
软件产业	4.8	其他行业	1795.3
其他制造业	3.6	计算机硬件产业	1776.9
计算机硬件产业	3.2	交通运输仓储和邮政业	1750.0
金融保险业	3.0	传播与文化娱乐	1746.4
半导体	2.0	生物科技	1649.0
批发和零售业	2.0	软件产业	1441.9
传统制造业	1.4	医药保健	1268.8
交通运输仓储和邮政业	1.1	金融保险业	1244.3
科技服务	1.1	其他制造业	1188.8
新能源、高效节能技术	0.9	环保工程	1166.5
通信设备	0.9	通信设备	1069.8
光电子与光机电一体化	0.7	消费产品和服务	1021.4
环保工程	0.5	批发和零售业	913.4
新材料工业	0.5	光电子与光机电一体化	528.7
房地产业	0.2	房地产业	400.0

6.6.2 江苏

如表 6-12 所示，2018 年江苏的创业投资项目分布在 27 个行业。其中，投资较多的行业是制造业、生物科技、半导体、新材料工业和社会服务，合计占比为 50.1%。制造业占据榜首位置，占比 21%，显示出江苏的创业投资对制造业的关注度最高。与 2017 年相比，制造业、新材料工业一直是江苏创业投资较多的行业。

至于行业投资强度，2018 年江苏创业投资的行业投资强度差距变小，最高的是农林牧副渔，达 2575 万元/项；最低的是核应用技术，只有 180 万元/项。投资强度在 1000 万元/项以上的有 13 个。

表 6-12　2018 年江苏省创业投资的行业特点

项目数		投资强度	
行业	百分比（%）	行业	行业投资强度（万元/项）
其他制造业	10.6	农林牧副渔	2575.0
传统制造业	9.4	其他 IT 产业	2501.3
生物科技	8.8	其他行业	2004.9
半导体	7.9	医药保健	1779.6
新材料工业	6.7	计算机硬件产业	1760.2
社会服务	6.7	软件产业	1502.6
其他行业	6.1	新能源、高效节能技术	1348.8
科技服务	5.8	水电煤气	1315.9
新能源、高效节能技术	5.2	批发和零售业	1279.1
软件产业	4.9	金融保险业	1189.6
IT 服务业	4.6	科技服务	1123.7
医药保健	3.6	光电子与光机电一体化	1078.0
网络产业	3.6	其他制造业	1059.9
金融保险业	3.0	新材料工业	997.7
光电子与光机电一体化	3.0	传统制造业	987.6
消费产品和服务	2.1	半导体	975.0
批发和零售业	2.1	房地产业	900.0
计算机硬件产业	1.5	生物科技	869.3
农林牧副渔	0.6	消费产品和服务	853.1
传播与文化娱乐	0.6	社会服务	675.8
环保工程	0.6	IT 服务业	672.8
交通运输仓储和邮政业	0.6	交通运输仓储和邮政业	639.0
水电煤气	0.6	网络产业	550.7
其他 IT 产业	0.3	通信设备	500.0
房地产业	0.3	传播与文化娱乐	260.0
核应用技术	0.3	环保工程	252.5
通信设备	0.3	核应用技术	180.0

6.6.3 浙江

如表 6-13 所示，2018 年浙江的创业投资项目分布在 26 个行业，投资行业比较分散，较多的行业是 IT 服务业、医药保健、传播与文化娱乐、软件产业、网络产业，占比最高的 IT 服务业只有 9.3%。与 2017 年相比，IT 服务业连续两年成为浙江创业投资最多的行业，传播与文化娱乐、软件产业和网络产业也一直是浙江创业投资比较关注的行业。

2018 年，浙江创业投资行业投资强度最高的仍旧是采掘业，达 6000 万元/项，比 2017 年有所降低，最低的是光电子与光机电一体化，只有 290 万元/项。2018 年，投资强度在 1000 万元/项以上的行业有 13 个，占行业总数的 50%，比 2017 年的占比略有下降。

表 6-13　2018 年浙江省创业投资的行业特点

项目数		投资强度	
行业	百分比（%）	行业	行业投资强度（万元/项）
IT 服务业	9.3	采掘业	6000.0
医药保健	8.5	新材料工业	2046.3
传播与文化娱乐	7.6	批发和零售业	1939.2
软件产业	7.6	网络产业	1667.3
网络产业	7.4	其他 IT 产业	1613.5
新材料工业	5.7	科技服务	1573.8
其他行业	5.7	软件产业	1425.1
新能源、高效节能技术	5.1	医药保健	1393.6
生物科技	4.5	传统制造业	1165.3
科技服务	4.5	计算机硬件产业	1162.9
其他制造业	4.2	生物科技	1088.4
消费产品和服务	3.7	新能源、高效节能技术	1072.2
计算机硬件产业	3.4	其他制造业	1058.9
社会服务	3.1	建筑业	969.7
传统制造业	2.8	半导体	961.4
通信设备	2.3	农林牧副渔	925.0
金融保险业	2.3	交通运输仓储和邮政业	855.7
批发和零售业	2.3	社会服务	690.4
半导体	2.3	IT 服务业	656.9
交通运输仓储和邮政业	2.0	传播与文化娱乐	619.3
环保工程	1.7	金融保险业	618.8
农林牧副渔	1.4	其他行业	587.2
其他 IT 产业	1.1	通信设备	493.6
建筑业	0.8	环保工程	449.8
采掘业	0.3	消费产品和服务	414.2
光电子与光机电一体化	0.3	光电子与光机电一体化	290.0

6.6.4 广东

如表 6-14 所示，2018 年广东的创业投资项目分布在 24 个行业；投资最多的行业是医药保健，占比是 12.4%，其他制造业位居第二，占比是 10.7%，另外，半导体、金融保险业、软件产业和生物科技的投资项目也比较多。与 2017 年相比，医药保健跃居第一位，成为广东投资最多的行业。

至于行业投资强度，2018 年广东创业投资在部分行业的投资强度很大，金融保险业最高，达到 23573.7 万元/项，排名第二的房地产业也超过 1 亿元/项，另外 4 个行业都超过了 5000 万元/项，包括新能源、高效节能技术，IT 服务业，采掘业和医药保健。最低的新材料工业只有 307 万元/项。投资强度在 1000 万元/项以上的行业有 16 个，与 2017 年持平。

表 6-14　2018 年广东省创业投资的行业特点

项目数		投资强度	
行业	百分比（%）	行业	行业投资强度（万元/项）
医药保健	12.4	金融保险业	23573.7
其他制造业	10.7	房地产业	12100.0
半导体	8.5	新能源、高效节能技术	9450.0
金融保险业	7.3	IT 服务业	7312.3
软件产业	6.8	采掘业	7000.0
生物科技	6.2	医药保健	5160.6
其他行业	5.6	其他 IT 产业	3812.5
计算机硬件产业	5.1	建筑业	3750.0
传播与文化娱乐	5.1	软件产业	3444.9
通信设备	4.0	网络产业	2860.0
光电子与光机电一体化	3.4	社会服务	2816.0
新能源、高效节能技术	2.8	传统制造业	2133.5
网络产业	2.8	通信设备	1776.3
社会服务	2.8	半导体	1760.1
科技服务	2.8	环保工程	1475.9
IT 服务业	2.3	计算机硬件产业	1261.7
新材料工业	2.3	其他制造业	1138.8
其他 IT 产业	2.3	生物科技	1052.4
消费产品和服务	2.3	消费产品和服务	934.6
环保工程	1.1	其他行业	780.3
传统制造业	1.1	光电子与光机电一体化	673.3
房地产业	1.1	传播与文化娱乐	450.6
建筑业	0.6	科技服务	356.0
采掘业	0.6	新材料工业	307.0

6.6.5　上海

如表 6-15 所示，2018 年上海的创业投资项目分布在 17 个行业，比 2017 年减少了 6 个；医药保健是投资最多的行业，占比达 40.8%，远远超过排名第二位的科技服务（9.9%）。与 2017 年相比，2018 年上海创业投资的行业集中度明显，医药保健占比远高于 2017 年占比最高的生物

科技的 12.2%。

至于行业投资强度，2018 年上海创业投资的行业投资强度最高的是医药保健，为 2166.2 万元/项，最低的 IT 服务业只有 54.6 万元/项。2018 年的行业投资强度低于 2017 年，投资强度超过 1000 万元/项的行业只有 8 个，比 2017 年少 10 个，占比 47.1%，远低于 2017 年的 78.3%。

表 6-15　2018 年上海市创业投资的行业特点

项目数		投资强度	
行业	百分比（%）	行业	行业投资强度（万元/项）
医药保健	40.8	医药保健	2166.2
科技服务	9.9	其他 IT 产业	2000.0
网络产业	7.0	新能源、高效节能技术	2000.0
消费产品和服务	7.0	传统制造业	1841.9
传统制造业	7.0	消费产品和服务	1575.4
生物科技	4.2	光电子与光机电一体化	1500.0
环保工程	4.2	科技服务	1171.4
其他行业	4.2	软件产业	1052.5
计算机硬件产业	2.8	环保工程	756.7
软件产业	2.8	通信设备	750.0
光电子与光机电一体化	1.4	生物科技	680.0
其他制造业	1.4	其他行业	575.0
IT 服务业	1.4	其他制造业	569.0
其他 IT 产业	1.4	网络产业	365.8
批发和零售业	1.4	批发和零售业	232.0
新能源、高效节能技术	1.4	计算机硬件产业	126.0
通信设备	1.4	IT 服务业	54.6

6.6.6　福建

如表 6-16 所示，2018 年福建的创业投资项目分布在 22 个行业，在网络产业、软件产业、其他行业和新材料工业的投资比例较多；其中，网络产业最多，占比是 18.7%，软件产业位居第二，占比是 16.5%，可以看出 2018 年福建创业投资非常关注信息产业。

至于行业投资强度，2018 年福建创业投资的行业投资强度差距较大，最高的社会服务高达 3064.7 万元/项，最低的农林牧副渔则只有 100 万元/项。整体上，福建的创业投资的行业投资强度不高，投资强度在 1000 万元/项以上的有 10 个行业，不到总数的一半。

表 6-16　2018 年福建省创业投资的行业特点

项目数		投资强度	
行业	百分比（%）	行业	行业投资强度（万元/项）
网络产业	18.7	社会服务	3064.7
软件产业	16.5	金融保险业	3000.0
其他行业	12.1	IT 服务业	2576.0
新材料工业	9.9	医药保健	2250.0
其他制造业	6.6	传播与文化娱乐	1950.0
IT 服务业	5.5	科技服务	1893.3
生物科技	4.4	其他 IT 产业	1500.0
传播与文化娱乐	3.3	网络产业	1337.4
科技服务	3.3	生物科技	1162.1
新能源、高效节能技术	3.3	其他行业	695.9
光电子与光机电一体化	2.2	光电子与光机电一体化	676.5
社会服务	2.2	软件产业	661.3
通信设备	2.2	传统制造业	600.0
其他 IT 产业	1.1	通信设备	500.0
医药保健	1.1	计算机硬件产业	500.0
建筑业	1.1	半导体	500.0
金融保险业	1.1	其他制造业	495.9
半导体	1.1	新材料工业	473.3
传统制造业	1.1	建筑业	450.9
农林牧副渔	1.1	环保工程	290.0
环保工程	1.1	新能源、高效节能技术	266.7
计算机硬件产业	1.1	农林牧副渔	100.0

6.6.7　陕西

如表 6-17 所示，2018 年陕西创业投资项目分布在 24 个行业，比 2017 年增加 3 个行业；投资集中在制造业、新材料工业、软件产业、IT 服务业等。与 2017 年相比，新材料工业一直是陕西创业投资关注较多的行业，新能源、高效节能技术，生物科技和半导体领域的投资项目占比则有所下降。

至于投资强度，2018 年陕西省创业投资的行业投资强度明显低于 2017 年，除了最高的"其他 IT 产业"是 7000 万元/项外，大部分行业的投资强度在 2000 万元/项以下，其中有 7 个行业在 500 万元/项以下。

表 6-17 2018 年陕西省创业投资的行业特点

项目数		投资强度	
行业	百分比（%）	行业	行业投资强度（万元/项）
其他行业	12.0	其他 IT 产业	7000.0
其他制造业	8.7	其他行业	2091.6
新材料工业	8.7	农林牧副渔	2000.0
软件产业	8.7	消费产品和服务	1887.2
传统制造业	6.5	建筑业	1750.0
IT 服务业	5.4	交通运输仓储和邮政业	1700.0
计算机硬件产业	4.3	其他制造业	1494.4
通信设备	4.3	半导体	1433.3
网络产业	4.3	传统制造业	1416.7
医药保健	4.3	软件产业	1209.0
批发和零售业	4.3	通信设备	1075.0
新能源、高效节能技术	3.3	新材料工业	1067.3
社会服务	3.3	光电子与光机电一体化	1066.7
光电子与光机电一体化	3.3	金融保险业	950.0
半导体	3.3	科技服务	750.0
消费产品和服务	2.2	IT 服务业	626.6
科技服务	2.2	新能源、高效节能技术	505.3
环保工程	2.2	生物科技	500.0
建筑业	2.2	网络产业	437.5
金融保险业	2.2	社会服务	333.3
生物科技	1.1	环保工程	300.0
交通运输仓储和邮政业	1.1	批发和零售业	297.5
其他 IT 产业	1.1	计算机硬件产业	296.4
农林牧副渔	1.1	医药保健	211.9

6.6.8 湖北

如表 6-18 所示，2018 年湖北的创业投资项目分布于 25 个行业，比 2017 年增加 5 个行业，其中投资最多的是生物科技，占比是 18.2%，半导体、医药保健、批发和零售业及软件产业的投资项目也相对较多。与 2017 年相比，医药保健和软件产业一直是湖北创业投资项目较多的行业，生物科技的投资项目数量大幅度增加。

整体上，2018 年湖北创业投资的行业投资强度不大，最高的光电子与光机电一体化为 1913.4 万元/项，最低的金融保险业只有 80 万元/项；投资强度在 1000 万元/项以上的只有 6 个，300 万元/项以下的行业有 6 个。

表 6-18　2018 年湖北省创业投资项目的行业特点

项目数		投资强度	
行业	百分比（%）	行业	行业投资强度（万元/项）
生物科技	18.2	光电子与光机电一体化	1913.4
半导体	6.8	生物科技	1539.6
医药保健	5.7	其他制造业	1260.3
批发和零售业	5.7	新材料工业	1184.6
软件产业	5.7	传统制造业	1120.5
光电子与光机电一体化	4.5	其他行业	1033.3
IT 服务业	4.5	科技服务	987.5
传播与文化娱乐	4.5	新能源、高效节能技术	734.3
新材料工业	4.5	传播与文化娱乐	693.9
其他制造业	3.4	环保工程	657.8
其他 IT 产业	3.4	IT 服务业	640.7
其他行业	3.4	交通运输仓储和邮政业	582.2
计算机硬件产业	3.4	软件产业	573.3
网络产业	3.4	通信设备	545.2
新能源、高效节能技术	3.4	医药保健	530.9
科技服务	3.4	农林牧副渔	448.5
消费产品和服务	2.3	消费产品和服务	362.5
传统制造业	2.3	计算机硬件产业	350.0
环保工程	2.3	建筑业	300.0
农林牧副渔	2.3	网络产业	293.3
通信设备	2.3	其他 IT 产业	288.7
建筑业	1.1	批发和零售业	255.3
金融保险业	1.1	半导体	206.8
社会服务	1.1	社会服务	128.4
交通运输仓储和邮政业	1.1	金融保险业	80.0

6.6.9　四川

如表 6-19 所示，2018 年四川的创业投资项目分布于 17 个行业，投资较多的是软件产业、其他行业、消费产品和服务、科技服务、医药保健、光电子与光机电一体化和网络产业，其中最多的是软件产业，占比是 18.3%。

2018 年，四川创业投资的行业投资强度不大，最高的是医药保健，有 1587.5 万元/项，最低的是环保工程，只有 75 万元/项；投资强度在 1000 万元/项以上的只有 6 个，占总数的 35.3%。

表 6-19　2018 年四川省创业投资的行业特点

项目数		投资强度	
行业	百分比（%）	行业	行业投资强度（万元/项）
软件产业	18.3	医药保健	1587.5
其他行业	16.7	其他 IT 产业	1470.0
消费产品和服务	13.3	传统制造业	1300.0
科技服务	8.3	光电子与光机电一体化	1262.0
医药保健	6.7	其他行业	1160.0
光电子与光机电一体化	6.7	计算机硬件产业	1000.0
网络产业	5.0	其他制造业	993.5
通信设备	3.3	通信设备	840.0
计算机硬件产业	3.3	传播与文化娱乐	825.0
传播与文化娱乐	3.3	网络产业	650.0
其他制造业	3.3	消费产品和服务	605.8
环保工程	3.3	软件产业	531.1
金融保险业	1.7	金融保险业	500.1
农林牧副渔	1.7	科技服务	380.0
新材料工业	1.7	农林牧副渔	300.0
其他 IT 产业	1.7	新材料工业	238.3
传统制造业	1.7	环保工程	75.0

6.6.10　湖南

　　如表 6-20 所示，2018 年湖南的创业投资项目分布在 19 个行业，比 2017 年减少 3 个行业；投资项目较多的行业是制造业、传播与文化娱乐、医药保健，其中制造业最多，占比达 20.6%。

　　2018 年，湖南的创业投资在不同行业之间的投资强度差距较大，最高的是半导体，是 8000 万元/项；其次是光电子与光机电一体化，是 4086 万元/项；最低的批发和零售业则只有 9 万元/项。整体上，2018 年湖南创业投资的行业投资强度有所下降，投资强度在 1000 万元/项以上的行业只有 9 个行业，占比是 47.3%，远低于 2017 年的 14 个行业（63.6%）。

表 6-20　2018 年湖南省创业投资的行业特点

项目数		投资强度	
行业	百分比（%）	行业	行业投资强度（万元/项）
其他行业	14.7	半导体	8000.0
其他制造业	13.2	光电子与光机电一体化	4086.0
传播与文化娱乐	8.8	医药保健	3181.2
传统制造业	7.4	新能源、高效节能技术	3000.0
医药保健	7.4	其他制造业	2708.3
科技服务	5.9	IT 服务业	2200.0

续表

项目数		投资强度	
行业	百分比（%）	行业	行业投资强度（万元/项）
软件产业	5.9	传统制造业	1759.3
金融保险业	5.9	传播与文化娱乐	1562.5
新材料工业	4.4	通信设备	1200.0
消费产品和服务	4.4	软件产业	895.0
生物科技	4.4	其他行业	802.0
新能源、高效节能技术	4.4	金融保险业	621.3
农林牧副渔	2.9	新材料工业	607.7
通信设备	2.9	生物科技	466.7
半导体	1.5	农林牧副渔	442.5
网络产业	1.5	科技服务	325.0
光电子与光机电一体化	1.5	网络产业	150.0
IT服务业	1.5	消费产品和服务	104.0
批发和零售业	1.5	批发和零售业	9.0

6.7 各经济区域创业投资活动情况

本节从经济区域角度来比较、分析2018年我国创业投资的运行状况，尤其在当前中国经济发展进入新常态的背景下，通过比较经济发达、有特色的地区与经济相对不发达、创投活动不活跃地区之间的差异，一定程度上揭示了创业投资对促进地区经济发展的重要作用，为我国创业投资今后的发展提供参考。

本节的区域划分，是根据经济发展的联系程度紧密以及发展特色，并参照国家现有的经济区域划分。当前我国最为关注的几个经济区域增长带是珠三角、长三角以及京津冀地区，同时还有正在重新振兴的东北三省老工业基地。故本节按照之前的区域划分：

（1）京津冀地区（北京、天津、河北）。

（2）长三角地区（上海、江苏、浙江）。

（3）珠三角地区［广东（深圳）］。

（4）东北三省地区（辽宁、吉林、黑龙江）。

（5）其他区域。

6.7.1 我国创业投资机构项目的区域分布

表6-21显示了2018年中国不同区域创业投资所机构投资项目的占比。与2017年一样，长三角地区仍然是国内创业投资最活跃的区域，投资项目占比是38.1%，比2017年的占比略微有所减少，减少1.4个百分点。京津冀地区项目占比较2017年增加3.91个百分点；珠三角地区和东北三省地区创业投资项目数量占比都比2017年有所减少。与之相对应的是，其他地区的创业投资项目占比较2017年有所提高，增加1.1个百分点。

表6-21 2018年中国创业投资项目的区域分布 单位：%

区域	长三角	京津冀	珠三角	东北三省	其他地区
项目占比	38.1	18.2	12.0	2.8	28.9

6.7.2 我国不同区域创业投资的投资强度

表 6-22 和图 6-8 显示，2018 年，珠三角地区创业投资项目的投资强度仍然是最高的，其次是京津冀地区。与 2017 年相比，珠三角地区创业投资项目的投资强度有所提高，增加 100 多万元/项，东北三省地区创业投资项目的投资强度增幅最大，增加了 500 多万元/项；但是，京津冀地区和长三角地区创业投资项目的投资强度都有所下降，这在一定程度上来说与这些地区支持的早期阶段项目居多有关。

表 6-22　2018 年中国创业投资强度的区域分布
　　　　　　　　　　　　　　　　　　　单位：万元/项

区域	珠三角	京津冀	东北三省	长三角	其他地区
投资强度	4365.7	1858.6	1582.2	1121.2	1457.8

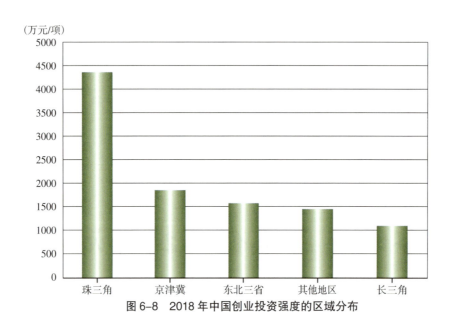

图 6-8　2018 年中国创业投资强度的区域分布

6.7.3 不同区域创业投资的持股结构

表 6-23 和图 6-9 显示，2018 年，京津冀地区创业投资持股比例≥50% 的项目占比最高，达 18.5%，而且创业投资追求绝对控股的项目比例比 2017 年大幅增加，增加了 16.6 个百分点。东北三省和其他地区的投资持股比例≥50% 的项目占比也有所增加。相比之下，珠三角地区与 2017 年持平，长三角地区投资持股比例≥50% 的项目占比则有所减少。

表 6-23　2018 年各经济区域创业投资的持股结构
　　　　　　　　　　　　　　　　　　　单位：%

区域	京津冀	东北三省	其他地区	珠三角	长三角
持股比例≥50%	18.5	5.7	5.6	2.3	1.4
持股比例<50%	81.5	94.3	94.4	97.7	98.6

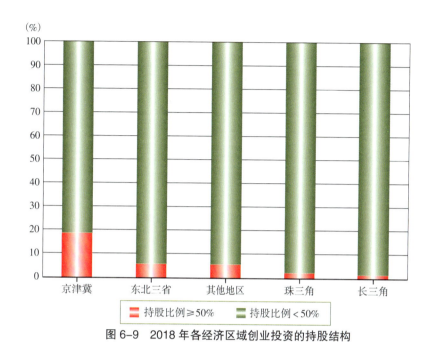

图 6-9　2018 年各经济区域创业投资的持股结构

6.7.4　不同经济区域创业投资项目所处阶段

表 6-24 和图 6-10 显示，2018 年京津冀和长三角地区的创业投资更加关注种子期的项目，其中，京津冀地区创业投资在种子期的项目占比是 32.9%，长三角地区创业投资在种子期的项目占比 25.1%。另外，其他几个地区的创业投资在种子期的项目投资比例也相对较高。与 2017 年相比，京津冀和长三角地区创业投资在种子期的项目占比大幅提高，其中京津冀地区增加 6.8 个百分点，长三角地区增加了 7.9 个百分点；东北三省创业投资在种子期项目占比则大幅下降，下降了 3.7 个百分点；珠三角地区的创业投资在种子期项目占比也下降了 2.5 个百分点。

表 6-24　2018 年各区域创业投资项目所处阶段　　　　　　　　　　单位：%

区域	种子期	起步期	成长（扩张）期	成熟（过渡）期	重建期
京津冀	32.9	41.3	21.1	4.5	0.2
长三角	25.1	35.2	34.6	4.4	0.7
东北三省	18.8	42.0	33.3	5.8	—
珠三角	18.8	43.2	28.9	9.1	—
其他地区	18.6	43.7	30.5	5.5	1.7

6.7.5　各经济区域创业投资项目的行业分布

图 6-11 至图 6-15 分别显示了 2018 年我国不同经济区域创业投资所投资项目的行业分布。

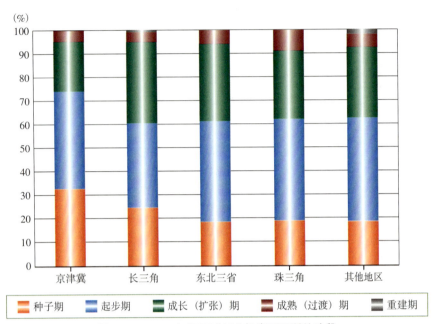

图 6-10 2018 年各区域创业投资项目所处阶段

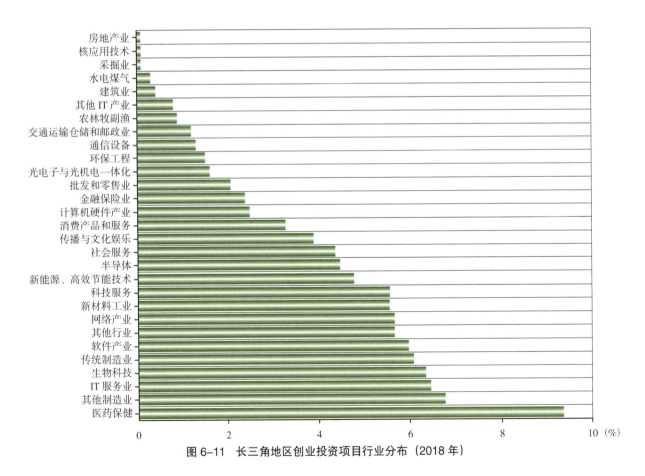

图 6-11 长三角地区创业投资项目行业分布（2018 年）

图 6-11 显示，2018 年长三角地区的创业投资分布在 29 个行业，行业总数与 2017 年持平；长三角地区的创业投资所投资的行业相对分散，其中，投资最多的是医药保健，占比是 9.4%，其次是其他制造业、IT 服务业、生物科技、传统制造业和软件产业。与 2017 年相比，医药保健超过软件产业，成为长三角地区创业投资最多的行业。

图 6-12 显示，2018 年京津冀地区创业投资分布在 24 个行业，行业总数与 2017 年持平；投资行业比较多的有 IT 服务业、其他行业、其他 IT 产业、消费产品和服务及网络产业。与 2017 年相比，与计算机、通信和网络相关的行业成为 2018 年京津冀地区创业投资最青睐的行业，其中 IT 服务业超越 2017 年的生物科技成为投资最多的行业，行业占比是 21.6%，远远高于其他行业。

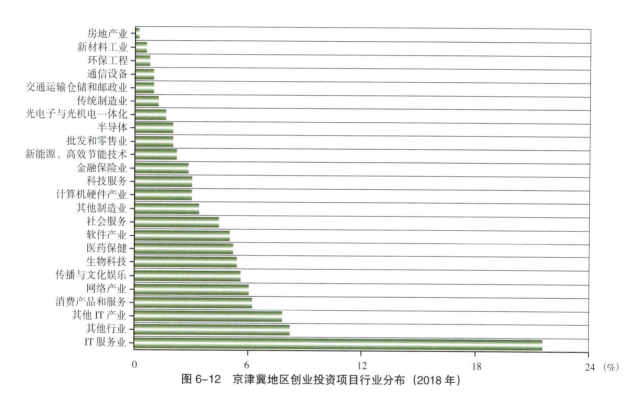

图 6-12　京津冀地区创业投资项目行业分布（2018 年）

图 6-13 显示，2018 年珠三角地区创业投资的项目分布在 24 个行业，比 2017 年增加了 1 个行业，投资涉及行业有所扩展。珠三角地区创业投资的行业明显集中在医药保健和其他制造业上，这两个行业项目分列前两位，占比都在 10% 以上，另外较多的行业是半导体、金融保险业、软件产业、生物科技。与 2017 年相比可以看出，医药保健、其他制造业、生物科技和软件产业一直是珠三角地区创业投资的重点行业。

图 6-14 显示，2018 年东北三省地区的创业投资分布在 17 个行业，比 2017 年减少了 3 个行业；投资最多的行业有其他行业、科技服务、网络产业、IT 服务业、其他制造业、环保工程。与 2017 年相比，2018 年东北三省地区的创业投资关注的重点行业变化较大，科技服务、环保工程、网络产业和 IT 服务业成为新的投资重点，而 2017 年投资较多的传播与文化娱乐和软件产业则下降幅度较大。

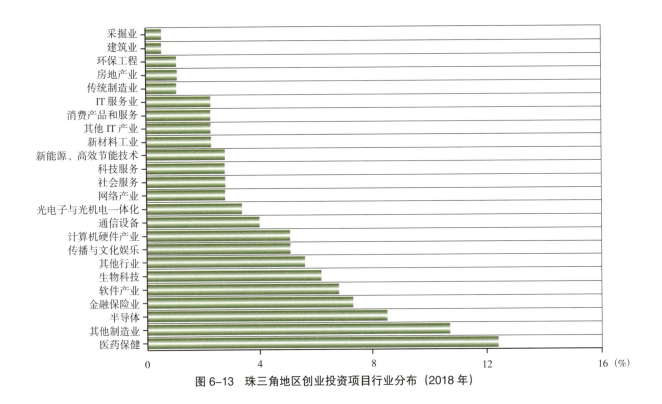

图 6-13　珠三角地区创业投资项目行业分布（2018 年）

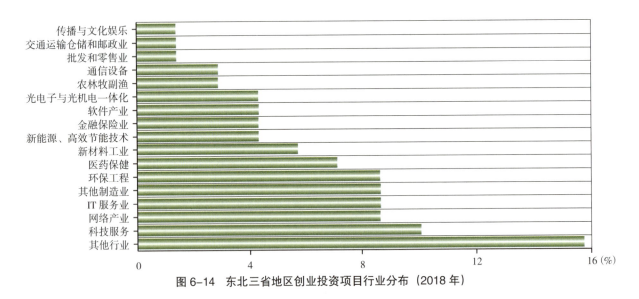

图 6-14　东北三省地区创业投资项目行业分布（2018 年）

　　图 6-15 显示，2018 年其他地区的创业投资分布在 26 个行业，比 2017 年减少 1 个。投资较多的行业有软件产业、制造业、新材料工业等。与 2017 年相比，投资较多的医药保健行业的项目占比下降幅度较大，由 2017 年的排名首位下降为 2018 年的并列第 6 位。

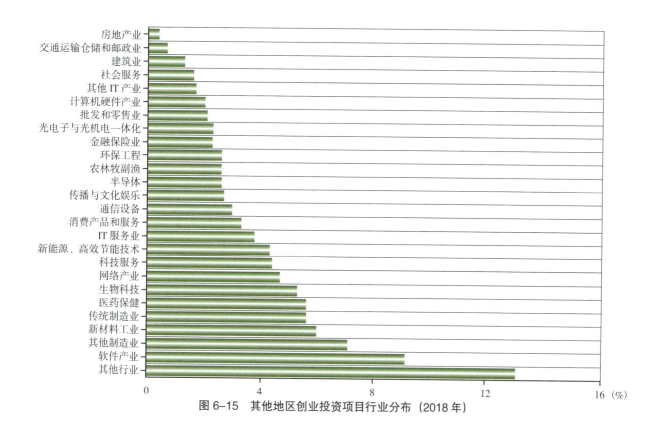

图 6-15　其他地区创业投资项目行业分布（2018 年）

7　外资创业投资机构的运行状况

7.1　外资创业投资项目的行业分布

2018 年，外资投资机构投资行业变化较大（见表 7-1）。与 2017 年相比，2018 年无论是投资金额还是投资项目，与计算机、电子信息相关领域都吸引了大量的外资机构[①]；而生物、医药领域则不再是 2018 年的投资热点。

表 7-1　2018 年外资创业投资项目的行业分布：投资金额与投资项目　　　　单位：%

投资行业	投资金额占比	投资项目占比
IT 服务业	38.53	26.73
其他 IT 产业	13.68	10.89
网络产业	10.75	4.95
其他行业	6.62	9.90
软件产业	5.98	8.91
传播与文化娱乐	5.48	4.95
金融保险业	5.05	5.94
社会服务	2.55	4.95
生物科技	2.44	2.96
医药保健	2.21	4.95
半导体	1.86	1.98
消费产品和服务	1.84	2.97
其他制造业	1.35	3.96
计算机硬件产业	0.93	0.99
批发和零售业	0.76	3.96

对比中国境内外资和内资创投机构投资的行业情况（见表 7-1、表 7-2、表 7-3）[②]。总体而言，无论从投资金额还是投资项目占比情况来看，外资机构投资领域相较内资机构都更为集中，且内外资投资行业类别差距较大，但 IT 服务业是内外资都看好的行业领域。

从投资金额看（见表 7-1、表 7-2），IT 服务业、其他 IT 产业和网络产业是外资投资前三个领域，累计占比 62.96%。内资投资最多的行业为医药保健、IT 服务业以及

①　2018 年，根据各地方填报数据情况来看，我国境内披露外资创业投资机构共 101 家，以下章节涉及的内容是根据不同机构披露的信息情况进行统计的结果。

②　有效样本数：外资 101 份；内资 2109 份。

其他制造业①，累计占比 25.4%。而外资最为关注的三个领域，内资机构投资占比分别为 7.6%、2.8% 和 4.8%，累计占比仅 15.2%。

表 7-2　2018 年内资创业投资项目的前十大行业分布：投资金额　　　单位：%

投资行业	投资金额占比
医药保健	11.4
其他行业	9.6
IT 服务业	7.6
其他制造业	6.4
传统制造业	6.2
软件产业	5.7
新能源、高效节能技术	5.6
网络产业	4.8
生物科技	4.6
社会服务	4.3

从投资的项目情况来看，2018 年外资投资项目最多的行业分别是 IT 服务业、其他 IT 产业以及网络产业，累计占比 42.57%。相比之下，内资机构投资的前三个行业分别是其他行业（9%）、IT 服务业（7.9%）和医药保健（7.5%），占比合计 24.4%。

表 7-3　2018 年内资创业投资项目的行业分布：投资项目占比　　　单位：%

投资行业	投资项目占比
其他行业	9.0
IT 服务业	7.9
医药保健	7.5
软件产业	6.7
其他制造业	6.6
生物科技	5.7
网络产业	5.3
科技服务	4.7
新材料工业	4.6
传统制造业	4.4

① 本文不对"其他行业"进行具体分析。

7.2 外资创业投资项目所处阶段

　　总体而言，受宏观环境影响，2018 年，外资投资机构对早前期项目的投资有所减少（见图 7-1）[1]。

　　从投资金额看，投资于起步期的项目从 2017 年的 62.3% 下降至 2018 年的 48.6%，成长（扩张）期从 2017 年的 36.2% 下降至 2018 年的 29.6%，成熟（过渡）期占比则从 2017 年的 1.5% 上升到 2018 年的 7.4%，此外，2018 年有 8.7% 的外资机构选择投资于重建期。

　　从投资项目看，2018 年，外资机构有超过 20% 的项目投在了早前期，投资于起步期的项目从 63.6% 下降至 46.1%，成长（扩张）期的投资项目上升了 0.2 个百分点，至 27.5%，而成熟（过渡）期的项目则从 9.1% 下降至 3.9%。

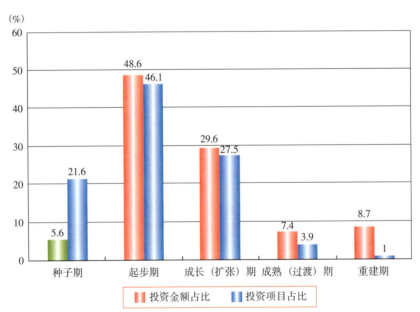

图 7-1　外资创业投资项目所处阶段占比（2018 年）

　　对比 2018 年外资和内资机构投资项目所处阶段（见表 7-4）可以发现：

　　从投资金额看，外资机构较内资机构投资于种子期的投资金额占比低 5.7 个百分点，而起步期则较内资机构多

表 7-4　外资、内资创业投资项目所处阶段（2018 年）　　　　单位：%

投资阶段	投资金额		投资项目	
	外资	内资	外资	内资
种子期	5.6	11.3	21.6	24.2
起步期	48.6	32.0	46.1	40.0
成长（扩张）期	29.6	45.5	27.5	29.6
成熟（过渡）期	7.4	10.6	3.9	5.4
重建期	8.7	0.6	1.0	0.8

① 有效样本数为外资 102 份。

16.6 个百分点，外资机构投资于种子期和起步期的投资金额累计占比 54.2%，高于内资累计占比（43.3%）。

从投资项目看，2018 年无论是外资还是内资机构都在种子期和起步期投入了大量项目，两者累计占比分别是 67.7% 和 64.2%。

7.3　外资创业投资项目情况

2018 年，外资创投机构单笔投资金额的规模分布情况与前几年大致相同①（见表 7-5、图 7-2），单笔投资金额在 2000 万元以上的占比为 75.7%，500 万~2000 万元的占比为 20%。

表 7-5　外资创业投资单项投资金额分布（2011~2018 年）　　　单位：%

年份＼投资额分布（万元）	<100	100~300	300~500	500~1000	1000~2000	>2000
2011	0	0.2	0.3	3.3	13.9	82.3
2012	0.4	0.4	1.4	9.7	24.5	63.7
2013	0	0.1	1.3	4.2	16.1	78.2
2014	0.1	0.4	0.9	5.3	18.1	75.2
2015	0	1.0	0.7	2.4	9.3	86.5
2016	0.6	4.1	2.1	13.3	18.5	61.5
2017	2.9	3.6	8.5	38.3	46.8	0
2018	0.2	1.3	2.8	8.7	11.3	75.7

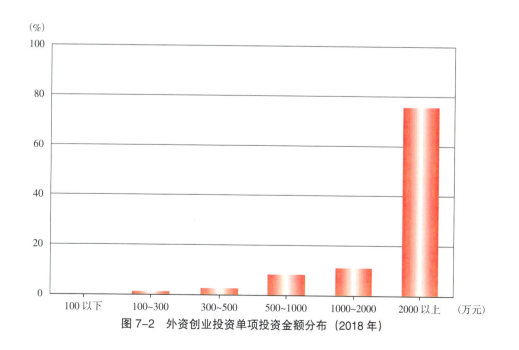

图 7-2　外资创业投资单项投资金额分布（2018 年）

---

① 有效样本数为 103 份。

通过对比外资和内资投资单项投资金额的规模分布（见表 7-6、图 7-3）可以发现，2018 年外资创投的单笔投资金额略高于内资创投投资，但在 2000 万元以上的项目投资占比均超过了 70%。

表 7-6　外资、内资创业投资单项投资金额分布（2018 年）　　　　　　单位：%

分布比例（万元）	100 以下	100~300	300~500	500~1000	1000~2000	2000 以上
外资	0.2	1.3	2.8	8.7	11.3	75.7
内资	0.3	2.0	3.7	7.8	14.3	71.9

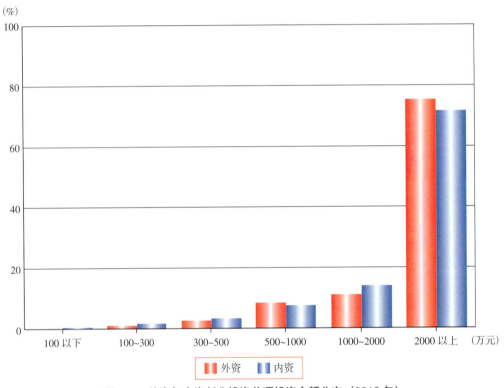

图 7-3　外资与内资创业投资单项投资金额分布（2018 年）

7.4　外资创业投资项目总体运行情况

2012 年至 2018 年底，外资创业投资项目运行的基本情况如表 7-7、图 7-4 所示。调查发现，2018 年外资创业投资的项目中，有 87.7% 的仍处于继续运行阶段，较 2017 年提高了 13.1 个百分点。原股东（创业者）回购这一项的占比从 2017 年的 9.2% 下降至 2018 年的 3.0%。这在一定程度上反映出 2018 年外资创投行业的整体退出环境并不乐观。

表 7-7　2012 年至 2018 年底外资创业投资项目运作情况　　　　单位：%

投资项目运作情况	已上市		准备上市		被其他机构收购			原股东（创业者）回购	管理层收购	继续运行	清算
	境内上市	境外上市	境内上市	境外上市	境内上市公司收购	境内非上市公司或自然人收购	境外收购				
2012 年	10.7		6.2		6.0			6.5	0.7	68.8	1.1
	7.6	3.1	5.1	1.1	1.1	4.9	0				
2013 年	10.8		7.0		5.1			10.0	14.0	52.0	1.1
	7.4	3.4	6.5	0.5	0.8	4.1	0.2				
2014 年	4.5		15		9.8			4.0	0	70.6	0.9
	3.3	1.2	9.5	5.5	0.5	5.5	3.8				
2015 年	15.5		0		8.8			11.8	0.2	61.1	2.6
	13.7	1.8	0	0	7.2		1.6				
2016 年	1.5		0		6.6			2.1	1.7	89.5	1.7
	1.1	0.4	0	0	6.6		0				
2017 年	3.8		0		9.2			9.2	1.6	74.6	1.6
	3.8	0.0	0	0	7.6		1.6				
2018 年	3.5		0		4.4			3.0	0.5	87.7	1.0
	2.5	1.0	0	0	3.9		0.5				

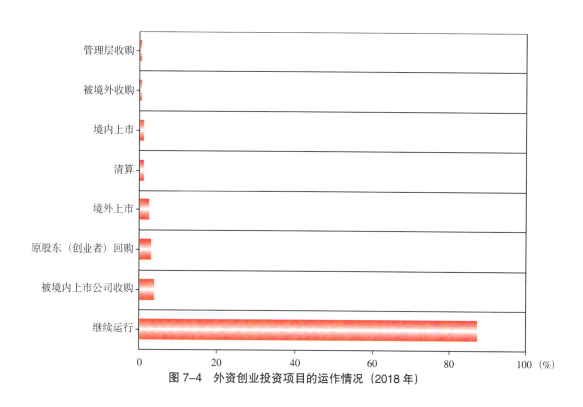

图 7-4　外资创业投资项目的运作情况（2018 年）

2018 年，外资与内资创业投资项目运行情况如表 7-8、图 7-5 所示①。继续运行仍然是外资和内资机构投资项目的主要运行状态，但内资创投机构的退出情况总体好于外资创投。

表 7-8　截至 2018 年底外资与内资创业投资项目运作情况　　　　　单位：%

运作情况	继续运行	其他机构收购	已上市	原股东（创业者）回购	管理层收购	清算	准备上市
外资	87.7	4.4	3.4	3.0	0.5	1.0	—
内资	74.8	5.7	7.1	7.6	1.0	3.8	—

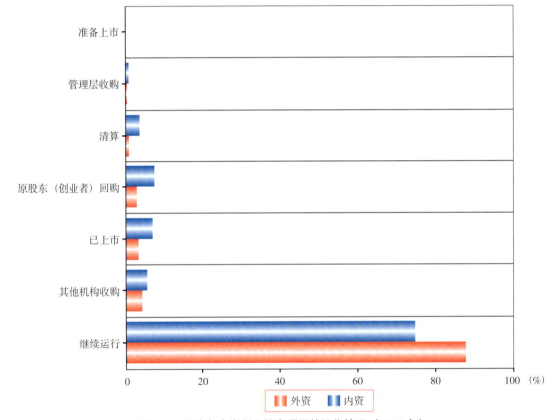

图 7-5　外资与内资创业投资项目的运作情况（2018 年）

7.5　影响外资创业投资机构投资决策的因素

2018 年，影响外资创业投资机构决策的前三个主要原因仍然是市场前景、管理团队和技术因素（见图 7-6），占比分别为 28.4%、27% 和 17.6%②。

对比 2018 年外资和内资创业投资机构决策要素可以

---

① 有效样本数：外资 25 份；内资 1528 份。
② 有效样本数：外资 26 份；内资 1543 份。

发现，市场前景、管理团队、技术因素、财务状况以及盈利模式是影响内资和外资投资决策的前五个共同要素，累计所占比重分别为90.6%和91.5%，较2017年分别下降了0.7个和0.8个百分点。

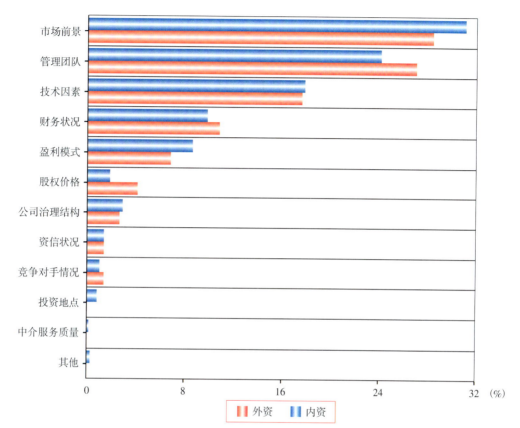

图7-6　影响外资与内资创业投资机构投资决策的因素（2018年）

7.6　外资创业投资机构获取信息的主要渠道

2018年，政府部门推荐、项目中介机构、科技金融服务平台仍然是外资获取信息的主要渠道，占比分别为27.5%、21.7%和13%（见图7-7）①。

对比外资与内资获取信息的主要渠道可以看到，相对内资而言，外资通过朋友介绍、众创空间等渠道获得信息非常有限，所以更加依赖于政府部门推荐、项目中介机构、科技金融服务平台等渠道获得信息。

① 有效样本数：外资26份；内资1541份。

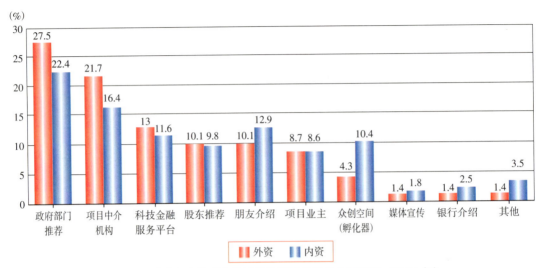

图 7-7　外资与内资创业投资机构获取信息的主要渠道（2018 年）

7.7　外资创业投资项目的管理模式

2018 年，外资创业投资的监管模式与 2017 年没有显著差异①（见图 7-8），主要集中在提供管理咨询、董事会席位和其他，占比分别为 57.7%、26.9% 和 11.5%。相对于内资机构而言，外资创投机构更注重提供管理咨询服务，获得董事会席位和只限监管的占比明显小于内资。

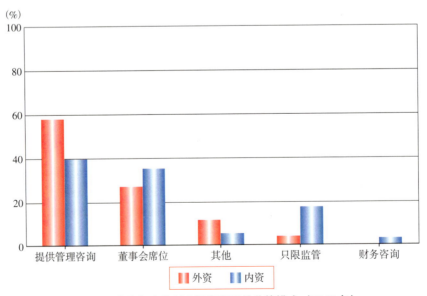

图 7-8　外资与内资创业投资项目的监管模式（2018 年）

---

① 有效样本数：外资 26 份；内资 1532 份。

7.8　与外资创业投资机构经营有关的人力资源因素

通过调查外资和内资创投机构对创业投资从业人员基本素质可以发现（见图7-9）[①]，与2017年相比，2018年外资机构对合格创业人员从业素质要求略有变化。总体而言，外资和内资机构的认识基本趋同，认为资本运作能力是合格创业投资人员最应具备的素质，占比分别为25.4%和25.8%。判断力和洞察力超过财务管理能力成为第二个最应具备的素质，外资和内资机构占比分别为19.7%和21.1%，财务管理能力占比分别为18.3%和17.6%。商务谈判能力超过技术背景成为外资机构认为第四个重要的素质，二者占比分别是16.9%和14.1%。

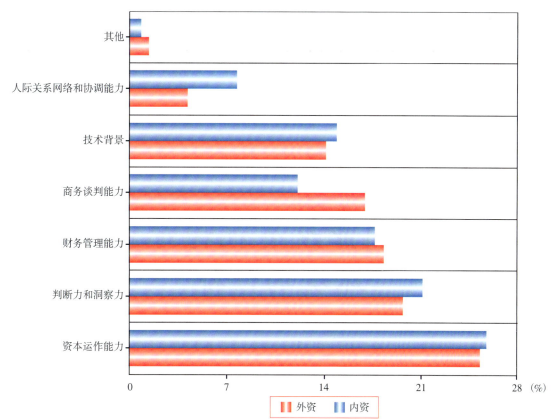

图7-9　外资与内资创业投资机构对合格创业投资人员基本素质的要求（2018年）

对比外资与内资机构对我国创业投资从业人员缺乏专业知识的看法可以发现（见图7-10）[②]，在对技术评估技能缺乏上达成了共识，二者占比都超过了20%。创新创业和新一代科技革命时代对创业人员的技术识别能力提出了更高的要求。但外资机构认为项目识别与资本运作能力排在从业人员缺乏素质的第二、第三位；而内资机构则普遍认为从业人员对项目的识别能力要重于资本运作和企业管理能力。

---

① 有效样本数：外资26份；内资1523份。
② 有效样本数：外资26份；内资1525份。

与 2017 年相比，2018 年外资机构认为技术评估是我国创业投资从业人员最缺乏的专业素质，占比从 2017 年的 18.7% 上升至 2018 年的 23.9%，提高了 5.2 个百分点。排名第二的是项目识别，占比从 2017 年的不足 12% 提升至 2018 年的 19.4%。而 2017 年外资机构认为最缺乏的企业管理占比已经降到了 9.0%，排在技术背景（13.4%）和法律知识（10.4%）之后。

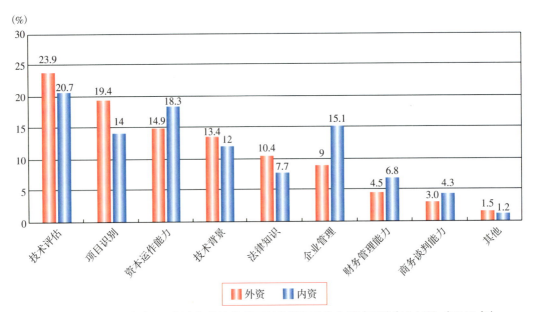

图 7-10　外资与内资创业投资机构认为我国创业投资从业人员缺乏的专业知识（2018 年）

7.9　外资创业投资机构对总体发展环境的评价

2018 年，外资创投机构认为投资不理想的主要原因仍然是退出渠道不畅、政策环境变化，占比分别为 24.1% 和 17.2%（见图 7-11）[①]。但与内资相比，外资机构认为因政策环境变化而导致的投资效果不理想的原因要低于内资在此项的占比。这在一定程度上说明外资机构对我国政策环境的评价不那么负面，反映了我国外商投资环境不断得以完善。

---

① 有效样本数：外资 25 份；内资 1500 份。

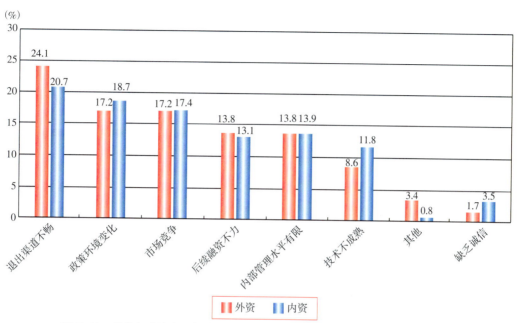

图 7-11　外资与内资创业投资机构认为投资效果不理想的原因（2018 年）

8　中国创业投资的发展环境

8.1　中国创业投资机构的政策环境

创业投资对国家创新能力提升与经济可持续发展具有重要意义。近年来，我国中央政府和地方各级政府在建立创业投资发展所需的内外部环境方面发挥了积极的作用，出台了一系列政府税收政策和相关法律法规，有效解决了创业资源配置中的市场失灵及政府直接干预的低效问题，推动了创业投资行业健康成长。本部分将重点阐述 2018 年我国创业投资机构所处的政策环境，分析国家科技计划与创业投资项目对接的关键因素，并总结中国近年来促进创业投资发展的主要政策。

8.1.1　中国创业投资机构可以享受的政府扶持政策

图 8-1 列示了 2018 年我国创业投资机构能够享受的政府扶持政策情况①。其中，政府提供的信息交流方面的扶持政策支持居于首位，31.3% 的创业投资机构获得了相关信息交流服务；其次是各级政府的所得税减免政策，得到该项扶持的创业投资企业占比为 26.0%；政府的直接资金支持位居第三，能够享受此项政策的创业投资机构占 15.3%；14.2% 的创业投资机构在人员培训上获得了政府支持，9.4% 的创业投资机构享受了其他扶持政策，3.8% 的创业投资机构享受了计提风险准备金。总体来看，2018 年我国政府对创业投资机构的扶持以间接服务和税收政策为主。

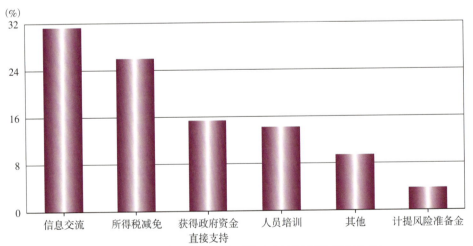

图 8-1　创业投资机构可以享受的政府扶持政策（2018 年）

---

① 有效样本数为 1510 份。

图 8-2①、图 8-3② 按照政府层级对 2018 年我国创业投资机构能够享受的扶持政策情况做了进一步划分。如图 8-2 所示，在中央政府扶持政策中，创业投资机构享受的信息交流服务与所得税减免分列前两位，占比分别为 32.3% 和 26.2%；获得政府资金直接支持则排在第三位，占比 13.3%。在地方层面（见图 8-3），30.3% 的创业投资企业得到了地方政府的信息交流支持，25.9% 的创业投资企业享受了地方政府的所得税减免；获得地方政府资金直接支持的创业投资机构占 17.0%。通过图 8-2 与图 8-3 的对比不难发现，2018 年，中央政府与地方政府在促进创业投资发展的政策导向上存在一定差异，与中央政府相比，地方政府对创业投资机构的直接扶持力度较大。

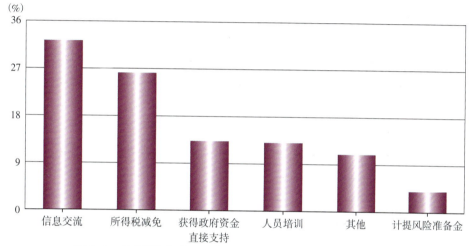

图 8-2　创业投资机构可以享受的中央政府扶持政策（2018 年）

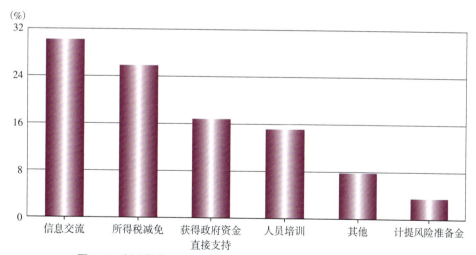

图 8-3　创业投资机构可以享受的地方政府扶持政策（2018 年）

按地域划分，2018 年，我国各地创业投资机构享受政府扶持政策情况如图 8-4 所示③。从中可以看出，2018 年，各地创业投资机构获得的各类型扶持政策并不均衡。浙江、江苏、山东、北京、广东、福建等创业投资是较为活跃的地区，创业投资机构可以享受的各项政策相对平均，山西、青海、宁夏、江西、吉林、湖北、河北、广西等地的创业投资企业获得的政策扶持相对单一。信息交流服务和所得税减免是各地创业投资机构享受的主要政策形

---

① 有效样本数为 1459 份。
② 有效样本数为 1493 份。
③ 有效样本数为 1510 份。

式。其中，广东、海南、河北、河南等 17 个地区的创业投资企业得到信息交流支持的比例超过了 30%，安徽、北京、福建、甘肃等 21 个地区超过 20% 的创业投资机构获得了所得税减免。北京、广西、湖北、江西、内蒙古、宁夏、青海、云南等地区的创业投资机构获得政府资金直接支持的比例均超过了 20%，北京、贵州、江苏、山东、新疆等地的创业投资企业将通过计提风险准备金降低投资风险和投资成本作为主要方法。

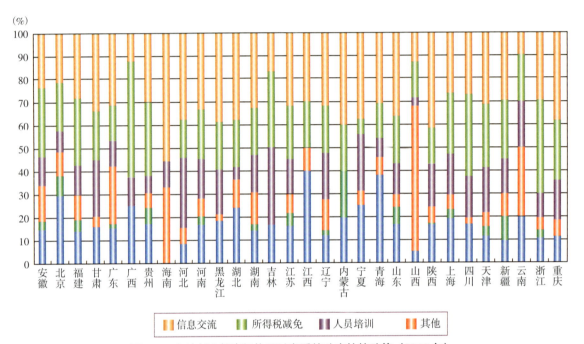

图 8-4　各地创业投资机构可以享受的政府扶持政策（2018 年）

8.1.2　中国创业投资机构享受的主要税收政策及缴税情况①

　　2007 年 2 月，财政部、国家税务总局出台相关政策文件，明确对创业投资机构实行税收优惠政策。近年来，财政部、国家税务总局等部门采取一系列税收优惠政策支持创业投资机构发展。2015 年，财政部、国家税务总局将国家自主创新示范区有关税收试点政策推广到全国范围实施；2016 年，财政部、国家税务总局完善股权激励和技术入股有关所得税政策，对符合条件的非上市公司股票期权、股权期权、限制性股票和股权奖励实行递延纳税政策，对上市公司股票期权、限制性股票和股权奖励延长纳税期限，对技术成果投资入股实施选择性税收优惠政策。2017 年，财政部、国家税务总局开展关于创业投资企业和天使投资个人有关税收试点工作，对京津冀、上海、广东、安徽、四川、武汉、西安、沈阳 8 个全面创新改革试验区域和苏州工业园区，从税收试点政策、相关政策条件、管理事项及管理要求等方面做了具体说明。试点政策执行一年之后，2018 年 5 月，财政部、国家税务总局联合发布《关于创业投资企业和天使投资个人有关税收政策的通知》（财税〔2018〕55 号），具体提出：“公司制创业投资企业采取股权投资方式直接投资于种子期、初创期科技型企业（以下简称初创科技型企业）满 2 年（24 个月，下同）的，可以按照投资额的 70% 在股权持有满 2 年的当年抵扣该公司制创业投资企业的应纳税所得额；当年不足抵扣的，可以在以后纳税年度结转抵扣。有限合伙制创业投资企业（以下简称合伙创投企业）采取股权投资方式直接投资于初创科技型企业满 2 年的，该合伙创投企业的合伙人可分别按两种方式②处理。天使投资个人采取股权投资

---

① 有效样本数为 615 份。
② 一是法人合伙人可以按照对初创科技型企业投资额的 70% 抵扣法人合伙人从合伙创投企业分得的所得；当年不足抵扣的，可以在以后纳税年度结转抵扣。二是个人合伙人可以按照对初创科技型企业投资额的 70% 抵扣个人合伙人从合伙创投企业分得的经营所得；当年不足抵扣的，可以在以后纳税年度结转抵扣。

方式直接投资于初创科技型企业满 2 年的，可以按照投资额的 70%抵扣转让该初创科技型企业股权取得的应纳税所得额；当期不足抵扣的，可以在以后取得转让该初创科技型企业股权的应纳税所得额时结转抵扣。"

数据显示，2018 年披露缴税情况的创业投资机构 615 家（2017 年为 1321 家），合计缴税金额逾 12.60 亿元（2017 年为 23.78 亿元）。2018 年，享受财税〔2016〕101 号政策优惠的机构数[①] 占比为 15%；享受财税〔2018〕55 号政策优惠的机构数[②] 占比为 27.1%。

8.1.3　中国创业投资机构的政策需求[③]

图 8-5 列示了 2018 年中国创业投资机构最希望出台的政府激励政策，主要类型如下：

（1）完善创业投资税收优惠政策。统计数据显示，2018 年，中国创业投资机构最希望出台的政府激励政策是税收优惠类政策，占比为 31.9%。与 2017 年（占比 31%）相比，创业投资企业的税收政策诉求基本一致。

（2）设立政策性基金。17.3%的创业投资企业希望设立政策性基金，并通过市场化的运作方式支持创业投资发展，与 2017 年（占比 16.6%）相比，这一数据有所上升。

（3）鼓励科研人员创新创业。数据显示，8.1%的创业投资机构认为政府应当出台鼓励科研人员创新创业的相关政策，进一步激发其创新创业热情，促进科技成果转化。这一数据相比 2017 年（占比 9.2%）有所下降。

（4）加快注册制改革，建立转板机制。希望政府继续推动资本市场注册制改革，加快建立场内外市场之间的转板机制的创业投资企业占 16.2%，与 2017 年（占比 16.2%）保持一致。

（5）完善和落实相关法律。根据调查统计，9.6%的创业投资机构希望政府能够完善和落实创业投资的相关法律，营造规范的制度环境。

（6）理顺国有创投管理体制。6.2%的创业投资机构认为应当健全符合创业投资行业特点和发展规律的国有创业投资管理体制，激发国有创投活力，提高国有创投运行效率。该项诉求较 2017 年稍有提升（占比 6.0%）。

（7）发展众创空间等新型孵化器。10%的创业投资机构希望政府加大对众创空间等新型孵化器的扶持力度，进一步加快推进大众创新创业，该数据较 2017 年（占比 11%）亦有所下降。

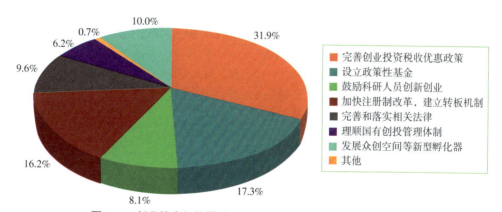

图 8-5　创业投资机构最希望出台的政府激励政策（2018 年）

8.2　国家科技计划支撑创业投资发展

2018 年统计数据显示[④]，25.8%的创业投资机构认为加大基础、应用和开发投入是国家科技计划与创业投资项目对接的首要因素。与 2017 年相比，这一比例有所下降；21.2%的创业投资机构认为应当尽快设立科技型中小企业

---

① 有效样本数为 1532 份。
② 有效样本数为 1538 份。
③ 有效样本数为 1530 份。
④ 有效样本数为 1519 份。

上市的绿色通道，与2017年的21.1%基本一致；21.0%的创业投资机构认为需要对创业投资项目给予直接资助，高于2017年的18.8%；13.7%的创业投资机构认为应鼓励、资助创业投资与孵化器之间的合作，比2017年的13.9略

低；11.1%的创业投资机构要求加大科技项目信息的公开度，与2017年相比有小幅下降；仅有6.6%的创业投资机构认为应当对科技类投资项目提供培训、管理咨询，相比2017年的7.9%下降1.3个百分点（见图8-6）。

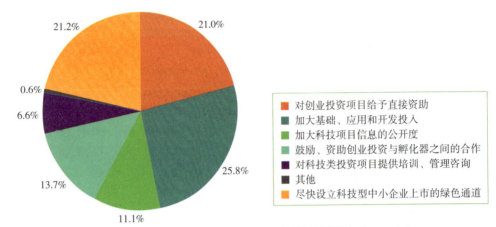

图8-6　国家科技计划与创业投资良好对接的关键因素（2018年）

8.3　中国促进创业投资发展主要政策

自1999年国务院办公厅转发科技部等七部门联合出台的《关于建立风险投资机制的若干意见》开始，我国各有关部门相继出台了一系列支持创业投资发展的政策，涉及外商投资、监督管理、税收优惠、商事制度、国有股转

持、引导基金等方面，有效地推动了我国创业投资事业的前进。本部分将对近三年来国家层面出台的促进中国创业投资发展的相关文件进行梳理（见表8-1）。

表8-1　近年来中国促进创业投资发展主要政策文件

文件名称	发布时间	发布机构	主要内容（或主要目标）
《国家创新驱动发展战略纲要》	2016年	中共中央、国务院	对实施创新驱动发展战略、推进新时期创新工作做出顶层设计和系统谋划。鼓励拓展多层次资本市场支持创新功能，积极发展天使投资，壮大创业投资规模
《关于促进创业投资持续健康发展的若干意见》	2016年	国务院	对创业投资的投资主体、资金来源、政策扶持、法律法规、退出机制、市场环境、双向开放及行业自律与服务等提出指导性意见
《关于做好国家新兴产业创业投资引导基金参股基金推荐工作的通知》	2016年	发改委、财政部	按照国务院批复的《国家新兴产业创业投资引导基金设立方案》有关要求，为加快推进国家新兴产业创业投资引导基金设立及运行工作，推荐一批国家新兴产业创业投资引导基金参股基金方案
《关于完善股权激励和技术入股有关所得税政策的通知》	2016年	财政部、国家税务总局	调整股权激励和技术入股税收政策，从税率和纳税时点两方面进一步降低股权激励税收负担

续表

文件名称	发布时间	发布机构	主要内容（或主要目标）
《政府出资产业投资基金管理暂行办法》	2016 年	发改委	明确政府出资产业投资基金募集和登记管理、投资运作和终止、绩效评价、行业信用建设、监督管理等事宜
《关于推广支持创新相关改革举措的通知》	2017 年	国务院	提出推广改革的主要内容，其中，涉及科技金融创新方面 3 项，创新创业政策环境方面 5 项，外籍人才引进方面 2 项，军民融合创新方面 3 项
《关于创业投资企业和天使投资个人有关税收试点政策的通知》	2017 年	财政部、国家税务总局	从税收试点政策、相关政策条件、管理事项及管理要求、执行时间及试点地区四个方面做了具体说明
《关于创业投资企业和天使投资个人税收试点政策有关问题的公告》	2017 年	国家税务总局	对财税〔2017〕38 号文件执行口径及相关管理要求进行了明确
《关于创业投资企业和天使投资个人有关税收政策的通知》	2018 年	财政部、国家税务总局	①公司制创业投资企业采取股权投资方式直接投资于初创科技型企业满 2 年的，可以按照投资额的 70% 在股权持有满 2 年的当年抵扣该企业应纳税所得额；当年不足抵扣的，可以在以后纳税年度结转抵扣 ②有限合伙制创业投资企业采取股权投资方式直接投资于初创科技型企业满 2 年的，其法人合伙人或个人合伙人可以按照对初创科技型企业投资额的 70% 抵扣其从合伙创投企业分得的所得；当年不足抵扣的，可以在以后纳税年度结转抵扣
《上市公司创业投资基金股东减持股份的特别规定》	2018 年	证监会	对作为上市公司股东的创业投资基金减持上市公司股份做出了特别规定，以鼓励创业投资基金投资于早期中小企业或者高新技术企业

创业投资机构依然是中小微企业的重要融资渠道，2018 年，我国完善和优化创业投资环境的主要做法如下：

（1）推广实施创业投资企业和天使投资个人有关税收政策。为更好地鼓励和扶持种子期、初创期科技型企业发展，推动大众创业、万众创新战略实施，2018 年 4 月 25 日国务院常务会议决定将创业投资企业和天使投资个人税收试点政策推广到全国实施。财政部和国家税务总局根据国务院决定，联合下发了《关于创业投资企业和天使投资个人有关税收政策的通知》，对全国范围内实施的创业投资企业和天使投资个人税收政策进行明确。随后，税务总局又发布了《关于创业投资企业和天使投资个人税收政策有关问题的公告》，就政策执行口径、办理程序和资料及其他管理要求进行明确，提高政策可操作性，便于纳税人准确享受税收优惠。

（2）给予创业投资基金更加优惠的减持待遇。2018 年，证监会发布《上市公司创业投资基金股东减持股份的特别规定》（以下简称《特别规定》），给予专注于长期投资和价值投资的创业投资基金更加优惠的减持待遇，鼓励更多创业投资基金对中小微企业进行早期投资。创业投资基金是财务投资者，退出是其投资运作中极为关键的环节。为更好调动创业投资基金进行长期投资和价值投资的积极性，便利投资退出和形成"投资、退出、再投资"良性循环，有必要对符合一定条件的创业投资基金在市场化退出方面给予适当政策支持。《特别规定》即进一步落实"创投国十条"反向挂钩制度安排的重要举措。《特别规定》是对符合一定条件的创业投资基金减持特定企业股份时做出的特殊安排，主要体现在维持现有减持比例不变的前提下（集中竞价不超过 1%，大宗交易不超过 2%），减持节奏快慢与创业投资基金在公司上市前投资期限长短反向挂钩。创业投资基金股份减持方面的其他要求，如信息披露、违法责任等方面，仍需适用 2017 年颁布的《上市公司股东、董监高减持股份的若干规定》及其他有关规定。

（3）启动科创板并试点注册制。2018 年 11 月 5 日，习近平总书记宣布在上海证券交易所设立科创板并试点注册制，这是我国完善资本市场基础制度的重大改革举措，是新时代落实创新驱动和科技强国战略、推动高质量发展、完善我国资本市场基础制度的重要安排。随后，关于科创板等一系列制度出台。科创板并试点注册制将充分发挥资本市场对提升我国科技创新能力的支持功能，更好服务实体经济的高质量发展，也是我国加快推进多层次资本市场体系建设，统筹推进资本市场基础制度建设的开端。据统计[①]，83.1%的创业投资机构认为上交所设立科创板对机构投资有积极作用。

---

① 有效样本数为 1307 份。

9　中国创业投资引导基金的发展情况

9.1　创业投资引导基金支持创业投资发展概况

　　我国创业投资引导基金成功地带动了一批社会资本流向创业投资领域，支持了一大批创业投资机构和优质创业创新项目。2018年以来，我国创业投资环境在资本寒冬中孕育着新的希望，创业投资引导基金为社会资本注入了信心和力量，为优质项目提供了资本支持。

　　本项调查结果显示，截至2018年底，政府引导基金带动的创业投资参股基金共计492只，财政出资额显著增加，当年政府引导基金累计出资865.65亿元，引导带动创业投资机构管理资金规模合计4848.2亿元。

　　在国家层面，2014年，科技部设立了"国家科技成果转化引导基金"，截至2018年底，转化基金已批准设立21只创业投资子基金，总规模313亿元，其中转化基金出资75.47亿元（按年度分期出资），转化基金资金放大比例为1:4.15。

　　2018年调查结果显示，获得引导基金支持的创业投资机构平均管理资本规模达到142572.3万元，比2017年43469.5万元大幅增长，未获得引导基金支持的创业投资机构平均管理资本规模为47349.4万元，比2016年的39302.2万元增加了20.5%（见图9-1）[1]。由此可见，无论是否获得引导基金支持，与2017年相比，2018年的创业投资机构平均管理资本规模都有所上升，获得引导基金支持的创业投资机构平均管理资本更是比上年增长了177.4%，获得引导基金的平均管理资本明显高于未获得政府引导基金的公司。

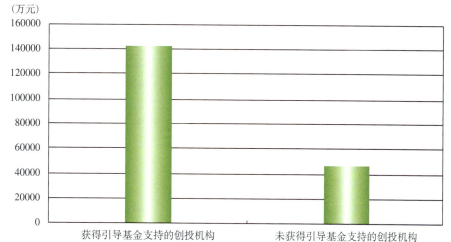

（万元）

图9-1　获得引导基金支持的创投机构与未获得引导基金支持的创投机构的平均管理资本规模

---

[1] 有效样本数：获得引导基金支持创投492份；未获得引导基金支持创投1236份。

对 2018 年创业投资机构的资金募集来源进行分类，如图 9-2、图 9-3 所示。

按机构类型进行划分（见图 9-2），2018 年数据显示，在获得引导基金支持的创业投资机构资本构成中，政府引导基金占比为 21.1%，比 2017 年的 11.8% 提高了 9.3 个百分点；民营投资机构资本居首位，占比高达 27.7%，比 2017 年的 14.7% 有大幅度提升；其他类型位列第三，占比为 15.3%，比 2017 年的 43.3% 有大幅度下降。

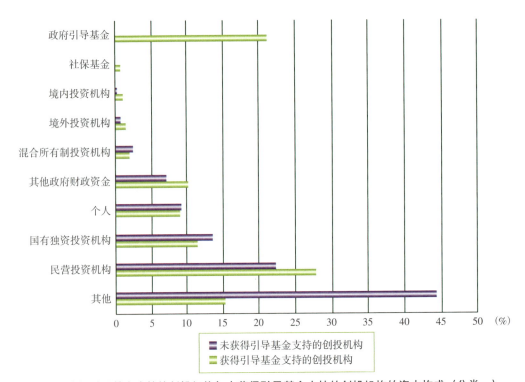

图 9-2　获得引导基金支持的创投机构与未获得引导基金支持的创投机构的资本构成（分类一）

未获得引导基金支持的创业投资机构资本构成中，其他类型的资本从 2017 年的 22.3% 上升至 44.2%，跃居首位；民营投资机构资本位居第二，占比为 22.3%，比 2017 年的 31.4% 下降了 9.1 个百分点；国有投资机构位居第三，占比为 13.6%。总体来看，不论是否获得引导基金支持，民营投资机构超过政府部门成为当前我国创业投资企业发展的重要推动力量。

按金融资本属性进行划分（见图 9-3），2018 年数据显示，获得引导基金参与的创业投资机构资本构成中，非金融资本居于首位，占比 67.8%，但较 2017 年的 72.5% 下降了 4.7 个百分点；其他金融资本占比 21.7%，较 2017 年的 20.8% 增加了 0.9 个百分点，而银行、证券公司、信托公司、保险公司等金融资本占比微乎其微。

未获得引导基金参与的创业投资机构资本构成中，非金融资本占比 64.6%，较 2017 年的 55.9% 增长了 8.7 个百分点；其他金融资本占比 31%，较 2017 年的 30.3% 上升了 0.7 个百分点。这一分布态势与 2017 年一致，非金融资本更看重获得引导基金支持的创业投资机构。

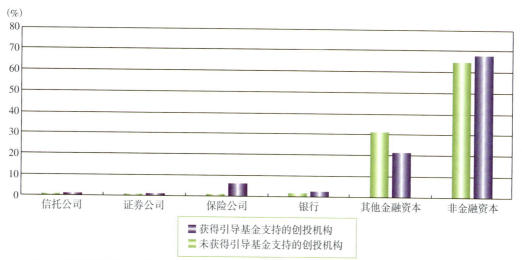

图 9-3　获得引导基金支持的创投机构与未获得引导基金支持的创投机构的资本构成（分类二）

9.2　中国创业投资引导基金投资项目的行业分布

对获得引导基金支持与未获得引导基金支持的创业投资机构的投资金额行业分布情况进行对比（见图 9-4）[①]，结果显示：

按照投资金额对获得引导基金支持和未获得引导基金支持的机构所投资行业进行比较，2018 年获得引导基金支持的创业投资机构资金大量投资于医药保健行业，与其他行业、传统制造业、其他制造业、软件产业，以及新能源、高效节能技术六个行业合计投资的金额占比达到 52.8%；未获得引导基金支持的创业投资机构资金主要投资于 IT 服务业，与其他行业、医药保健、网络产业、金融保险业，以及其他 IT 产业等六个行业合计投资的金额数占比达到 50.7%。

两类基金按照投资项目数量对比的行业分布如图 9-5 所示，结果显示：

2018 年获得引导基金支持的创业投资机构倾向于投资医药保健、软件产业、其他行业、生物科技、其他制造业、新材料工业等领域，前六个行业合计投资的项目数占比达到 46.7%；未获得引导基金支持的创业投资机构倾向于投资 IT 服务业、其他行业、其他制造业、医药保健、网络产业、软件产业等领域，前六个行业合计投资的项目数占比达到 43.7%。

按投资项目的趋势进行统计，表 9-1 列示了 2016~2018 年获得引导基金支持创业投资机构的投资金额和投资项目行业分布趋势。与 2017 年相比，2018 年获得引导基金支持创业投资机构在社会服务、医药保健、传统制造业、新能源/高效节能技术、软件产业、新材料工业等投资金额上均有大幅度提升；投向新材料工业、软件产业、医药保健、科技服务、半导体、光电子和光机电一体化的项目数量明显增加；而生物科技、金融保险业、建筑业、环保工程、农林牧副渔、交通运输仓储与邮政业在投资金额上出现了回落；其他行业、其他制造业、环保工程、传播与文化娱乐、金融保险业在项目数量上出现了回落。

[①] 有效样本数：获得引导基金支持创投为 966 份；未获得引导基金支持创投为 1243 份。

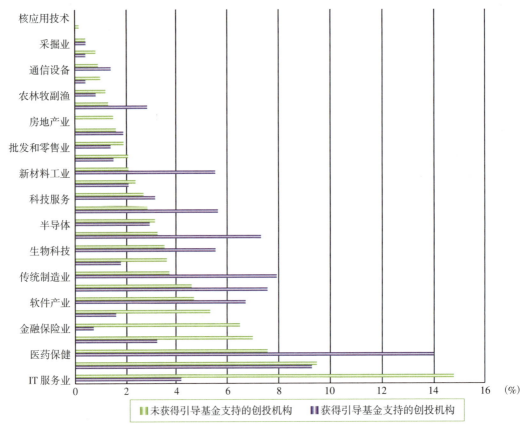

图 9-4　获得引导基金支持与未获得引导基金支持的创投机构投资项目行业分布比较：按投资金额（2018 年）

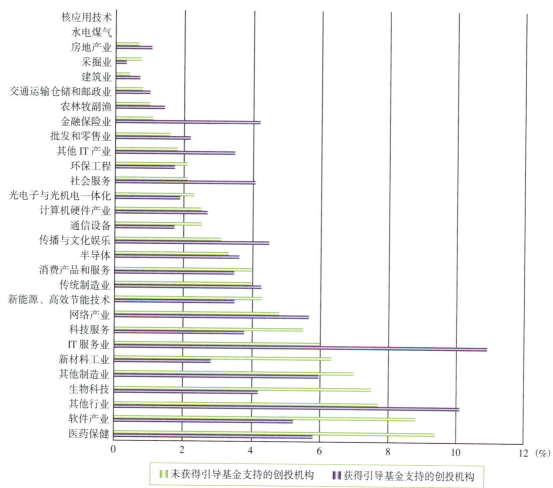

图 9-5　获得引导基金支持与未获得引导基金支持的创投机构投资项目行业分布比较：按投资项目数（2018 年）

表 9-1　获得引导基金支持的创投机构投资项目行业趋势（2016~2018 年）　　单位：%

投资行业	投资金额			投资项目		
	2018 年	2017 年	2016 年	2018 年	2017 年	2016 年
医药保健	14.0	8.9	8.3	9.4	7.4	8.3
社会服务	5.6	0.4	1.2	2.1	1.2	2.0
生物科技	5.5	34.2	4.4	7.5	6.9	5.6
新材料工业	5.5	3.0	5.4	6.3	4.1	4.8
其他制造业	7.6	7.4	2.8	7.0	9.6	3.8
其他行业	9.3	8.0	30.1	7.7	11.7	11.4
IT 服务业	4.2	3.4	3.3	6.0	5.8	5.9
软件产业	6.7	3.8	4.2	8.8	6.7	6.5
新能源、高效节能技术	7.3	3.1	3.1	4.3	4.5	3.8
科技服务	3.1	1.4	3.1	5.5	4.0	5.6

续表

投资行业	投资金额			投资项目		
	2018 年	2017 年	2016 年	2018 年	2017 年	2016 年
消费产品和服务	2.8	1.9	3.0	4.0	3.9	4.2
网络产业	3.2	1.9	3.6	4.8	4.0	7.6
计算机硬件产业	2.1	0.7	2.3	2.5	1.9	1.7
传统制造业	7.9	2.9	4.5	4.0	5.0	4.9
传播与文化娱乐	1.8	1.7	6.5	3.1	4.8	6.9
光电子与光机电一体化	1.9	0.6	1.2	2.3	1.0	1.5
其他 IT 产业	1.6	0.7	0.7	1.8	1.8	1.1
半导体	2.9	1.1	0.5	3.3	1.9	1.0
通信设备	1.4	1.3	1.9	2.5	1.7	3.0
批发和零售业	1.4	0.3	0.3	1.6	0.8	0.4
环保工程	1.5	2.5	4.3	2.1	4.0	4.4
金融保险业	0.7	5.8	3.5	1.1	2.8	2.8
建筑业	0.4	1.8	0.8	0.4	0.6	0.4
农林牧副渔	0.8	1.7	0.4	1.0	1.7	1.3
交通运输仓储和邮政业	0.4	0.7	0.7	0.8	1.5	1.0

9.3　中国创业投资引导基金投资项目所处阶段

从投资金额上来看，统计数据显示，2018 年获得引导基金支持的创业投资机构最多的资金分布在成长（扩张）期，投资资金占比 40.3%。与未获得引导基金支持的创业投资机构相比，获得引导基金支持的机构更加倾向于起步期的投资，其投资金额占比达到 37.5%，投资金额占比明显高于未获得引导基金支持的创业投资机构的 29.6%（见图 9-6）①。

---

① 有效样本数：获得引导基金支持创投为 937 份；未获得引导基金支持创投为 1340 份。

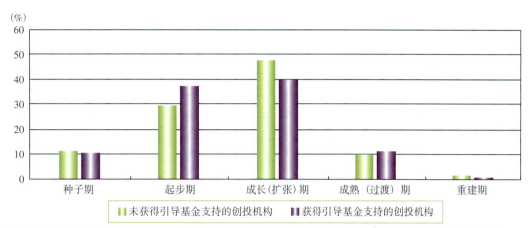

图 9-6　获得引导基金支持与未获得引导基金支持的创投机构投资项目所处阶段比较（按投资金额）

从投资项目上来看，统计数据显示，与未获得引导基金支持的创业投资机构相比，2018 年获得引导基金支持的创业投资机构更加倾向于投资起步期的企业，其投资项目占比达到 42.4%，高于未获得引导基金支持的创业投资机构的 38.9%（见图 9-7）。

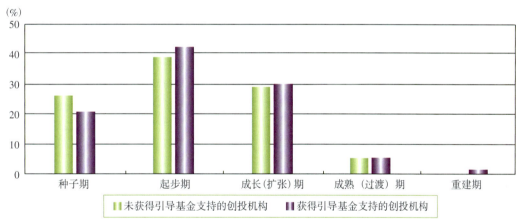

图 9-7　获得引导基金支持与未获得引导基金支持的创投机构投资项目所处阶段比较（按投资项目）（2018 年）

9.4　中国创业投资引导基金投资项目运作情况

2018 年，获得引导基金支持的创业投资机构与未获得引导基金支持的创业投资机构在投资强度上存在一定差异。相较于未获得引导基金支持的创业投资机构，获得引导基金支持的创业投资机构的单项投资金额更大，单笔投资金额超过 2000 万元的项目占比 73.5%，高于未获得引导基金支持的创业投资机构（占比 67.5%）（见图 9-8）①。

---

① 有效样本数：获得引导基金支持创投为 1227 份；未获得引导基金支持创投为 1340 份。

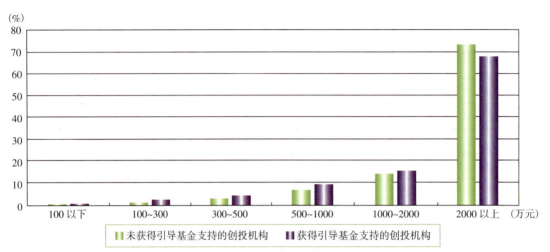

图 9-8　获得引导基金支持与未获得引导基金支持的创投机构投资项目金额对比

从近年趋势来看，2018 年，获得引导基金支持的创业投资机构在单项投资金额上的分布情况如表 9-2 所示①。数据显示，单笔投资金额在 2000 万元以上的项目所占比重达到 73.5%，较 2017 年明显上升。在总体分布态势上，大项目的投资占比日益增多。

表 9-2　获得引导基金支持的创业投资机构的单项投资金额趋势（2016~2018 年）　　　　单位：%

投资额分布（万元）	100 以下	100~300	300~500	500~1000	1000~2000	2000 以上
2016 年	0.3	2.4	4.0	11.1	19.2	63.0
2017 年	0.2	1.4	3.5	8.6	17.5	68.8
2018 年	0.2	1.6	3.1	7.1	14.4	73.5

统计数据显示，2018 年获得引导基金支持的创业投资机构共计投资了 330 家高新技术企业，占总投资项目数的 26.9%；未获得引导基金支持的创业投资机构共计投资了 252 家高新技术企业，占总投资项目数的 17.7%。可以看出，获得引导基金支持的创业投资机构更倾向于选择高新技术企业进行投资。与 2017 年相比，投资于高新技术企业的项目数占比均有所下降，平均投资金额大幅上升（见表 9-3）②。

表 9-3　创业投资机构项目中投资高新技术企业情况（2017~2018 年）

企业分类	投资高新技术企业数量（家）		投资高新技术企业项目数占比（%）		平均投资金额（万元）	
	2018 年	2017 年	2018 年	2017 年	2018 年	2017 年
未获得引导基金支持的创投机构	252.0	414.0	17.7	23.1	1473.4	1760.8
获得引导基金支持的创投机构	330.0	298.0	26.9	39.1	2630.1	1786.3

表 9-4 和图 9-9 对比了 2018 年获得引导基金支持创业投资机构和未获得引导基金支持创业投资机构的项目运作状况③。结果显示，获得引导基金支持创业投资机构的投资项目中，境内上市的比例相对较低，未获得引导基金

---

① 2018 年有效样本数为 608 份，2017 年有效样本数为 762 份，2016 年有效样本数为 794 份。
② 有效样本数：获得引导基金支持创投为 220 份；未获得引导基金支持创投为 362 份。
③ 有效样本数：获得引导基金支持创投为 280 份；未获得引导基金支持创投为 1273 份。

支持的企业投资项目中清算的比例相对较高。同时，不论是否获得引导基金支持，继续运行仍然是 2018 年创业投

资机构的主要选择，与 2017 年所占比例一致。

表 9-4　创业投资机构项目运作状况（2018 年）　　单位：%

运作情况	继续运行	原股东（创业者）回购	被境内上市公司收购	境内上市	清算	管理层收购	境外上市	被境外收购
获得引导基金支持的创投机构	77.5	7.1	6.4	5.5	1.7	1.1	0.6	0.1
未获得引导基金支持的创投机构	73.2	7.8	5.1	7.1	5.1	0.9	0.6	0.1

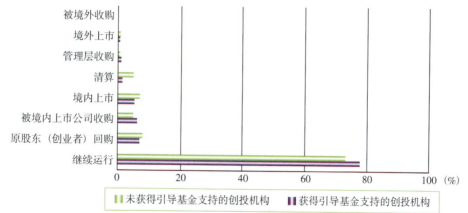

图 9-9　获得引导基金支持与未获得引导基金支持的创投机构项目运作状况（2018 年）

从总体上看（见图 9-10）①，无论是否获得引导基金支持，影响创业投资机构投资决策的因素中，市场前景、

管理团队、技术因素、盈利模式、财务状况的占比相对较高，没有明显差异。

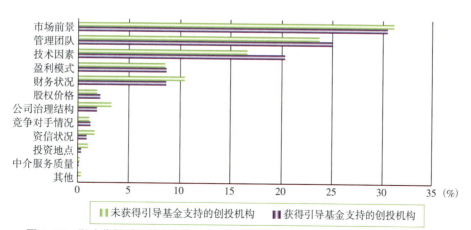

图 9-10　影响获得引导基金支持与未获得引导基金支持的创投机构投资决策的因素

① 有效样本数：获得引导基金支持创投为 277 份；未获得引导基金支持创投为 1292 份。

附录 1　2018 年美国创业投资综述

一、总体概括

过去十年，美国创投行业的规模一直在稳步增长。截至 2018 年底，已有 1047 家创投管理公司管理着 1884 只创投基金，共计 2931 家创投企业，较上年增长 8.9%。由于当年创投筹资活动强劲，2018 年管理资产规模同比增长了 14%，达到 4030 亿美元。该行业自 2004 年以来管理资产规模以年均 6.44% 的速度增长（见附表 1-1）。

附表 1-1　美国创业投资（VC）总体情况一览

年份 指标	2006	2012	2018
现存 VC 管理机构数（家）	876.0	765.0	1047.0
现存 VC 基金数（家）	1233.0	1187.0	1884.0
首次募集的 VC 数量（家）	47.0	31.0	52.0
当年募集资金的 VC 基金数量（家）	191.0	203.0	257.0
当年募集的资本额（10 亿美元）	33.4	24.4	53.8
VC 管理资本金额（10 亿美元）	204.5	253.7	403.5
平均 VC 管理资本额（百万美元）	200.9	201.3	242.4
平均 VC 基金规模（百万美元）	139.3	242.6	234.7
当年新增 VC 基金平均规模（百万美元）	200.0	130.0	218.8
VC 管理机构管理资金规模中位值（百万美元）	57.7	38.5	38.6
截至目前 VC 基金规模中位值（百万美元）	50.0	50.0	45.4
当年 VC 基金规模中位值（百万美元）	68.9	22.0	75.0
截至目前最大 VC 基金募集额（百万美元）	2560.0	3000.0	8000.0

2018 年，创投管理公司管理资本规模的中位数为 3900 万美元，大多数企业（744 家公司或 57% 的公司）管理资产不到 1 亿美元，86 家公司管理资产在 10 亿美元以上，比 2017 年有所上升。2018 年，管理资产在 1 亿~2.5 亿美元的企业占美国所有活跃创投企业的 22%（见附图 1-1）。

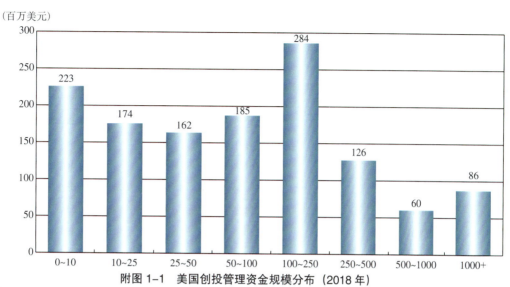

附图 1-1　美国创投管理资金规模分布（2018 年）

资料来源：NVCA 2019 Yearbook，Data Provided by PitchBook.

2018 年，全球共有 7303 名活跃的创投投资人（包含所有类型）对美国企业进行了一轮或多轮投资，这是继 2015 年达到顶峰后连续第三年下跌。其中，美国投资人在 2017 年达到峰值后，2018 年下降至 2113 名。

从全球范围来看，美国的创投规模尽管仍在全球占据主导地位。2018 年，美国创投募集资金额占全球募资额的 2/3（见附表 1-2）。

附表 1-2　美国创投募资在全球的占比情况

指标 年份	全球募资资金 （百万美元）	美国募资资金 （百万美元）	全球募资项目 （项）	美国募资项目 （项）	美国募资资金占 全球比重（%）	美国募资项目数 占全球比重（%）
2009	22.69	10.48	337	119	46	35
2010	38.85	18.46	385	150	48	39
2011	47.68	25.19	434	155	53	36
2012	39.25	23.35	433	208	59	48
2013	34.07	19.68	405	221	58	55
2014	51.49	35.02	485	292	68	60
2015	76.45	35.88	498	298	47	60
2016	71.01	40.51	540	333	57	62
2017	57.33	34.17	478	285	60	60
2018	80.05	53.82	450	296	67	66

2018 年，全球创投活动也达到了创纪录的高点，在 15299 宗交易中投资了 2540 亿美元。其中，美国创投企业投资额占全球总投资的 51%，远低于 2004 年 84% 的全球份额（见附表 1-3）。

2018 年，美国创投企业退出资本总额占全球比重的 40%，首次跌破了 50%（见附表 1-4）。

附表 1-3　美国创投交易量在全球的占比情况

指标 年份	全球交易值 （百万美元）	美国交易值 （百万美元）	全球交易数 （宗）	美国交易数 （宗）	美国占全球交易 值的百分比 （%）	美国占全球交易 数的百分比 （%）
2009	36.40	27.17	6823	4487	75	66
2010	46.53	31.27	8679	5409	67	62
2011	65.32	44.75	11078	6759	69	61
2012	61.11	4151.00	13181	7882	68	60
2013	72.35	47.54	16128	9301	66	58
2014	112.62	71.03	19024	10573	63	56
2015	150.70	82.97	20172	10740	55	53
2016	158.91	77.23	18036	9200	49	51
2017	174.61	82.95	17314	9489	48	55
2018	254.25	130.93	15299	8948	51	58

附表 1-4　美国创投退出在全球的占比情况

指标 年份	全球退出值 （百万美元）	美国退出值 （百万美元）	全球退出数 （宗）	美国退出数 （宗）	美国占全球退出 值的百分比 （%）	美国占全球退出 数的百分比 （%）
2009	31.84	22.26	784	480	70	61
2010	64.03	39.74	1187	704	62	59
2011	94.14	67.05	1238	738	71	60
2012	135.11	125.37	1409	875	93	62
2013	104.61	72.75	1528	900	70	59
2014	229.95	116.79	1919	1078	51	56
2015	117.33	72.19	1895	1020	62	54
2016	106.59	70.98	1697	888	67	52
2017	145.66	91.96	1694	885	63	52
2018	308.63	122.01	1444	864	40	60

二、资金募集

　　2018 年，美国创投市场中有 257 家基金承诺募集资本 540 亿美元，这是有史以来最高的额度，也是美国连续第五年筹资额超过 350 亿美元以上。创投基金规模达到 10 年来的最高水平，资本规模中位数以及平均资本规模分别为 5900 万美元和 1.85 亿美元（见附图 1-2）。

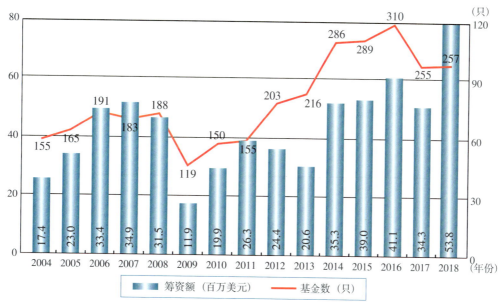

附图 1-2　美国创投基金募集情况（2004~2018 年）

　　2018 年，有 10 只基金募集资本在 10 亿美元以上（见附表 1-5），占募集资金总额的 41.86%，相比而言，2017 年仅 3 只基金募集资本在 10 亿美元以上，占当年资本的 20.76%。

附表 1-5　2018 年美国募集的十大创投基金

投资者	基金名称	基金规模（百万美元）	募资完成日	基金所在州
红杉资本	红杉资本全球增长	8000.00	2018-09-06	加利福尼亚州
老虎全球管理	老虎全球私人投资	3750.00	2018-10-15	纽约州
柏尚投资	贝塞默风险投资合作伙伴 X	1850.00	2018-10-25	马萨诸塞州
诺维斯特风险投资合作伙伴	诺维斯特风险投资合作伙伴 XIV	1500.00	2018-02-14	加利福尼亚州
通用资本	通用加速器	1375.00	2018-03-26	马萨诸塞州
纪源资本	纪源资本七期	1360.00	2018-10-16	加利福尼亚州
纽维尤资本	纽维尤资本基金一期	1350.00	2018-12-03	加利福尼亚州
光速风险投资合作伙伴	光速风投合伙人三期	1050.00	2018-07-10	加利福尼亚州
兴盛资本	兴盛资本合伙人六期	1000.00	2018-10-23	纽约州
指数风险资本（英国）	指数风险增长五期	1000.00	2018-07-09	加利福尼亚州

三、投资活动

2018 年，美国创投生态系统最显著的特点是投资公司创了历史纪录。2018 年，有 8948 家企业获得了 1310 亿美元的创投资本融资，超过了 2000 年互联网兴盛时期的 1000 亿美元（见附图 1–3）。

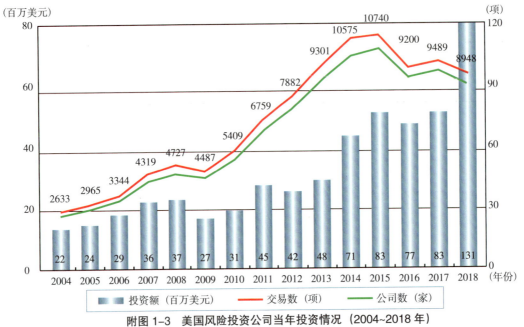

附图 1–3　美国风险投资公司当年投资情况（2004~2018 年）

大部分资本流入是由大型交易（即投资额在 1 亿美元以上）促成的，占 2018 年总投资额的近半（47%）。许多独角兽企业（即价值 10 亿美元以上）筹集了巨额资本，共吸引了 460 亿美元创投投资，占总投资额的 35%，但交易数量仅占全年的不足 2%（见附表 1–6）。

附表 1–6　2018 年美国创投投资的十大交易情况

公司名称	投资时间	交易规模（百万美元）	投资阶段	投资行业	投资地区
Juul	2018–12–20	12800	公司收购	消费产品和服务（B2C）	加利福尼亚州
Faraday Future	2018–06–25	2000	公司收购	消费产品和服务（B2C）	加利福尼亚州
Lyft	2018–03–14	1700	后期 VC	消费产品和服务（B2C）	加利福尼亚州
Epic Games	2018–10–26	1250	后期 VC	信息技术	北加利福尼亚州
Uber	2018–01–18	1250	后期 VC	消费产品和服务（B2C）	加利福尼亚州
Juul	2018–07–10	1235	早期 VC	消费产品和服务（B2C）	加利福尼亚州
WeWork	2018–08–09	1000	公司收购	商业产品和服务（B2B）	纽约州

续表

公司名称	投资时间	交易规模（百万美元）	投资阶段	投资行业	投资地区
Magic Leap	2018-03-07	963	后期 VC	消费产品和服务（B2C）	弗吉尼亚州
Instacart	2018-10-01	871	后期 VC	信息技术	加利福尼亚州
Katerra	2018-01-24	865	后期 VC	信息技术	加利福尼亚州

（一）投资阶段

2018 年，受大规模投资的影响，投资在天使/种子期的项目数达到了六年以来的最低点。此外，非传统型基金如软银行愿景基金和主权财富基金等向后期发展阶段的公司注入了大量资本，也使投资在后期阶段的项目与资金明显增多（见附表 1-7、附图 1-4）。

附表 1-7　美国创投投资企业的阶段分布（交易数量）

年份 阶段	2006	2007	2008	2009	2010	2011	2012	2013	2014	2015	2016	2017	2018
天使/种子期	458	787	918	1226	1723	2600	3532	4639	5472	5716	4585	4521	3760
早期	1750	2117	2260	1830	2101	2426	2584	2780	3067	3016	2849	3119	3156
后期	1136	1415	1549	1431	1585	1733	1766	1882	2034	1963	1766	1849	2032

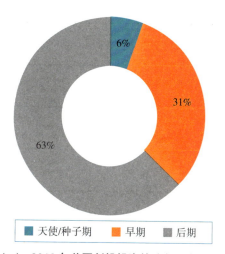

天使/种子期　　早期　　后期

附图 1-4　2018 年美国创投投资的阶段分布（按交易金额）

（二）投资行业

2018 年，软件行业持续吸引着创投活动的最大份额，投资金额和交易数量分别占总量的 36% 和 42%。但近年来，生命科学领域也出现了显著增长，2018 年创投企业在该领域投资了 1230 多家公司，投资资金超过 230 亿美元，分别占总量的 18% 和 15%，均创下历史新高。除了软件以外，制药和生物技术、医疗服务和系统、医疗设备和用品是仅有的三个投资同比增长行业（见附表 1-8）。

附表 1-8 按行业分类统计的投资状况（2017~2018 年）   单位：10 亿美元

行业分类	2017 年	2018 年
软件	30.16	46.82
制药和生物技术	12.93	17.38
医疗服务和系统	3.97	6.80
医疗设备和用品	4.85	5.87
商业服务	4.55	5.40
消费品与娱乐	2.77	2.63
IT 硬件	2.71	2.28
能源	1.09	1.75
媒体	1.62	1.37
其他行业	20.34	40.63

（三）投资轮次

2017 年，尽管创投首轮投资的企业数持续下滑到 2040 家，但首轮投资金额增长到 101 亿美元（见附图 1-5、附图 1-6）。

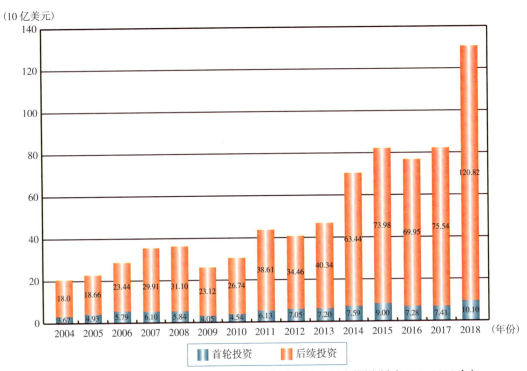

附图 1-5 美国创投投资的首轮投资与后续投资（按交易金额划分）（2004~2018 年）

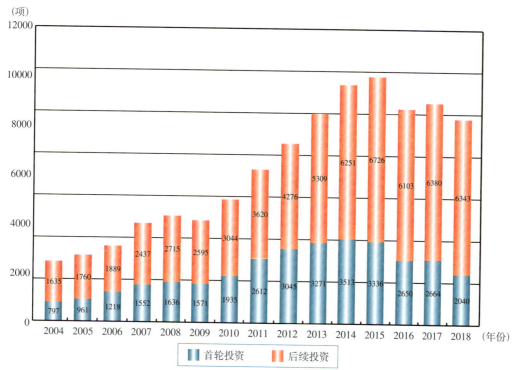

附图 1-6　美国创投投资的首轮投资与后续投资（按交易量划分）（2004~2018 年）

（四）投资地区

2018 年，美国创投投资地区覆盖了全美 50 个州和哥伦比亚特区、222 个都市统计区域（MSA）和 393 个国会选区。毫无悬念，2018 年，总部位于加利福尼亚州、纽约州和马萨诸塞州的创投企业管理资金总额合计占全美 85% 以上；投资额分别占总量的 59%、11% 和 9%，合计占比 79%，为 15 年以来的最高水平；投资交易量合计占比 53%，低于 2017 年 1 个百分点（见附表 1-9）。此外，查尔斯顿、南卡罗来纳州、里士满、弗吉尼亚州和印第安纳波利斯的创投复合年增长率是过去六年中增长率最高的。

附表 1-9　主要地区投资情况（2018 年）

地区	投资企业数（家）	交易数量（次）	投资额（百万美元）
加利福尼亚州	2869	3063	77297.63
纽约州	981	1050	14311.79
马萨诸塞州	624	660	11885.72
华盛顿	337	366	2957.47
内华达州	398	427	2686.69
新罕布什尔州	173	185	2620.56
南卡罗来纳州	239	253	1798.38
肯塔基州	212	234	1735.20
得克萨斯州	258	283	1635.91
北卡罗来纳州	250	267	1496.75

（五）公司型创投（CVC）

2018 年，公司型创投（CVC）仍然是初创企业重要的资金来源和战略投资者。全年，公司型创投投资者参与了 1443 宗交易，占交易总数的 16%，是自 2006 年以来的最高占比。1443 项投资的总交易规模（包括非 CVC 投资者）为 670 亿美元，创下 15 年来的新高，此外，2018 年十大创投投资中的三项（包括前两项）均是公司型的交易（见附表 1-10）。

附表 1-10　公司型创投投资情况（2011~2018 年）

年份 指标	2011	2012	2013	2014	2015	2016	2017	2018
所有创投交易数	6759	7882	9301	10573	10740	9200	9489	8948
所有公司型创投交易数	716	842	1081	1327	1460	1402	1427	1443
公司型创投交易数占比（%）	11.0	11.0	12.0	13.0	14.0	15.0	15.0	16.0
所有创投平均交易值（百万美元）	7.5	5.9	5.8	7.7	8.8	9.4	9.8	16.2
公司型创投平均交易值（百万美元）	19.4	14.8	15.1	21.5	27.7	28.5	28.1	50.0
所有创投交易值中位数（百万美元）	1.7	1.5	1.5	1.5	1.8	2.0	2.4	3.0
公司型创投交易值中位数（百万美元）	8.5	7.0	6.6	7.6	10.0	10.0	10.3	14.4
所有创投平均后期估值（百万美元）	117.1	58.4	58.7	109.9	121.2	125.0	110.5	243.5
公司型创投平均后期估值（百万美元）	157.8	102.4	118.9	214.1	347.7	339.1	237.0	494.4
所有创投后期估价中位数（百万美元）	17.2	16.1	16.1	17.6	19.0	20.0	22.0	32.9
创新型创投后期估价中位数（百万美元）	41.6	37.0	39.9	44.4	52.0	45.8	48.0	67.7
所有创投资本增长（百万美元）	44748.0	41506.6	47543.8	71031.6	82974.9	77229.8	82952.1	130927.2
所有公司型创投资本增长（百万美元）	12934.8	11624.1	15041.9	26315.6	37251.6	36300.7	36479.6	66844.6
公司型创投参与的交易额占比（%）	29.0	28.0	32.0	37.0	45.0	47.0	44.0	51.0

四、投资退出

健康的退出环境是创投生命周期的关键部分。一旦投资成功，创投基金通常会通过首次公开募股（IPO），或将其出售给可能更大的实体（收购、合并或交易出售），或出售给金融买家（优先购买权）的方式，将其从这些公司中退出。2018 年，85 家美国创投支持的公司上市，筹集了 640 亿美元。这 85 家公司的 IPO 总市值为 750 亿美元，IPO 规模中位数达到 3.48 亿美元，上市后估值中位数达到 4.43 亿美元，均为 15 年来的最高水平。从首次创投到首次公开募股的平均时间是 6.65 年（见附图 1-7、附表 1-11）。

附图 1-7　美国创投支持企业 IPO 情况（2004~2018 年）

附表 1-11　美国创投投资企业的 IPO 价值及特征（2009~2018 年）

年份	IPO 数量	交易值（百万美元）	交易值中位数（百万美元）	平均交易值（百万美元）	IPO 后价值（百万美元）	IPO 后价值中位数（百万美元）	IPO 后价值平均数（百万美元）	从首次 VC 到退出的时间中位值	从首次 VC 到退出的平均时间
2009	11	7838.8	317.1	783.9	9624.2	387.1	962.4	7.32	7.50
2010	41	12263.1	199.3	299.1	15680.9	280.3	382.5	6.61	7.24
2011	44	37779.4	331.2	944.5	43322.7	423.6	1083.1	5.81	6.73
2012	62	91249.3	303.3	1862.2	112576.6	356.6	2084.8	7.06	7.46
2013	87	43804.5	240.0	554.5	52707.3	320.7	635.0	6.68	7.21
2014	125	43481.0	185.8	362.3	53929.3	249.9	449.4	6.91	7.07
2015	79	28941.1	222.0	402.0	39122.3	302.5	535.9	6.96	6.42
2016	43	12703.8	180.6	325.7	16131.8	249.3	393.5	8.15	7.29
2017	58	49667.6	336.6	955.1	58877.4	434.0	1132.3	7.08	6.84
2018	85	63568.2	348.4	784.8	74779.4	443.1	934.7	4.77	6.65

2018 年，创投支持的企业 IPO 数量占美国所有 IPO 的 40%，创下了 15 年来的新高。其中，软件公司获得了 IPO 价值的 47% 和 IPO 数量的 18%，与 2017 年持平；制药和生物技术公司继续吸引了大多数的 IPO，其价值和数量分别占 IPO 总量的 35% 和 56%。2018 年美国创投企业投资的 IPO 前十强如附表 1-12 所示。

附表 1-12　2018 年美国创投企业投资的 IPO 前十强

公司名称	IPO 筹资额（百万美元）	行业领域	地区
Dropbox	7473.96	信息技术	加利福尼亚州
Moderna Therapeutics	6961.46	医疗保健	马萨诸塞州
DocuSign	3945.45	信息技术	加利福尼亚州
Mercari	2580.99	信息技术	加利福尼亚州
Elasticsearch	2249.74	信息技术	加利福尼亚州
Tenable	1844.13	信息技术	马里兰州
Anaplan	1804.44	信息技术	加利福尼亚州
Allogene	1750.08	医疗保健	加利福尼亚州
Zscaler	1685.30	信息技术	加利福尼亚州
Pluralsight	1669.13	消费产品和服务	犹他州

2018 年共有 779 起并购案，其中 199 起并购案披露的价值总计 584 亿美元（见附图 1-8）。并购退出数自 2015 年以来持续下降，但从退出值来看，2018 年是 2014 年之后的次高年份。因此，2018 年并购交易的中值也达到了 2015 年以来最高点的 1.05 亿美元。并购退出的平均时间为 5.35 年（见附表 1-13）。

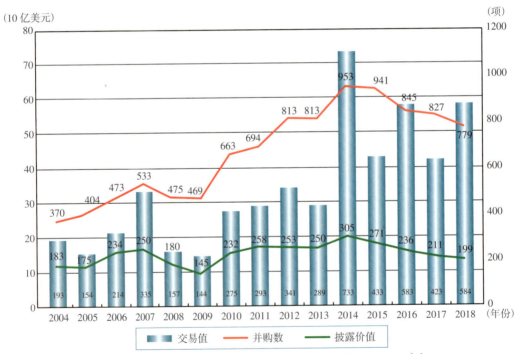

附图 1-8　美国创投支持企业并购（M&A）情况（2004~2018 年）

附表 1-13　美国创投投资企业并购退出情况及特征（2009~2018 年）

指标 年份	并购数量	披露并购数	交易值 （百万美元）	平均交易值 （百万美元）	交易值中位数 （百万美元）	从首次投资到退 出时间的中位值	从首次投资到退 出的平均时间
2009	469	145	14425.9	99.5	25.0	4.40	4.90
2010	663	232	27477.8	118.4	37.3	4.35	5.00
2011	694	258	29266.1	113.4	47.0	4.23	4.93
2012	813	253	34122.5	134.9	45.0	4.53	5.06
2013	813	250	28949.4	115.8	37.2	3.85	4.98
2014	953	305	73309.2	240.4	50.2	4.44	5.31
2015	941	271	43250.1	159.6	46.0	4.27	5.44
2016	845	236	58271.7	246.9	76.5	4.58	5.73
2017	827	211	42292.0	200.4	81.0	5.28	6.19
2018	779	199	58441.8	293.7	105.0	5.35	6.34

2018 年，披露的并购交易价值中软件公司占了大部分（51%），其次是制药和生物技术（21%）。微软以 75 亿美元收购软件开发平台 Github，成为 2018 年最大的并购案，另外三家医疗保健公司跻身于前十大并购公司之列（见附表 1-14）。

附表 1-14　2018 年美国创投投资企业并购前十强

公司名称	交易规模（百万美元）	行业领域	地区
GitHub	7500.00	信息技术	加利福尼亚州
Impact Biomedicines	7000.00	医疗保健	加利福尼亚州
Duo Security	2350.00	信息技术	密歇根州
AppNexus	2000.00	信息技术	纽约州
Flatiron	1900.00	医疗保健	纽约州
Adaptive Insights	1600.00	信息技术	加利福尼亚州
AlienVault	1600.00	信息技术	加利福尼亚州
Ring	1200.00	消费产品和服务（B2C）	加利福尼亚州
Glassdoor	1200.00	消费产品和服务（B2C）	加利福尼亚州
Syntimmune	1200.00	医疗保健	马萨诸塞州

资料来源：由美国风险投资协会（National Venture Capital Association）提供。

附录 2　2018 年欧洲创业投资回顾

2018，欧洲私募股权基金超过 1400 多家，其中，89% 的企业披露了管理资本，达到 6880 亿欧元。总体情况如附图 2-1 所示。

（10 亿欧元）

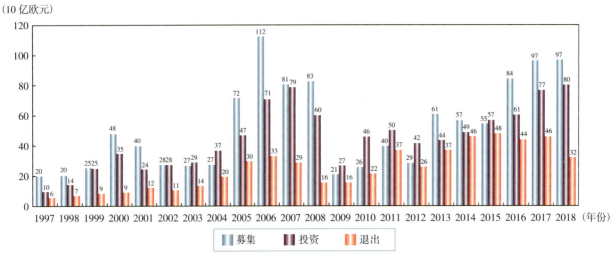

附图 2-1　欧洲私募股权基金总体情况一览（1997~2018 年）

图例：募集　投资　退出

一、资金募集

2018 年，欧洲融资总额达到 973 亿欧元，略高于 2017 年的 966 亿欧元（根据最新可用数据汇总得到），达到了近十年的最高水平（见附表 2-1）。筹集新资本的基金数量下降了 5%，至 581 家，但仍比前五年的年均水平高出 13%。按资金来源划分，养老基金占募集资本的 31%，其次是母基金和来自其他资产管理公司的基金（18%）、家族办公室和私人（11%）、保险公司（11%）和主权财富基金（9%）。欧洲以外机构投资者的贡献达到 46%，主要来自北美（25%）和亚洲（15%）。

2018 年，欧洲创投行业募资增加 11%，达到 114 亿欧元的新高纪录。大部分资金来自私人投资者，包括家族办公室及私人投资者（20%）；母基金及其他资产管理公司（19%）、政府机构（18%）、企业投资者（12%）和养老基金（9%）。其中 20% 的投资来自欧洲以外的有限合伙人，突破了往年纪录。具体见附图 2-2、附图 2-3。

附表 2-1 欧洲私募股权投资市场募资主要特征 (2018 年)

	所有私募股权	创投基金	并购基金	成长基金
新募基金额（欧元）	973 亿	114 亿	665 亿	78 万亿
新募基金数量（只）	581	229	108	110

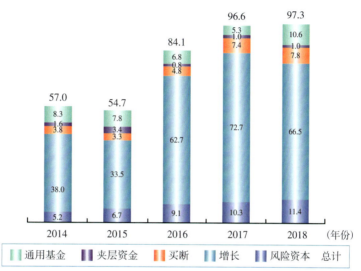

附图 2-2 欧洲私募股权基金募资年内新增款项情况 (2014~2018 年)（单位：10 亿欧元）

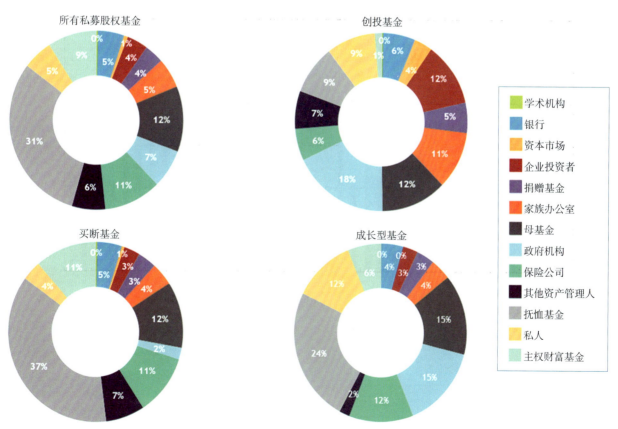

附图 2-3 欧洲私募股权基金募资来源 (2018 年)

二、投资活动

2018 年欧洲私募股权投资总额同比增长 7%，增至 806 亿欧元（见附表 2-2），是迄今为止的最高水平。获得投资的公司数量也创下新高，增长 7%，超过 7800 家，其中 86% 是中小企业。

附表 2-2　欧洲私募股权投资市场投资活动的主要特征（2018 年）

市场统计	所有私募股权投资	创投资本	并购	成长资本
投资金额（亿欧元）	806	82	588	119
投资公司数（家）	7816	4437	1285	2106
投资企业数（家）	1392	855	498	476
涉及的基金数（只）	2718	1506	793	1053

长期来看，2000 年至今，整个欧洲私募股权投资市场投资金额占 GDP 的比重为 0.2%~0.6%。2018 年，欧洲股权投资市场投资金额占 GDP 的比重为 0.47%，较 2017 年上升了 0.01 个百分点。其中，创业投资的投资金额占 GDP 的比重为 0.049%，丹麦创业投资占 GDP 的比重排在第一，达到 0.203%（见附图 2-4、附图 2-5）。

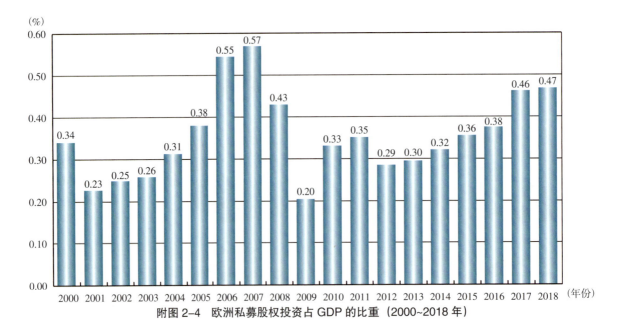

附图 2-4　欧洲私募股权投资占 GDP 的比重（2000~2018 年）

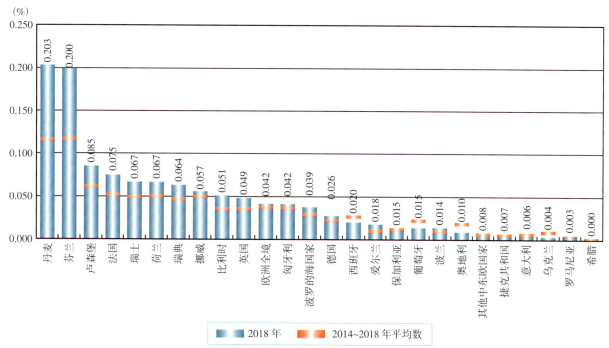

附图 2-5 欧洲主要国家创业投资占 GDP 的比重（2018 年）

（一）投资阶段

2018 年，欧洲地区私募股权投资按照投资阶段划分来看，并购基金 588 亿欧元（金额占比 73%，项目占比 15.9%），增长型基金 119 亿欧元（金额占比 14.8%，项目占比 26.1%），创投基金 82 亿欧元（金额占比 10.2%，项目占比 56.7%）（见附图 2-6、附图 2-7）。

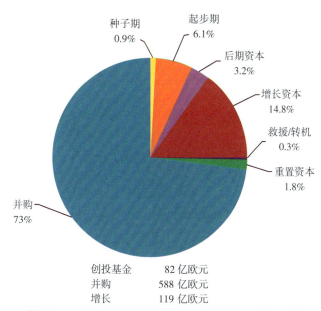

创投基金	82 亿欧元
并购	588 亿欧元
增长	119 亿欧元

附图 2-6 2018 年欧洲私募股权的投资阶段（投资金额）

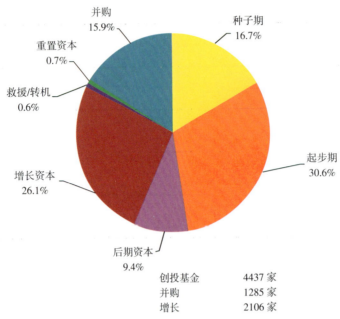

创投基金　　　4437 家
并购　　　　　1285 家
增长　　　　　2106 家

附图 2-7　2018 年欧洲私募股权的投资阶段（公司数量）

2018 年，欧洲地区创业投资金额较 2017 年增长 13%。投资企业数量增加了 12%，总数超过 4400 家。其中，投资于种子期和起步期的资金增长近 70%，分别达到 7.21 亿欧元和 49 亿欧元；投资于后期阶段的资金减少了 3%，达到 26 亿欧元（见附图 2-8、附图 2-9）。

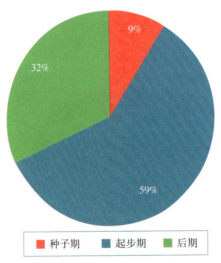

種子期　　起步期　　后期

附图 2-8　欧洲创业投资的投资阶段（按投资金额）（2018 年）

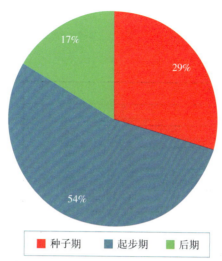

附图 2-9　欧洲创业投资的投资阶段（按投资项目）(2018 年)

（二）投资行业分布

按行业划分，从整个欧洲私募股权市场来看，商业产品和服务是投资最多的领域，投资金额占比 22.2%；其次是 ICT，投资金额占比 21.2%（见附图 2-10）。

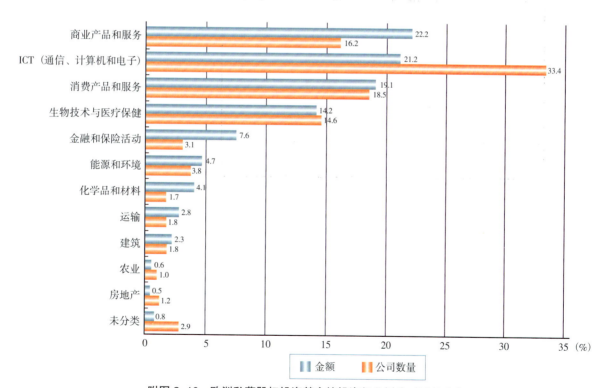

附图 2-10　欧洲私募股权投资基金按投资行业划分（2018 年）

从创业投资所投资的行业来看，主要集中在信息和通信技术领域（资金占比 47%），其次是生物技术与医疗保健（资金占比 28%）以及消费产品和服务（9%）（见图附 2-11、附图 2-12）。

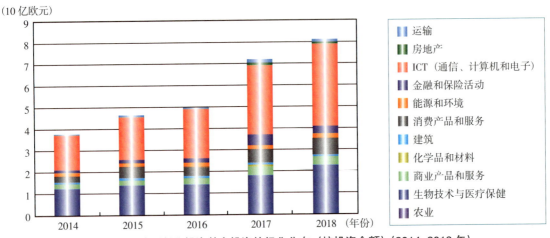

附图 2-11　欧洲创业投资基金投资的行业分布（按投资金额）（2014~2018 年）

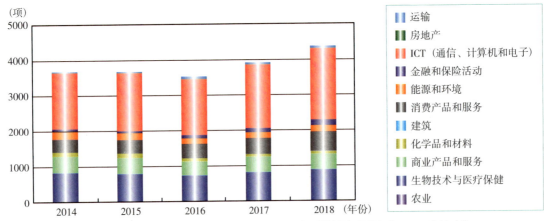

附图 2-12　欧洲创业投资基金投资的行业分布（按投资项目）（2014~2018 年）

（三）投资轮次

从投资轮次分布来看，2014 年以前，欧洲股权投资市场的首轮投资与后续投资占比基本呈现 3∶7。2016 年以后，首轮投资占比稳中有升，2018 年达到 33%（见附图 2-13）。

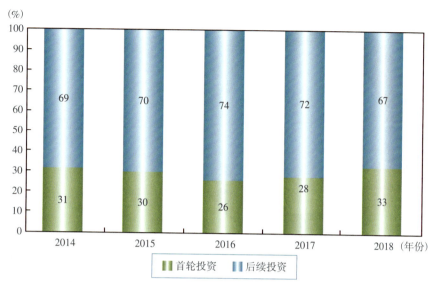

附图 2-13　欧洲股权投资的首轮和后续投资（2014~2018 年）

三、退出活动

2018 年，大约有 3750 项欧洲私募股权投资项目实现退出，比上年减少 3%。按以往股权投资额（以成本价撤资）计算，总值为 320 亿欧元，同比下降 28%（见附表 2-3）。

附表 2-3　欧洲私募股权市场退出活动概括（2018 年）

市场统计	所有私募股权	创业投资	并购	成长资本
退出金额（亿欧元）	320	20	224	58
退出项目数量（项）	3750	1193	863	1571
涉及的企业数（家）	756	344	354	303
涉及基金数量（只）	1899	772	645	881

（一）退出方式

2018 年，欧洲创业投资退出金额达到 20 亿欧元。按退出的金额划分，主要退出方式依次为贸易出售（占比 35%），较 2017 年下降了 8 个百分点；IPO 大幅上升了 39 个百分点，创 10 年新高，占比升至 22%；清算及出售给其他 PE 公司均占 12%（见附图 2-14）。

2018 年，欧洲创业投资实现退出项目 1193 家公司，较 2017 年下降了 1 个百分点。按退出项目划分，主要退出方式依次为优先股还款（占比 30%）、清算（占比 19%）、贸易出售（占比 16%）、出售给管理者（占比 9%）；全年通过 IPO 退出的占比 8%（见附图 2-15）。

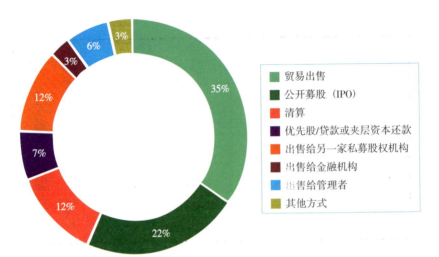

附图 2-14　欧洲创业投资的主要退出方式（按金额划分）（2018 年）

图例：
- 贸易出售
- 公开募股（IPO）
- 清算
- 优先股/贷款或夹层资本还款
- 出售给另一家私募股权机构
- 出售给金融机构
- 出售给管理者
- 其他方式

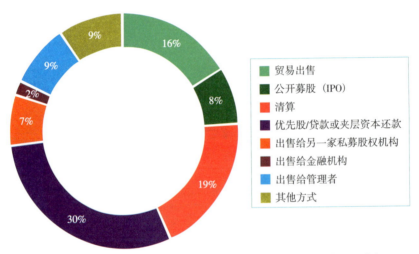

附图 2-15　欧洲创业投资的主要退出方式（按项目划分）（2018 年）

图例：
- 贸易出售
- 公开募股（IPO）
- 清算
- 优先股/贷款或夹层资本还款
- 出售给另一家私募股权机构
- 出售给金融机构
- 出售给管理者
- 其他方式

（二）退出行业

2018 年，欧洲私募股权基金退出最多的是商业产品和服务以及消费产品和服务，均达到 79 亿欧元，其次是 ICT 行业、生物技术与医疗保健以及金融和保险行业，分别达到 63 亿欧元、27 亿欧元和 18 亿欧元（见附图 2-16）。

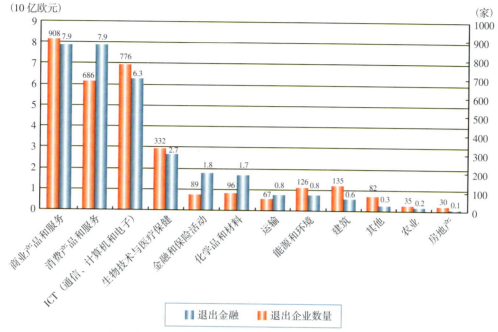

附图 2-16　欧洲私募股权投资退出行业划分（2018 年）

按照行业划分，2018 年欧洲创投项目退出最多的依然是 ICT 行业，实现退出金额占比 46%，项目占比 40%。其次是生物技术与医疗保健（资金占比 30%，项目占比 17%）。消费产品和服务（资金占比 8%，项目占比 13%）。商业产品和服务以及能源和环境资金占比均为 4%，项目占比分别为 16% 和 5%（见附图 2-17）。

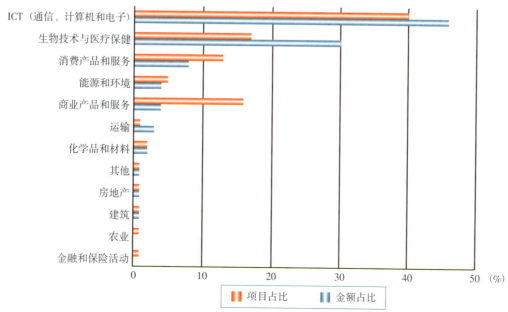

附图 2-17　欧洲创业投资退出行业划分（2018 年）

资料来源：由欧洲风险投资协会（Europe Venture Capital Association）提供。

附录 3 2018 年韩国创业投资回顾

一、市场概况

2018 年，韩国创业投资发展创下自 2008 年以来新高。新增创投机构 20 家，注销 8 家机构，当年公司存量较 2017 年增加了 12 家，累计注册资本达 16156 亿韩元（见附表 3-1）。

附表 3-1 韩国创业投资机构情况（2008~2018 年）

年份 指标	2008	2009	2010	2011	2012	2013	2014	2015	2016	2017	2018
当年新注册数（注销数）	5（9）	12（9）	13（10）	9（7）	6（6）	3（7）	6（4）	14（2）	13（8）	5（4）	20（8）
当年公司存量（家）	97	100	103	105	105	101	103	115	120	121	133
累计注册资本（10 亿韩元）	1457.8	1360.8	1383.8	1398.5	1445.5	1394.7	1418.5	1484.3	1502.6	1522.8	1615.6

截至 2018 年，共有 133 家风险投资企业管理着 807 只基金（见附表 3-2、附图 3-1）。当年新注册基金 120 只，较 2017 年少了 44 只；注销基金 57 只，较 2017 年有所上升；风险投资企业累计注册资本 240078 亿韩元。

附表 3-2 韩国创业投资基金情况（2008~2018 年）

年份 指标	2008	2009	2010	2011	2012	2013	2014	2015	2016	2017	2018
当年新注册数（只）	51	74	66	66	41	54	82	108	120	164	120
金额（10 亿韩元）	963.3	1404.3	1574.6	2148.3	906.5	1664.9	2619.5	2620.5	3679.2	4608.7	4686.8
当年注销（只）	49	54	53	45	46	31	37	26	44	51	57
金额（10 亿韩元）	416.4	566.2	576.8	454.0	858.6	527.2	832.9	570.9	827.4	1114.3	1120.6
当年存量（只）	328	350	363	384	379	402	447	529	605	718	807
累计金额（10 亿韩元）	5611.8	6449.9	7447.7	9142.0	9189.0	10327.6	12045.8	14095.4	16947.3	20441.7	24007.8

附图 3-1   韩国创业投资市场概况（2008~2018 年）

二、创业投资活动

2018 年，韩国风险投资共投资项目 1399 项，投资金额为 34249 亿韩元，投资强度较 2017 年有了大幅提升，达到 2.44%（见附表 3-3）。

附表 3-3   韩国创业投资项目数及金额（2008~2018 年）

年份 指标	2008	2009	2010	2011	2012	2013	2014	2015	2016	2017	2018
新投资项目数（项）	991.7	496	560	613	688	755	901	1045	1191	1266	1399
新投资金额数（10 亿韩元）	724.7	867.1	1091.0	1260.8	1233.3	1384.5	1639.3	2085.8	2150.3	2380.3	3424.9
投资强度（10 亿韩元/项）	1.46	1.65	1.95	2.06	1.79	1.83	1.82	1.44	1.81	1.88	2.44

三、投资行业分布

2018 年，从投资金额看，生物/医药、ICT 服务和零售/服务成为投资金额最多的三个行业。从投资项目看，排名前三的分别是 ICT 服务、零售/服务以及生物/医药。与 2017 年相比，ICT 服务无论是按投资项目还是投资金额，都有了大幅提高，投资项目占比从 2017 年的 18.8% 上升至 26.38%，这与韩国一直高度重视 ICT 的发展有关，同时为了应对第四次工业革命，韩国也从研发、政府投入等多方面加大对 ICT 的支持力度（见附表 3-4、附图 3-2）。

附表 3-4   韩国创业投资行业分布（2018 年）

行业 指标	ICT 制造	ICT 服务	电子/机器/设备	化工/材料	生物/医药	图像/性能/存储	游戏	零售/服务	其他	总量
金额（10 亿韩元）	148.9	746.8	299.0	135.1	841.7	332.1	141.1	572.6	207.7	3424.9
项目（项）	80	369	142	69	236	202	68	256	64	1399

附图 3-2   韩国创业投资行业分布（2018 年）

四、投资阶段分布

2018 年，从投资金额看，起步期和扩张期集中了韩国创业投资大量资金，二者累计占比较 2017 年有明显的提升，从 67.25% 上升至 71.36%。从投资项目看，种子期的投资项目仍然多于起步期和扩张期，占比较 2017 年略有下降，从 45.02% 下降至 43.28%（见附表 3-5、附图 3-3、附图 3-4）。

附表 3-5   韩国创业投资阶段分布（2018 年）

阶段	种子期	起步期	扩张期	总量
金额（10 亿韩元）	981.0	1193.5	1250.4	3424.9
项目（项）	625	454	365	1399

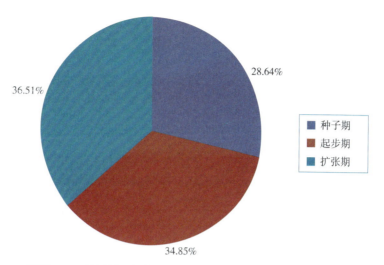

附图 3-3　韩国创业投资阶段分布（按金额划分）（2018 年）

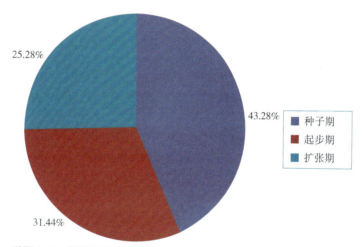

附图 3-4　韩国创业投资阶段分布（按项目划分）（2018 年）

资料来源：由韩国风险投资协会（Korean Venture Capital Association）提供。

附录 4　关于创业投资企业和天使投资个人有关税收政策的通知

(财税〔2018〕55 号)

各省、自治区、直辖市、计划单列市财政厅（局）、国家税务局、地方税务局，新疆生产建设兵团财政局：

为进一步支持创业投资发展，现就创业投资企业和天使投资个人有关税收政策问题通知如下：

一、税收政策内容

（一）公司制创业投资企业采取股权投资方式直接投资于种子期、初创期科技型企业（以下简称初创科技型企业）满 2 年（24 个月，下同）的，可以按照投资额的 70% 在股权持有满 2 年的当年抵扣该公司制创业投资企业的应纳税所得额；当年不足抵扣的，可以在以后纳税年度结转抵扣。

（二）有限合伙制创业投资企业（以下简称合伙创投企业）采取股权投资方式直接投资于初创科技型企业满 2 年的，该合伙创投企业的合伙人分别按以下方式处理：

1. 法人合伙人可以按照对初创科技型企业投资额的 70% 抵扣法人合伙人从合伙创投企业分得的所得；当年不足抵扣的，可以在以后纳税年度结转抵扣。

2. 个人合伙人可以按照对初创科技型企业投资额的 70% 抵扣个人合伙人从合伙创投企业分得的经营所得；当年不足抵扣的，可以在以后纳税年度结转抵扣。

（三）天使投资个人采取股权投资方式直接投资于初创科技型企业满 2 年的，可以按照投资额的 70% 抵扣转让该初创科技型企业股权取得的应纳税所得额；当期不足抵扣的，可以在以后取得转让该初创科技型企业股权的应纳税所得额时结转抵扣。

天使投资个人投资多个初创科技型企业的，对其中办理注销清算的初创科技型企业，天使投资个人对其投资额的 70% 尚未抵扣完的，可自注销清算之日起 36 个月内抵扣天使投资个人转让其他初创科技型企业股权取得的应纳税所得额。

二、相关政策条件

（一）本通知所称初创科技型企业，应同时符合以下条件：

1. 在中国境内（不包括港、澳、台地区）注册成立、实行查账征收的居民企业。

2. 接受投资时，从业人数不超过 200 人，其中具有大学本科以上学历的从业人数不低于 30%；资产总额和年销售收入均不超过 3000 万元。

3. 接受投资时设立时间不超过 5 年（60 个月）。

4. 接受投资时以及接受投资后 2 年内未在境内外证券交易所上市。

5. 接受投资当年及下一纳税年度，研发费用总额占成本费用支出的比例不低于 20%。

（二）享受本通知规定税收政策的创业投资企业，应同时符合以下条件：

1. 在中国境内（不含港、澳、台地区）注册成立、实行查账征收的居民企业或合伙创投企业，且不属于被投资初创科技型企业的发起人。

2. 符合《创业投资企业管理暂行办法》（发展改革委等 10 部门令第 39 号）规定或者《私募投资基金监督管理暂行办法》（证监会令第 105 号）关于创业投资基金的特别规定，按照上述规定完成备案且规范运作。

3. 投资后 2 年内，创业投资企业及其关联方持有被投资初创科技型企业的股权比例合计应低于 50%。

（三）享受本通知规定的税收政策的天使投资个人，应同时符合以下条件：

1. 不属于被投资初创科技型企业的发起人、雇员或其亲属（包括配偶、父母、子女、祖父母、外祖父母、孙子女、外孙子女、兄弟姐妹，下同)，且与被投资初创科技型企业不存在劳务派遣等关系。

2.投资后2年内，本人及其亲属持有被投资初创科技型企业股权比例合计应低于50%。

(四)享受本通知规定的税收政策的投资，仅限于通过向被投资初创科技型企业直接支付现金方式取得的股权投资，不包括受让其他股东的存量股权。

三、管理事项及管理要求

(一)本通知所称研发费用口径，按照《财政部　国家税务总局　科技部关于完善研究开发费用税前加计扣除政策的通知》(财税〔2015〕119号)等规定执行。

(二)本通知所称从业人数，包括与企业建立劳动关系的职工人员及企业接受的劳务派遣人员。从业人数和资产总额指标，按照企业接受投资前连续12个月的平均数计算，不足12个月的，按实际月数平均计算。

本通知所称销售收入，包括主营业务收入与其他业务收入；年销售收入指标，按照企业接受投资前连续12个月的累计数计算，不足12个月的，按实际月数累计计算。

本通知所称成本费用，包括主营业务成本、其他业务成本、销售费用、管理费用、财务费用。

(三)本通知所称投资额，按照创业投资企业或天使投资个人对初创科技型企业的实缴投资额确定。

合伙创投企业的合伙人对初创科技型企业的投资额，按照合伙创投企业对初创科技型企业的实缴投资额和合伙协议约定的合伙人占合伙创投企业的出资比例计算确定。合伙人从合伙创投企业分得的所得，按照《财政部　国家税务总局关于合伙企业合伙人所得税问题的通知》(财税

〔2008〕159号)规定计算。

(四)天使投资个人、公司制创业投资企业、合伙创投企业、合伙创投企业法人合伙人、被投资初创科技型企业应按规定办理优惠手续。

(五)初创科技型企业接受天使投资个人投资满2年，在上海证券交易所、深圳证券交易所上市的，天使投资个人转让该企业股票时，按照现行限售股有关规定执行，其尚未抵扣的投资额，在税款清算时一并计算抵扣。

(六)享受本通知规定的税收政策的纳税人，其主管税务机关对被投资企业是否符合初创科技型企业条件有异议的，可以转请被投资企业主管税务机关提供相关材料。对纳税人提供虚假资料，违规享受税收政策的，应按税收征管法相关规定处理，并将其列入失信纳税人名单，按规定实施联合惩戒措施。

四、执行时间

本通知规定的天使投资个人所得税政策自2018年7月1日起执行，其他各项政策自2018年1月1日起执行。执行日期前2年内发生的投资，在执行日期后投资满2年，且符合本通知规定的其他条件的，可以适用本通知规定的税收政策。

《财政部　税务总局关于创业投资企业和天使投资个人有关税收试点政策的通知》(财税〔2017〕38号)自2018年7月1日起废止，符合试点政策条件的投资额可按本通知的规定继续抵扣。

财政部　税务总局

2018年5月14日

附录 5　上市公司创业投资基金股东减持股份的特别规定

（中国证券监督管理委员会公告〔2018〕4 号）

第一条　为了贯彻落实《国务院关于促进创业投资持续健康发展的若干意见》要求，对专注于长期投资和价值投资的创业投资基金减持其持有的上市公司首次公开发行前的股份给予政策支持，依据《公司法》《证券法》等法律法规和中国证券监督管理委员会的规定，制定本规定。

第二条　在中国证券投资基金业协会（以下简称"基金业协会"）备案的创业投资基金，符合下列条件的，适用本规定：

（一）投资范围限于未上市企业，但是所投资企业上市后所持股份的未转让部分及通过上市公司分派或者配售新股取得的部分除外。

（二）投资方式限于股权投资或者依法可转换为股权的权益投资。

（三）对外投资金额中，对早期中小企业和高新技术企业的合计投资金额占比 50% 以上。

（四）中国证监会规定的其他情形。

本规定发布前已在基金业协会备案但不符合前款规定的创业投资基金，符合下列条件的，适用本规定：

（一）本规定发布前的对外投资金额中，对未上市企业进行股权或者可转换为股权的投资金额占比 50% 以上。

（二）本规定发布后的对外投资金额中，对早期中小企业和高新技术企业的合计投资金额占比 50% 以上，且投资范围和投资方式符合前款第（一）项和第（二）项的规定。

本规定发布前已在基金业协会备案的私募证券投资基金、私募股权投资基金或者其他投资基金符合第二款规定条件的，可以在变更备案为创业投资基金后适用本规定。

第三条　符合本规定条件的创业投资基金，在所投资早期中小企业或者高新技术企业上市后，通过证券交易所集中竞价交易减持其持有的公司首次公开发行前发行的股份，适用下列比例限制：

（一）截至发行申请材料受理日，投资期限不满 36 个月的，在 3 个月内减持股份的总数不得超过公司股份总数的 1%。

（二）截至发行申请材料受理日，投资期限在 36 个月以上但不满 48 个月的，在 2 个月内减持股份的总数不得超过公司股份总数的 1%。

（三）截至发行申请材料受理日，投资期限在 48 个月以上的，在 1 个月内减持股份的总数不得超过公司股份总数的 1%。

投资期限自创业投资基金投资该首次公开发行企业金额累计达到 300 万元之日或者投资金额累计达到投资该首次公开发行企业总投资额 50% 之日开始计算。

第四条　符合条件的创业投资基金通过大宗交易方式减持其持有的公司首次公开发行前发行的股份，股份出让方、受让方应当遵守证券交易所关于减持数量、持有时间等规定。

第五条　本规定所称早期中小企业，是指创业投资基金首次投资该企业时，该企业符合下列条件：

（一）成立不满 60 个月。

（二）经企业所在地县级以上劳动和社会保障部门或社会保险基金管理单位核定，职工人数不超过 500 人。

（三）根据会计师事务所审计的年度合并会计报表，年销售额不超过 2 亿元、资产总额不超过 2 亿元。

本规定所称高新技术企业是指截至发行申请材料受理

日，该企业依据《高新技术企业认定管理办法》（国科发火〔2016〕32号）已取得高新技术企业证书。

第六条　本规定未规定的上市公司股东减持股份事项，适用《上市公司股东、董监高减持股份的若干规定》（证监会公告〔2017〕9号）及其他有关规定。

第七条　本规定自2018年6月2日起施行。

中国证监会

2018年3月1日

附录6　关于推动创新创业高质量发展　打造"双创"升级版的意见

国发〔2018〕32 号

各省、自治区、直辖市人民政府，国务院各部委、各直属机构：

创新是引领发展的第一动力，是建设现代化经济体系的战略支撑。近年来，大众创业、万众创新持续向更大范围、更高层次和更深程度推进，创新创业与经济社会发展深度融合，对推动新旧动能转换和经济结构升级、扩大就业和改善民生、实现机会公平和社会纵向流动发挥了重要作用，为促进经济增长提供了有力支撑。当前，我国经济已由高速增长阶段转向高质量发展阶段，对推动大众创业、万众创新提出了新的更高要求。为深入实施创新驱动发展战略，进一步激发市场活力和社会创造力，现就推动创新创业高质量发展、打造"双创"升级版提出以下意见。

一、总体要求

推进大众创业、万众创新是深入实施创新驱动发展战略的重要支撑、深入推进供给侧结构性改革的重要途径。随着大众创业、万众创新蓬勃发展，创新创业环境持续改善，创新创业主体日益多元，各类支撑平台不断丰富，创新创业社会氛围更加浓厚，创新创业理念日益深入人心，取得显著成效。但同时，还存在创新创业生态不够完善、科技成果转化机制尚不健全、大中小企业融通发展还不充分、创新创业国际合作不够深入以及部分政策落实不到位等问题。打造"双创"升级版，推动创新创业高质量发展，有利于进一步增强创业带动就业能力，有利于提升科技创新和产业发展活力，有利于创造优质供给和扩大有效需求，对增强经济发展内生动力具有重要意义。

（一）指导思想。以习近平新时代中国特色社会主义思想为指导，全面贯彻党的十九大和十九届二中、三中全会精神，坚持新发展理念，坚持以供给侧结构性改革为主线，按照高质量发展要求，深入实施创新驱动发展战略，

通过打造"双创"升级版，进一步优化创新创业环境、大幅降低创新创业成本，提升创业带动就业能力，增强科技创新引领作用，提升支撑平台服务能力，推动形成线上线下结合、产学研用协同、大中小企业融合的创新创业格局，为加快培育发展新动能、实现更充分就业和经济高质量发展提供坚实保障。

（二）主要目标。

——创新创业服务全面升级。创新创业资源共享平台更加完善，市场化、专业化众创空间功能不断拓展，创新创业服务平台能力显著提升，创业投资持续增长并更加关注早中期科技型企业，新兴创新创业服务业态日趋成熟。

——创业带动就业能力明显提升。培育更多充满活力、持续稳定经营的市场主体，直接创造更多就业岗位，带动关联产业就业岗位增加，促进就业机会公平和社会纵向流动，实现创新、创业、就业的良性循环。

——科技成果转化应用能力显著增强。科技型创业加快发展，产学研用更加协同，科技创新与传统产业转型升级结合更加紧密，形成多层次科技创新和产业发展主体，支撑战略性新兴产业加快发展。

——高质量创新创业集聚区不断涌现。"双创"示范基地建设扎实推进，一批可复制的制度性成果加快推广。有效发挥国家级新区、国家自主创新示范区等各类功能区优势，打造一批创新创业新高地。

——大中小企业创新创业价值链有机融合。一批高端科技人才、优秀企业家、专业投资人成为创新创业主力军，大企业、科研院所、中小企业之间创新资源要素自由畅通流动，内部外部、线上线下、大中小企业融通发展水平不断提升。

——国际国内创新创业资源深度融汇。拓展创新创业

国际交流合作，深度融入全球创新创业浪潮，推动形成一批国际化创新创业集聚地，将"双创"打造成为我国与包括"一带一路"相关国家在内的世界各国合作的亮丽名片。

二、着力促进创新创业环境升级

（三）简政放权释放创新创业活力。进一步提升企业开办便利度，全面推进企业简易注销登记改革。积极推广"区域评估"，由政府组织力量对一定区域内地质灾害、水土保持等进行统一评估。推进审查事项、办事流程、数据交换等标准化建设，稳步推动公共数据资源开放，加快推进政务数据资源、社会数据资源、互联网数据资源建设。清理废除妨碍统一市场和公平竞争的规定和做法，加快发布全国统一的市场准入负面清单，建立清单动态调整机制（市场监管总局、自然资源部、水利部、发展改革委等按职责分工负责）。

（四）放管结合营造公平市场环境。加强社会信用体系建设，构建信用承诺、信息公示、信用分级分类、信用联合奖惩等全流程信用监管机制。修订生物制造、新材料等领域审查参考标准，激发高技术领域创新活力。引导和规范共享经济良性健康发展，推动共享经济平台企业切实履行主体责任。建立完善对"互联网+教育""互联网+医疗"等新业态新模式的高效监管机制，严守安全质量和社会稳定底线（发展改革委、市场监管总局、工业和信息化部、教育部、卫生健康委等按职责分工负责）。

（五）优化服务便利创新创业。加快建立全国一体化政务服务平台，建立完善国家数据共享交换平台体系，推行数据共享责任清单制度，推动数据共享应用典型案例经验复制推广。在市县一级建立农村创新创业信息服务窗口。完善适应新就业形态的用工和社会保险制度，加快建设"网上社保"。积极落实产业用地政策，深入推进城镇低效用地再开发，健全建设用地"增存挂钩"机制，优化用地结构，盘活存量、闲置土地用于创新创业（国务院办公厅、发展改革委、市场监管总局、农业农村部、人力资源和社会保障部、自然资源部等按职责分工负责）。

三、加快推动创新创业发展动力升级

（六）加大财税政策支持力度。聚焦减税降费，研究适当降低社保费率，确保总体上不增加企业负担，激发市场活力。将企业研发费用加计扣除比例提高到75%的政策由科技型中小企业扩大至所有企业。对个人在二级市场买卖新三板股票比照上市公司股票，对差价收入免征个人所得税。将国家级科技企业孵化器和大学科技园享受的免征房产税、增值税等优惠政策范围扩大至省级，符合条件的众创空间也可享受（财政部、税务总局等按职责分工负责）。

（七）完善创新创业产品和服务政府采购等政策措施。完善支持创新和中小企业的政府采购政策。发挥采购政策功能，加大对重大创新产品和服务、核心关键技术的采购力度，扩大首购、订购等非招标方式的应用（发展改革委、财政部、工业和信息化部、科技部等和各地方人民政府按职责分工负责）。

（八）加快推进首台（套）重大技术装备示范应用。充分发挥市场机制作用，推动重大技术装备研发创新、检测评定、示范应用体系建设。编制重大技术装备创新目录、众创研发指引，制定首台（套）评定办法。依托大型科技企业集团、重点研发机构，设立重大技术装备创新研究院。建立首台（套）示范应用基地和示范应用联盟。加快军民两用技术产品发展和推广应用。发挥众创、众筹、众包和虚拟创新创业社区等多种创新创业模式的作用，引导中小企业等创新主体参与重大技术装备研发，加强众创成果与市场有效对接（发展改革委、科技部、工业和信息化部、财政部、国资委、卫生健康委、市场监管总局、能源局等按职责分工负责）。

（九）建立完善知识产权管理服务体系。建立完善知识产权评估和风险控制体系，鼓励金融机构探索开展知识产权质押融资。完善知识产权运营公共服务平台，逐步建立全国统一的知识产权交易市场。鼓励和支持创新主体加强关键前沿技术知识产权创造，形成一批战略性高价值专利组合。聚焦重点领域和关键环节开展知识产权"雷霆"专项行动，进行集中检查、集中整治，全面加强知识产权执法维权工作力度。积极运用在线识别、实时监测、源头追溯等"互联网+"技术强化知识产权保护（知识产权局、财政部、银保监会、人民银行等按职责分工负责）。

四、持续推进创业带动就业能力升级

（十）鼓励和支持科研人员积极投身科技创业。对科教类事业单位实施差异化分类指导，出台鼓励和支持科研人员离岗创业实施细则，完善创新型岗位管理实施细则。健全科研人员评价机制，将科研人员在科技成果转化过程中取得的成绩和参与创业项目的情况作为职称评审、岗位竞聘、绩效考核、收入分配、续签合同等的重要依据。建立完善科研人员校企、院企共建双聘机制（科技部、教育部、人力资源和社会保障部等按职责分工负责）。

（十一）强化大学生创新创业教育培训。在全国高校推广创业导师制，把创新创业教育和实践课程纳入高校必修课体系，允许大学生用创业成果申请学位论文答辩。支持高校、职业院校（含技工院校）深化产教融合，引入企业开展生产性实习实训（教育部、人力资源和社会保障部、共青团中央等按职责分工负责）。

（十二）健全农民工返乡创业服务体系。深入推进农民工返乡创业试点工作，推出一批农民工返乡创业示范县和农村创新创业典型县。进一步发挥创业担保贷款政策的作用，鼓励金融机构按照市场化、商业可持续原则对农村"双创"园区（基地）和公共服务平台等提供金融服务。安排一定比例年度土地利用计划，专项支持农村新产业新业态和产业融合发展（人力资源和社会保障部、农业农村部、发展改革委、人民银行、银保监会、财政部、自然资源部、共青团中央等按职责分工负责）。

（十三）完善退役军人自主创业支持政策和服务体系。加大退役军人培训力度，依托院校、职业培训机构、创业培训中心等机构，开展创业意识教育、创业素质培养、创业项目指导、开业指导、企业经营管理等培训。大力扶持退役军人就业创业，落实好现有税收优惠政策，根据个体特点引导退役军人向科技服务业等新业态转移。推动退役军人创业平台不断完善，支持退役军人参加创新创业大会和比赛（退役军人部、教育部、人力资源和社会保障部、税务总局、财政部等按职责分工负责）。

（十四）提升归国和外籍人才创新创业便利化水平。深入实施留学人员回国创新创业启动支持计划，遴选资助一批高层次人才回国创新创业项目。健全留学回国人才和外籍高层次人才服务机制，在签证、出入境、社会保险、知识产权保护、落户、永久居留、子女入学等方面进一步加大支持力度（人力资源和社会保障部、外交部、公安部、移民局、知识产权局等和各地人民政府按职责分工负责）。

（十五）推动更多群体投身创新创业。深入推进创新创业巾帼行动，鼓励支持更多女性投身创新创业实践。制定完善香港、澳门居民在内地发展便利性政策措施，鼓励支持港澳青年在内地创新创业。扩大两岸经济文化交流合作，为台湾同胞在大陆创新创业提供便利。积极引导侨资侨智参与创新创业，支持建设华侨华人创新创业基地和华侨大数据中心。探索国际柔性引才机制，持续推进海外人才离岸创新创业基地建设。启动少数民族地区创新创业专项行动，支持西藏、新疆等地区创新创业加快发展。推行终身职业技能培训制度，将有创业意愿和培训需求的劳动者全部纳入培训范围（全国妇联、港澳办、台办、侨办、人力资源和社会保障部、中国科协、发展改革委、国家民委等按职责分工负责）。

五、深入推动科技创新支撑能力升级

（十六）增强创新型企业引领带动作用。在重点领域和关键环节加快建设一批国家产业创新中心、国家技术创新中心等创新平台，充分发挥创新平台资源集聚优势。建设由大中型科技企业牵头，中小企业、科技社团、高校院所等共同参与的科技联合体。加大对"专精特新"中小企业的支持力度，鼓励中小企业参与产业关键共性技术研究开发，持续提升企业创新能力，培育一批具有创新能力的制造业单项冠军企业，壮大制造业创新集群。健全企业家参与涉企创新创业政策制定机制（发展改革委、科技部、中国科协、工业和信息化部等按职责分工负责）。

（十七）推动高校科研院所创新创业深度融合。健全科技资源开放共享机制，鼓励科研人员面向企业开展技术开发、技术咨询、技术服务、技术培训等，促进科技创新与创业深度融合。推动高校、科研院所与企业共同建立概念验证、孵化育成等面向基础研究成果转化的服务平台（科技部、教育部等按职责分工负责）。

（十八）健全科技成果转化的体制机制。纵深推进全面创新改革试验，深化以科技创新为核心的全面创新。完善国家财政资金资助的科技成果信息共享机制，畅通科技成果与市场对接渠道。试点开展赋予科研人员职务科技成果所有权或长期使用权。加速高校科技成果转化和技术转移，促进科技、产业、投资融合对接。加强国家技术转移体系建设，鼓励高校、科研院所建设专业化技术转移机构。鼓励有条件的地方按技术合同实际成交额的一定比例对技术转移服务机构、技术合同登记机构和技术经纪人（技术经理人）给予奖补（发展改革委、科技部、教育部、财政部等按职责分工负责）。

六、大力促进创新创业平台服务升级

（十九）提升孵化机构和众创空间服务水平。建立众创空间质量管理、优胜劣汰的健康发展机制，引导众创空间向专业化、精细化方向升级，鼓励具备一定科研基础的市场主体建立专业化众创空间。推动中央企业、科研院所、高校和相关公共服务机构建设具有独立法人资格的孵化机构，为初创期、早中期企业提供公共技术、检验检测、财税会计、法律政策、教育培训、管理咨询等服务。继续推进全国创业孵化示范基地建设。鼓励生产制造类企业建立工匠工作室，通过技术攻关、破解生产难题、固化创新成果等塑造工匠品牌。加快发展孵化机构联盟，加强与国外孵化机构对接合作，吸引海外人才到国内创新创业。研究支持符合条件的孵化机构享受高新技术企业相关人才激励政策，落实孵化机构税收优惠政策（科技部、国资委、教育部、人力资源和社会保障部、工业和信息化部、财政部、税务总局等按职责分工负责）。

（二十）搭建大中小企业融通发展平台。实施大中小企业融通发展专项行动计划，加快培育一批基于互联网的大企业创新创业平台、国家中小企业公共服务示范平台。推进国家小型微型企业创业创新示范基地建设，支持建设一批制造业"双创"技术转移中心和制造业"双创"服务平台。推进供应链创新与应用，加快形成大中小企业专业化分工协作的产业供应链体系。鼓励大中型企业开展内部创业，鼓励有条件的企业依法合规发起或参与设立公益性创业基金，鼓励企业参股、投资内部创业项目。鼓励国有企业探索以子公司等形式设立创新创业平台，促进混合所有制改革与创新创业深度融合（工业和信息化部、商务部、财政部、国资委等按职责分工负责）。

（二十一）深入推进工业互联网创新发展。更好发挥市场力量。加快发展工业互联网，与智能制造、电子商务等有机结合、互促共进。实施工业互联网三年行动计划，强化财税政策导向作用，持续利用工业转型升级资金支持工业互联网发展。推进工业互联网平台建设，形成多层次、系统性工业互联网平台体系，引导企业上云平台，加快发展工业软件，培育工业互联网应用创新生态。推动产学研用合作建设工业互联网创新中心，建立工业互联网产业示范基地，开展工业互联网创新应用示范。加强专业人才支撑，公布一批工业互联网相关二级学科，鼓励搭建工业互联网学科引智平台（工业和信息化部、发展改革委、教育部、科技部、财政部、人力资源和社会保障部等按职责分工负责）。

（二十二）完善"互联网+"创新创业服务体系。推进"国家创新创业政策信息服务网"建设，及时发布创新创业先进经验和典型做法，进一步降低各类创新创业主体的政策信息获取门槛和时间成本。鼓励建设"互联网+"创新创业平台，积极利用互联网等信息技术支持创新创业活动，进一步降低创新创业主体与资本、技术对接的门槛。推动"互联网+公共服务"，使更多优质资源惠及群众（发展改革委、科技部、工业和信息化部等按职责分工负责）。

（二十三）打造创新创业重点展示品牌。继续扎实开展各类创新创业赛事活动，办好全国大众创业、万众创新活动周，拓展"创响中国"系列活动范围，充分发挥"互联网+"大学生创新创业大赛、中国创新创业大赛、"创客中国"创新创业大赛、"中国创翼"创业创新大赛、全国农村创业创新项目创意大赛、中央企业熠星创新创意大赛、"创青春"中国青年创新创业大赛、中国妇女创新创业大赛等品牌赛事活动作用。对各类赛事活动中涌现的优秀创新创业项目加强后续跟踪支持（发展改革委、中国科协、教育部、科技部、工业和信息化部、人力资源和社会保障部、农业农村部、国资委、共青团中央、全国妇联等按职责分工负责）。

七、进一步完善创新创业金融服务

（二十四）引导金融机构有效服务创新创业融资需求。加快城市商业银行转型，回归服务小微企业等实体的本源，提高风险识别和定价能力，运用科技化等手段，为本地创新创业提供有针对性的金融产品和差异化服务。加快推进村镇银行本地化、民营化和专业化发展，支持民间资本参与农村中小金融机构充实资本、完善治理的改革，重点服务发展农村电商等新业态新模式。推进落实大中型商业银行设立普惠金融事业部，支持有条件的银行设立科技信贷专营事业部，提高服务创新创业企业的专业化水平。支持银行业金融机构积极稳妥开展并购贷款业务，提高对创业企业兼并重组的金融服务水平（银保监会、人民银行等按职责分工负责）。

（二十五）充分发挥创业投资支持创新创业作用。进一步健全适应创业投资行业特点的差异化监管体制，按照不溯及既往、确保总体税负不增的原则，抓紧完善进一步支持创业投资基金发展的税收政策，营造透明、可预期的政策环境。规范发展市场化运作、专业化管理的创业投资母基金。充分发挥国家新兴产业创业投资引导基金、国家中小企业发展基金等引导基金的作用，支持初创期、早中期创新型企业发展。加快发展天使投资，鼓励有条件的地方出台促进天使投资发展的政策措施，培育和壮大天使投资人群体。完善政府出资产业投资基金信用信息登记，开展政府出资产业投资基金绩效评价和公共信用综合评价（发展改革委、证监会、税务总局、财政部、工业和信息化部、科技部、人民银行、银保监会等按职责分工负责）。

（二十六）拓宽创新创业直接融资渠道。支持发展潜力好但尚未盈利的创新型企业上市或在新三板、区域性股权市场挂牌。推动科技型中小企业和创业投资企业发债融资，稳步扩大创新创业债试点规模，支持符合条件的企业发行"双创"专项债务融资工具。规范发展互联网股权融资，拓宽小微企业和创新创业者的融资渠道。推动完善公司法等法律法规和资本市场相关规则，允许科技企业实行

"同股不同权"治理结构（证监会、发展改革委、科技部、人民银行、财政部、司法部等按职责分工负责）。

（二十七）完善创新创业差异化金融支持政策。依托国家融资担保基金，采取股权投资、再担保等方式推进地方有序开展融资担保业务，构建全国统一的担保行业体系。支持保险公司为科技型中小企业知识产权融资提供保证保险服务。完善定向降准、信贷政策支持再贷款等结构性货币政策工具，引导资金更多投向创新型企业和小微企业。研究开展科技成果转化贷款风险补偿试点。实施战略性新兴产业重点项目信息合作机制，为战略性新兴产业提供更具针对性和适应性的金融产品和服务（财政部、银保监会、科技部、知识产权局、人民银行、工业和信息化部、发展改革委、证监会等按职责分工负责）。

八、加快构筑创新创业发展高地

（二十八）打造具有全球影响力的科技创新策源地。进一步夯实北京、上海科技创新中心的创新基础，加快建设一批重大科技基础设施集群、世界一流学科集群。加快推进粤港澳大湾区国际科技创新中心建设，探索建立健全国际化的创新创业合作新机制（有关地方人民政府牵头负责）。

（二十九）培育创新创业集聚区。支持符合条件的经济技术开发区打造大中小企业融通型、科技资源支撑型等不同类型的创新创业特色载体。鼓励国家级新区探索通用航空、体育休闲、养老服务、安全等产业与城市融合发展的新机制和新模式。推进雄安新区创新发展，打造体制机制新高地和京津冀协同创新重要平台。推动承接产业转移示范区、高新技术开发区聚焦战略性新兴产业构建园区配套及服务体系，充分发挥创新创业集群效应。支持有条件的省市建设综合性国家产业创新中心，提升关键核心技术创新能力。依托中心城市和都市圈，探索打造跨区域协同创新平台（财政部、工业和信息化部、科技部、发展改革委等和各地方人民政府按职责分工负责）。

（三十）发挥"双创"示范基地引导示范作用。将全面创新改革试验的相关改革举措在"双创"示范基地推广，为示范基地内的项目或企业开通总体规划环评等绿色通道。充分发挥长三角示范基地联盟作用，推动建立京津冀、西部等区域示范基地联盟，促进各类基地融通发展。开展"双创"示范基地十强百佳工程，鼓励示范基地在科技成果转化、财政金融、人才培养等方面积极探索（发展改革委、生态环境部、银保监会、科技部、财政部、工业和信息化部、人力资源和社会保障部等和有关地方人民政府及大众创业、万众创新示范基地按职责分工负责）。

（三十一）推进创新创业国际合作。发挥中国—东盟信息港、中阿网上丝绸之路等国际化平台作用，支持与"一带一路"相关国家开展创新创业合作。推动建立政府间创新创业多双边合作机制。充分利用各类国际合作论坛等重要载体，推动创新创业领域民间务实合作。鼓励有条件的地方建立创新创业国际合作基金，促进务实国际合作项目有效落地（发展改革委、科技部、工业和信息化部等和有关地方人民政府按职责分工负责）。

九、切实打通政策落实"最后一公里"

（三十二）强化创新创业政策统筹。完善创新创业信息通报制度，加强沟通联动。发挥推进大众创业、万众创新部际联席会议统筹作用，建立部门之间、部门与地方之间的高效协同机制。鼓励各地方先行先试、大胆探索并建立容错免责机制。促进科技、金融、财税、人才等支持创新创业政策措施有效衔接。建立健全"双创"发展统计指标体系，做好创新创业统计监测工作（发展改革委、统计局等和各地方人民政府按职责分工负责）。

（三十三）细化关键政策落实措施。开展"双创"示范基地年度评估，根据评估结果进行动态调整。定期梳理制约创新创业的痛点堵点问题，开展创新创业痛点堵点疏解行动，督促相关部门和地方限期解决。对知识产权保护、税收优惠、成果转移转化、科技金融、军民融合、人才引进等支持创新创业政策措施落实情况定期开展专项督查和评估（发展改革委、中国科协等和各地方人民政府按职责分工负责）。

（三十四）做好创新创业经验推广。建立定期发布创新创业政策信息的制度，做好政策宣讲和落实工作。支持各地积极举办经验交流会和现场观摩会等，加强先进经验和典型做法的推广应用。加强创新创业政策和经验宣传，营造良好舆论氛围（各部门、各地方人民政府按职责分工负责）。

各地区、各部门要充分认识推动创新创业高质量发展、打造"双创"升级版对于深入实施创新驱动发展战略的重要意义，把思想、认识和行动统一到党中央、国务院决策部署上来，认真落实本意见各项要求，细化政策措施，加强督查，及时总结，确保各项政策措施落到实处，进一步增强创业带动就业能力和科技创新能力，加快培育发展新动能，充分激发市场活力和社会创造力，推动我国经济高质量发展。

国务院

2018 年 9 月 18 日

附录7 关于规范金融机构资产管理业务的指导意见

银发〔2018〕106号

近年来,我国资产管理业务快速发展,在满足居民和企业投融资需求、改善社会融资结构等方面发挥了积极作用,但也存在部分业务发展不规范、多层嵌套、刚性兑付、规避金融监管和宏观调控等问题。按照党中央、国务院决策部署,为规范金融机构资产管理业务,统一同类资产管理产品监管标准,有效防控金融风险,引导社会资金流向实体经济,更好地支持经济结构调整和转型升级,经国务院同意,现提出以下意见:

一、规范金融机构资产管理业务主要遵循以下原则:

(一)坚持严控风险的底线思维。把防范和化解资产管理业务风险放到更加重要的位置,减少存量风险,严防增量风险。

(二)坚持服务实体经济的根本目标。既充分发挥资产管理业务功能,切实服务实体经济投融资需求,又严格规范引导,避免资金脱实向虚在金融体系内部自我循环,防止产品过于复杂,加剧风险跨行业、跨市场、跨区域传递。

(三)坚持宏观审慎管理与微观审慎监管相结合、机构监管与功能监管相结合的监管理念。实现对各类机构开展资产管理业务的全面、统一覆盖,采取有效监管措施,加强金融消费者权益保护。

(四)坚持有的放矢的问题导向。重点针对资产管理业务的多层嵌套、杠杆不清、套利严重、投机频繁等问题,设定统一的标准规制,同时对金融创新坚持趋利避害、一分为二,留出发展空间。

(五)坚持积极稳妥审慎推进。正确处理改革、发展、稳定关系,坚持防范风险与有序规范相结合,在下决心处置风险的同时,充分考虑市场承受能力,合理设置过渡期,把握好工作的次序、节奏、力度,加强市场沟通,有效引导市场预期。

二、资产管理业务是指银行、信托、证券、基金、期货、保险资产管理机构、金融资产投资公司等金融机构接受投资者委托,对受托的投资者财产进行投资和管理的金融服务。金融机构为委托人利益履行诚实信用、勤勉尽责义务并收取相应的管理费用,委托人自担投资风险并获得收益。金融机构可以与委托人在合同中事先约定收取合理的业绩报酬,业绩报酬计入管理费,须与产品一一对应并逐个结算,不同产品之间不得相互串用。

资产管理业务是金融机构的表外业务,金融机构开展资产管理业务时不得承诺保本保收益。出现兑付困难时,金融机构不得以任何形式垫资兑付。金融机构不得在表内开展资产管理业务。

私募投资基金适用私募投资基金专门法律、行政法规,私募投资基金专门法律、行政法规中没有明确规定的适用本意见,创业投资基金、政府出资产业投资基金的相关规定另行制定。

三、资产管理产品包括但不限于人民币或外币形式的银行非保本理财产品,资金信托,证券公司、证券公司子公司、基金管理公司、基金管理子公司、期货公司、期货公司子公司、保险资产管理机构、金融资产投资公司发行的资产管理产品等。依据金融管理部门颁布规则开展的资产证券化业务,依据人力资源和社会保障部门颁布规则发行的养老金产品,不适用本意见。

四、资产管理产品按照募集方式的不同,分为公募产品和私募产品。公募产品面向不特定社会公众公开发行。公开发行的认定标准依照《中华人民共和国证券法》执行。私募产品面向合格投资者通过非公开方式发行。

资产管理产品按照投资性质的不同,分为固定收益类产品、权益类产品、商品及金融衍生品类产品和混合类产品。固定收益类产品投资于存款、债券等债权类资产的比例不低于 80%，权益类产品投资于股票、未上市企业股权等权益类资产的比例不低于 80%，商品及金融衍生品类产品投资于商品及金融衍生品的比例不低于 80%，混合类产品投资于债权类资产、权益类资产、商品及金融衍生品类资产且任一资产的投资比例未达到前三类产品标准。非因金融机构主观因素导致突破前述比例限制的，金融机构应当在流动性受限资产可出售、可转让或者恢复交易的 15个交易日内调整至符合要求。

金融机构在发行资产管理产品时，应当按照上述分类标准向投资者明示资产管理产品的类型，并按照确定的产品性质进行投资。在产品成立后至到期日前，不得擅自改变产品类型。混合类产品投资债权类资产、权益类资产和商品及金融衍生品类资产的比例范围应当在发行产品时予以确定并向投资者明示，在产品成立后至到期日前不得擅自改变。产品的实际投向不得违反合同约定，如有改变，除高风险类型的产品超出比例范围投资较低风险资产外，应当先行取得投资者书面同意，并履行登记备案等法律法规以及金融监督管理部门规定的程序。

五、资产管理产品的投资者分为不特定社会公众和合格投资者两大类。合格投资者是指具备相应风险识别能力和风险承担能力，投资于单只资产管理产品不低于一定金额且符合下列条件的自然人和法人或者其他组织。

（一）具有 2 年以上投资经历，且满足以下条件之一：家庭金融净资产不低于 300 万元，家庭金融资产不低于500 万元，或者近 3 年本人年均收入不低于 40 万元。

（二）最近 1 年末净资产不低于 1000 万元的法人单位。

（三）金融管理部门视为合格投资者的其他情形。

合格投资者投资于单只固定收益类产品的金额不低于30 万元，投资于单只混合类产品的金额不低于 40 万元，投资于单只权益类产品、单只商品及金融衍生品类产品的金额不低于 100 万元。

投资者不得使用贷款、发行债券等筹集的非自有资金投资资产管理产品。

六、金融机构发行和销售资产管理产品，应当坚持"了解产品"和"了解客户"的经营理念，加强投资者适当性管理，向投资者销售与其风险识别能力和风险承担能力相适应的资产管理产品。禁止欺诈或者误导投资者购买与其风险承担能力不匹配的资产管理产品。金融机构不得通过拆分资产管理产品的方式，向风险识别能力和风险承担能力低于产品风险等级的投资者销售资产管理产品。

金融机构应当加强投资者教育，不断提高投资者的金融知识水平和风险意识，向投资者传递"卖者尽责、买者自负"的理念，打破刚性兑付。

七、金融机构开展资产管理业务，应当具备与资产管理业务发展相适应的管理体系和管理制度，公司治理良好，风险管理、内部控制和问责机制健全。

金融机构应当建立健全资产管理业务人员的资格认定、培训、考核评价和问责制度，确保从事资产管理业务的人员具备必要的专业知识、行业经验和管理能力，充分了解相关法律法规、监管规定以及资产管理产品的法律关系、交易结构、主要风险和风险管控方式，遵守行为准则和职业道德标准。

对于违反相关法律法规以及本意见规定的金融机构资产管理业务从业人员，依法采取处罚措施直至取消从业资格，禁止其在其他类型金融机构从事资产管理业务。

八、金融机构运用受托资金进行投资，应当遵守审慎经营规则，制定科学合理的投资策略和风险管理制度，有效防范和控制风险。

金融机构应当履行以下管理人职责：

（一）依法募集资金，办理产品份额的发售和登记事宜。

（二）办理产品登记备案或者注册手续。

（三）对所管理的不同产品受托财产分别管理、分别记账，进行投资。

（四）按照产品合同的约定确定收益分配方案，及时向投资者分配收益。

（五）进行产品会计核算并编制产品财务会计报告。

（六）依法计算并披露产品净值或者投资收益情况，确定申购、赎回价格。

（七）办理与受托财产管理业务活动有关的信息披露事项。

（八）保存受托财产管理业务活动的记录、账册、报表和其他相关资料。

（九）以管理人名义，代表投资者利益行使诉讼权利或者实施其他法律行为。

（十）在兑付受托资金及收益时，金融机构应当保证受托资金及收益返回委托人的原账户、同名账户或者合同约定的受益人账户。

（十一）金融监督管理部门规定的其他职责。

金融机构未按照诚实信用、勤勉尽责原则切实履行受托管理职责，造成投资者损失的，应当依法向投资者承担赔偿责任。

九、金融机构代理销售其他金融机构发行的资产管理产品，应当符合金融监督管理部门规定的资质条件。未经金融监督管理部门许可，任何非金融机构和个人不得代理销售资产管理产品。

金融机构应当建立资产管理产品的销售授权管理体系，明确代理销售机构的准入标准和程序，明确界定双方的权利与义务，明确相关风险的承担责任和转移方式。

金融机构代理销售资产管理产品，应当建立相应的内部审批和风险控制程序，对发行或者管理机构的信用状况、经营管理能力、市场投资能力、风险处置能力等开展尽职调查，要求发行或者管理机构提供详细的产品介绍、相关市场分析和风险收益测算报告，进行充分的信息验证和风险审查，确保代理销售的产品符合本意见规定并承担相应责任。

十、公募产品主要投资标准化债权类资产以及上市交易的股票，除法律法规和金融管理部门另有规定外，不得投资未上市企业股权。公募产品可以投资商品及金融衍生品，但应当符合法律法规以及金融管理部门的相关规定。

私募产品的投资范围由合同约定，可以投资债权类资产、上市或挂牌交易的股票、未上市企业股权（含债转股）和受（收）益权以及符合法律法规规定的其他资产，并严格遵守投资者适当性管理要求。鼓励充分运用私募产品支持市场化、法治化债转股。

十一、资产管理产品进行投资应当符合以下规定：

（一）标准化债权类资产应当同时符合以下条件：

1. 等分化，可交易。

2. 信息披露充分。

3. 集中登记，独立托管。

4. 公允定价，流动性机制完善。

5. 在银行间市场、证券交易所市场等经国务院同意设立的交易市场交易。

标准化债权类资产的具体认定规则由中国人民银行会同金融监督管理部门另行制定。

标准化债权类资产之外的债权类资产均为非标准化债权类资产。金融机构发行资产管理产品投资于非标准化债权类资产的，应当遵守金融监督管理部门制定的有关限额管理、流动性管理等监管标准。金融监督管理部门未制定相关监管标准的，由中国人民银行督促根据本意见要求制定监管标准并予以执行。

金融机构不得将资产管理产品资金直接投资于商业银行信贷资产。商业银行信贷资产受（收）益权的投资限制由金融管理部门另行制定。

（二）资产管理产品不得直接或者间接投资法律法规和国家政策禁止进行债权或股权投资的行业和领域。

（三）鼓励金融机构在依法合规、商业可持续的前提下，通过发行资产管理产品募集资金投向符合国家战略和产业政策要求、符合国家供给侧结构性改革政策要求的领域。鼓励金融机构通过发行资产管理产品募集资金支持经济结构转型，支持市场化、法治化债转股，降低企业杠杆率。

（四）跨境资产管理产品及业务参照本意见执行，并应当符合跨境人民币和外汇管理有关规定。

十二、金融机构应当向投资者主动、真实、准确、完整、及时披露资产管理产品募集信息、资金投向、杠杆水平、收益分配、托管安排、投资账户信息和主要投资风险等内容。国家法律法规另有规定的，从其规定。

对于公募产品，金融机构应当建立严格的信息披露管理制度，明确定期报告、临时报告、重大事项公告、投资风险披露要求以及具体内容、格式。在本机构官方网站或者通过投资者便于获取的方式披露产品净值或者投资收益情况，并定期披露其他重要信息：开放式产品按照开放频率披露，封闭式产品至少每周披露一次。

对于私募产品，其信息披露方式、内容、频率由产品合同约定，但金融机构应当至少每季度向投资者披露产品净值和其他重要信息。

对于固定收益类产品，金融机构应当通过醒目方式向投资者充分披露和提示产品的投资风险，包括但不限于产品投资债券面临的利率、汇率变化等市场风险以及债券价格波动情况，产品投资每笔非标准化债权类资产的融资客户、项目名称、剩余融资期限、到期收益分配、交易结构、风险状况等。

对于权益类产品，金融机构应当通过醒目方式向投资者充分披露和提示产品的投资风险，包括产品投资股票面临的风险以及股票价格波动情况等。

对于商品及金融衍生品类产品，金融机构应当通过醒目方式向投资者充分披露产品的挂钩资产、持仓风险、控制措施以及衍生品公允价值变化等。

对于混合类产品，金融机构应当通过醒目方式向投资者清晰披露产品的投资资产组合情况，并根据固定收益类、权益类、商品及金融衍生品类资产投资比例充分披露和提示相应的投资风险。

十三、主营业务不包括资产管理业务的金融机构应当设立具有独立法人地位的资产管理子公司开展资产管理业务，强化法人风险隔离，暂不具备条件的可以设立专门的资产管理业务经营部门开展业务。

金融机构不得为资产管理产品投资的非标准化债权类资产或者股权类资产提供任何直接或间接、显性或隐性的担保、回购等代为承担风险的承诺。

金融机构开展资产管理业务，应当确保资产管理业务与其他业务相分离，资产管理产品与其代销的金融产品相分离，资产管理产品之间相分离，资产管理业务操作与其他业务操作相分离。

十四、本意见发布后，金融机构发行的资产管理产品资产应当由具有托管资质的第三方机构独立托管，法律、行政法规另有规定的除外。

过渡期内，具有证券投资基金托管业务资质的商业银行可以托管本行理财产品，但应当为每只产品单独开立托管账户，确保资产隔离。过渡期后，具有证券投资基金托管业务资质的商业银行应当设立具有独立法人地位的子公司开展资产管理业务，该商业银行可以托管子公司发行的资产管理产品，但应当实现实质性的独立托管。独立托管有名无实的，由金融监督管理部门进行纠正和处罚。

十五、金融机构应当做到每只资产管理产品的资金单独管理、单独建账、单独核算，不得开展或者参与具有滚动发行、集合运作、分离定价特征的资金池业务。

金融机构应当合理确定资产管理产品所投资资产的期限，加强对期限错配的流动性风险管理，金融监督管理部门应当制定流动性风险管理规定。

为降低期限错配风险，金融机构应当强化资产管理产品久期管理，封闭式资产管理产品期限不得低于90天。资产管理产品直接或者间接投资于非标准化债权类资产的，非标准化债权类资产的终止日不得晚于封闭式资产管理产品的到期日或者开放式资产管理产品的最近一次开放日。

资产管理产品直接或者间接投资于未上市企业股权及其受（收）益权的，应当为封闭式资产管理产品，并明确股权及其受（收）益权的退出安排。未上市企业股权及其受（收）益权的退出日不得晚于封闭式资产管理产品的到期日。

金融机构不得违反金融监督管理部门的规定，通过为单一融资项目设立多只资产管理产品的方式，变相突破投资人数限制或者其他监管要求。同一金融机构发行多只资产管理产品投资同一资产的，为防止同一资产发生风险波及多只资产管理产品，多只资产管理产品投资该资产的资金总规模合计不得超过300亿元。如果超出该限额，需经相关金融监督管理部门批准。

十六、金融机构应当做到每只资产管理产品所投资资产的风险等级与投资者的风险承担能力相匹配，做到每只产品所投资资产构成清晰，风险可识别。

金融机构应当控制资产管理产品所投资资产的集中度：

（一）单只公募资产管理产品投资单只证券或者单只证券投资基金的市值不得超过该资产管理产品净资产的10%。

（二）同一金融机构发行的全部公募资产管理产品投资单只证券或者单只证券投资基金的市值不得超过该证券市值或者证券投资基金市值的30%。其中，同一金融机构全部开放式公募资产管理产品投资单一上市公司发行的股票不得超过该上市公司可流通股票的15%。

（三）同一金融机构全部资产管理产品投资单一上市公司发行的股票不得超过该上市公司可流通股票的30%。

金融监督管理部门另有规定的除外。

非因金融机构主观因素导致突破前述比例限制的，金融机构应当在流动性受限资产可出售、可转让或者恢复交易的10个交易日内调整至符合相关要求。

十七、金融机构应当按照资产管理产品管理费收入的10%计提风险准备金，或者按照规定计量操作风险资本或相应风险资本准备。风险准备金余额达到产品余额的1%时可以不再提取。风险准备金主要用于弥补因金融机构违法违规、违反资产管理产品协议、操作错误或者技术故障等给资产管理产品财产或者投资者造成的损失。金融机构应当定期将风险准备金的使用情况报告金融管理部门。

十八、金融机构对资产管理产品应当实行净值化管理，净值生成应当符合企业会计准则规定，及时反映基础金融资产的收益和风险，由托管机构进行核算并定期提供报告，由外部审计机构进行审计确认，被审计金融机构应当披露审计结果并同时报送金融管理部门。

金融资产坚持公允价值计量原则，鼓励使用市值计量。符合以下条件之一的，可按照企业会计准则以摊余成本进行计量：

（一）资产管理产品为封闭式产品，且所投金融资产以收取合同现金流量为目的并持有到期。

（二）资产管理产品为封闭式产品，且所投金融资产暂不具备活跃交易市场，或者在活跃市场中没有报价，也不能采用估值技术可靠计量公允价值。

金融机构以摊余成本计量金融资产净值，应当采用适当的风险控制手段，对金融资产净值的公允性进行评估。当以摊余成本计量已不能真实公允反映金融资产净值时，托管机构应当督促金融机构调整会计核算和估值方法。金融机构前期以摊余成本计量的金融资产的加权平均价格与资产管理产品实际兑付时金融资产的价值的偏离度不得达到5%或以上，如果偏离5%或以上的产品数超过所发行产品总数的5%，金融机构不得再发行以摊余成本计量金融资产的资产管理产品。

十九、经金融管理部门认定，存在以下行为的视为刚性兑付：

（一）资产管理产品的发行人或者管理人违反真实公允确定净值原则，对产品进行保本保收益。

（二）采取滚动发行等方式，使得资产管理产品的本金、收益、风险在不同投资者之间发生转移，实现产品保本保收益。

（三）资产管理产品不能如期兑付或者兑付困难时，发行或者管理该产品的金融机构自行筹集资金偿付或者委托其他机构代为偿付。

（四）金融管理部门认定的其他情形。

经认定存在刚性兑付行为的，区分以下两类机构进行惩处：

（一）存款类金融机构发生刚性兑付的，认定为利用具有存款本质特征的资产管理产品进行监管套利，由国务院银行保险监督管理机构和中国人民银行按照存款业务予以规范，足额补缴存款准备金和存款保险保费，并予以行政处罚。

（二）非存款类持牌金融机构发生刚性兑付的，认定为违规经营，由金融监督管理部门和中国人民银行依法纠正并予以处罚。

任何单位和个人发现金融机构存在刚性兑付行为的，可以向金融管理部门举报，查证属实且举报内容未被相关部门掌握的，给予适当奖励。

外部审计机构在对金融机构进行审计时，如果发现金融机构存在刚性兑付行为的，应当及时报告金融管理部门。外部审计机构在审计过程中未能勤勉尽责，依法追究相应责任或依法依规给予行政处罚，并将相关信息纳入全国信用信息共享平台，建立联合惩戒机制。

二十、资产管理产品应当设定负债比例（总资产/净资产）上限，同类产品适用统一的负债比例上限。每只开放式公募产品的总资产不得超过该产品净资产的140%，每只封闭式公募产品、每只私募产品的总资产不得超过该产品净资产的200%。计算单只产品的总资产时应当按照穿透原则合并计算所投资资产管理产品的总资产。

金融机构不得以受托管理的资产管理产品份额进行质押融资，放大杠杆。

二十一、公募产品和开放式私募产品不得进行份额分级。

分级私募产品的总资产不得超过该产品净资产的140%。分级私募产品应当根据所投资资产的风险程度设定分级比例（优先级份额/劣后级份额，中间级份额计入优先级份额）。固定收益类产品的分级比例不得超过3∶1，权益类产品的分级比例不得超过1∶1，商品及金融衍生品类产品、混合类产品的分级比例不得超过2∶1。发行分级资产管理产品的金融机构应当对该资产管理产品进行自主管理，不得转委托给劣后级投资者。

分级资产管理产品不得直接或者间接对优先级份额认购者提供保本保收益安排。

本条所称分级资产管理产品是指存在一级份额以上的份额为其他级份额提供一定的风险补偿，收益分配不按份额比例计算，由资产管理合同另行约定的产品。

二十二、金融机构不得为其他金融机构的资产管理产品提供规避投资范围、杠杆约束等监管要求的通道服务。

资产管理产品可以再投资一层资产管理产品，但所投资的资产管理产品不得再投资公募证券投资基金以外的资产管理产品。

金融机构将资产管理产品投资于其他机构发行的资产管理产品，从而将本机构的资产管理产品资金委托给其他机构进行投资的，该受托机构应当为具有专业投资能力和资质的受金融监督管理部门监管的机构。公募资产管理产品的受托机构应当为金融机构，私募资产管理产品的受托机构可以为私募基金管理人。受托机构应当切实履行主动管理职责，不得进行转委托，不得再投资公募证券投资基金以外的资产管理产品。委托机构应当对受托机构开展尽职调查，实行名单制管理，明确规定受托机构的准入标准和程序、责任和义务、存续期管理、利益冲突防范机制、信息披露义务以及退出机制。委托机构不得因委托其他机构投资而免除自身应当承担的责任。

金融机构可以聘请具有专业资质的受金融监督管理部门监管的机构作为投资顾问。投资顾问提供投资建议指导委托机构操作。

金融监督管理部门和国家有关部门应当对各类金融机构开展资产管理业务实行平等准入、给予公平待遇。资产管理产品应当在账户开立、产权登记、法律诉讼等方面享有平等的地位。金融监督管理部门基于风险防控考虑，确实需要对其他行业金融机构发行的资产管理产品采取限制措施的，应当充分征求相关部门意见并达成一致。

二十三、运用人工智能技术开展投资顾问业务应当取得投资顾问资质，非金融机构不得借助智能投资顾问超范围经营或者变相开展资产管理业务。

金融机构运用人工智能技术开展资产管理业务应当严格遵守本意见有关投资者适当性、投资范围、信息披露、风险隔离等一般性规定，不得借助人工智能业务夸大宣传资产管理产品或者误导投资者。金融机构应当向金融监督管理部门报备人工智能模型的主要参数以及资产配置的主要逻辑，为投资者单独设立智能管理账户，充分提示人工智能算法的固有缺陷和使用风险，明晰交易流程，强化留痕管理，严格监控智能管理账户的交易头寸、风险限额、交易种类、价格权限等。金融机构因违法违规或者管理不当造成投资者损失的，应当依法承担损害赔偿责任。

金融机构应当根据不同产品投资策略研发对应的人工智能算法或者程序化交易，避免算法同质化加剧投资行为的顺周期性，并针对由此可能引发的市场波动风险制定应对预案。因算法同质化、编程设计错误、对数据利用深度不够等人工智能算法模型缺陷或者系统异常，导致羊群效应、影响金融市场稳定运行的，金融机构应当及时采取人工干预措施，强制调整或者终止人工智能业务。

二十四、金融机构不得以资产管理产品的资金与关联方进行不正当交易、利益输送、内幕交易和操纵市场，包括但不限于投资于关联方虚假项目、与关联方共同收购上市公司、向本机构注资等。

金融机构的资产管理产品投资本机构、托管机构及其控股股东、实际控制人或者与其有其他重大利害关系的公司发行或者承销的证券，或者从事其他重大关联交易的，应当建立健全内部审批机制和评估机制，并向投资者充分披露信息。

二十五、建立资产管理产品统一报告制度。中国人民银行负责统筹资产管理产品的数据编码和综合统计工作，会同金融监督管理部门拟定资产管理产品统计制度，建立资产管理产品信息系统，规范和统一产品标准、信息分类、代码、数据格式，逐只产品统计基本信息、募集信息、资产负债信息和终止信息。中国人民银行和金融监督管理部门加强资产管理产品的统计信息共享。金融机构应当将含债权投资的资产管理产品信息报送至金融信用信息基础数据库。

金融机构于每只资产管理产品成立后 5 个工作日内，向中国人民银行和金融监督管理部门同时报送产品基本信息和起始募集信息；于每月 10 日前报送存续期募集信息、资产负债信息，于产品终止后 5 个工作日内报送终止信息。

中央国债登记结算有限责任公司、中国证券登记结算有限责任公司、银行间市场清算所股份有限公司、上海票据交易所股份有限公司、上海黄金交易所、上海保险交易所股份有限公司、中保保险资产登记交易系统有限公司于每月 10 日前向中国人民银行和金融监督管理部门同时报送资产管理产品持有其登记托管的金融工具的信息。

在资产管理产品信息系统正式运行前，中国人民银行会同金融监督管理部门依据统计制度拟定统一的过渡期数据报送模板；各金融监督管理部门对本行业金融机构发行的资产管理产品，于每月 10 日前按照数据报送模板向中国人民银行提供数据，及时沟通跨行业、跨市场的重大风险信息和事项。

中国人民银行对金融机构资产管理产品统计工作进行监督检查。资产管理产品统计的具体制度由中国人民银行会同相关部门另行制定。

二十六、中国人民银行负责对资产管理业务实施宏观审慎管理，会同金融监督管理部门制定资产管理业务的标准规制。金融监督管理部门实施资产管理业务的市场准入和日常监管，加强投资者保护，依照本意见会同中国人民银行制定出台各自监管领域的实施细则。

本意见正式实施后，中国人民银行会同金融监督管理部门建立工作机制，持续监测资产管理业务的发展和风险状况，定期评估标准规制的有效性和市场影响，及时修订完善，推动资产管理行业持续健康发展。

二十七、对资产管理业务实施监管遵循以下原则：

（一）机构监管与功能监管相结合，按照产品类型而不是机构类型实施功能监管，同一类型的资产管理产品适用同一监管标准，减少监管真空和套利。

（二）实行穿透式监管，对于多层嵌套资产管理产品，向上识别产品的最终投资者，向下识别产品的底层资产（公募证券投资基金除外）。

（三）强化宏观审慎管理，建立资产管理业务的宏观审慎政策框架，完善政策工具，从宏观、逆周期、跨市场的角度加强监测、评估和调节。

（四）实现实时监管，对资产管理产品的发行销售、投资、兑付等各环节进行全面动态监管，建立综合统计制度。

二十八、金融监督管理部门应当根据本意见规定，对违规行为制定和完善处罚规则，依法实施处罚，并确保处罚标准一致。资产管理业务违反宏观审慎管理要求的，由中国人民银行按照法律法规实施处罚。

二十九、本意见实施后，金融监督管理部门在本意见框架内研究制定配套细则，配套细则之间应当相互衔接，避免产生新的监管套利和不公平竞争。按照"新老划断"原则设置过渡期，确保平稳过渡。过渡期为本意见发布之日起至2020年底，对提前完成整改的机构，给予适当监管激励。过渡期内，金融机构发行新产品应当符合本意见的规定；为接续存量产品所投资的未到期资产，维持必要的流动性和市场稳定，金融机构可以发行老产品对接，但应当严格控制在存量产品整体规模内，并有序压缩递减，防止过渡期结束时出现断崖效应。金融机构应当制定过渡期内的资产管理业务整改计划，明确时间进度安排，并报送相关金融监督管理部门，由其认可并监督实施，同时报备中国人民银行。过渡期结束后，金融机构的资产管理产品按照本意见进行全面规范（因子公司尚未成立而达不到

第三方独立托管要求的情形除外），金融机构不得再发行或存续违反本意见规定的资产管理产品。

三十、资产管理业务作为金融业务，属于特许经营行业，必须纳入金融监管。非金融机构不得发行、销售资产管理产品，国家另有规定的除外。

非金融机构违反上述规定，为扩大投资者范围、降低投资门槛，利用互联网平台等公开宣传、分拆销售具有投资门槛的投资标的、过度强调增信措施掩盖产品风险、设立产品二级交易市场等行为，按照国家规定进行规范清理，构成非法集资、非法吸收公众存款、非法发行证券的，依法追究法律责任。非金融机构违法违规开展资产管理业务的，依法予以处罚；同时承诺或进行刚性兑付的，依法从重处罚。

三十一、本意见自发布之日起施行。

本意见所称"金融管理部门"是指中国人民银行、国务院银行保险监督管理机构、国务院证券监督管理机构和国家外汇管理局。"发行"是指通过公开或者非公开方式向资产管理产品的投资者发出认购邀约，进行资金募集的活动。"销售"是指向投资者宣传推介资产管理产品，办理产品申购、赎回的活动。"代理销售"是指接受合作机构的委托，在本机构渠道向投资者宣传推介、销售合作机构依法发行的资产管理产品的活动。

附录 8　中国创业投资机构名录

公司名称	成立时间	网址	电话
安徽爱众筹投资管理股份有限公司	2014-10-10	—	0551-65346666
安徽安元投资基金有限公司	2015-07-17	—	0551-63894124
安徽大学资产经营有限公司	2009-10-13	www.zcgs.ahu.cn	0551-65329875
安徽鼎信创业投资有限公司	2012-06-05	—	0551-65312833
安徽丰创生物技术产业创业投资有限公司	2013-04-02	—	0551-65182095
安徽高科创业投资有限公司	2010-01-28	www.ahgoco.com	0551-65323126
安徽高新金通安益二期创业投资基金（有限合伙）	2015-12-24	www.jtay.cn	0551-66187661
安徽高新金通安益股权投资基金（有限合伙）	2015-03-23	www.jtay.cn	0551-66103781
安徽高新同华创业投资基金（有限合伙）	2015-03-25	—	—
安徽高新招商致远股权投资基金（有限合伙）	2015-03-23	—	—
安徽国安创业投资有限公司	2010-09-15	—	0551-65732844
安徽国耀创业投资有限公司	2013-11-28	—	0551-62625578
安徽国元创投有限责任公司	2010-06-13	www.ahgyct.com	0551-63699708
安徽合信投资有限公司	2002-12-30	—	0551-65378851
安徽恒兴创业投资有限管理有限公司	2002-04-26	—	—
安徽红土创业投资有限公司	2010-08-10	www.szvc.com.cn	0551-65773595
安徽华文创业投资管理有限公司	2003-06-04	—	0551-63533280
安徽徽商产业投资基金管理有限公司	2008-03-18	www.hygcapital.com	0551-5844788-8000
安徽汇智富创业投资有限公司	2013-03-26	www.tzjf.com.cn	0551-65383158
安徽火花科技创业投资有限公司	2013-06-25	—	18756917539
安徽启光能源科技研究院有限公司	2012-10-31	www.qiguang.org	0553-3021991
安徽庆余投资管理有限公司	2012-07-23	—	0551-64498888
安徽省安庆发展投资（集团）有限公司	2004-07-19	www.aqfztz.com	0556-5595282
安徽省创业投资有限公司	2008-07-09	www.ahinv.com	0551-63677280
安徽省高新创业投资有限责任公司	2009-12-23	—	0555-8331877

公司名称	成立时间	网址	电话
安徽省科创投资管理咨询有限责任公司	2000-10-31	—	0551-66195767
安徽省科技产业投资有限公司	1999-07-01	www.ahkjtz.com.cn	0551-66195717
安徽省闽商投资控股有限公司	2010-06-22	—	—
安徽省铁路建设投资基金有限公司	2013-03-07	—	—
安徽西格玛壹号投资合伙企业（有限合伙）	2013-05-24	—	18755188881
安徽新安金融集团股份有限公司	2003-07-22	—	—
安徽兴皖创业投资有限公司	2010-08-20	—	0551-65732844
安徽亿诚融资理财信息服务有限公司	2012-08-29	www.ahycrzlc.com	0556-5275508
安徽益明投资理财咨询服务有限公司	2013-09-04	www.ahymlc.com	0556-5708601
安徽智鼎创业投资有限公司	2009-11-01	www.qyzyw.com	0551-64651822
安庆发投创业投资有限公司	2012-09-28	—	0556-5289108
蚌埠大学生创业园天使基金	2010-02-10	—	0552-2046546
蚌埠市科技创业投资有限公司	2008-06-26	—	0552-3186801
蚌埠市天使投资基金（有限合伙）	2016-10-20	—	0552-3183878
蚌埠市远大创新创业投资有限公司	2010-09-28	—	0551-63186678
蚌埠中城创业投资有限公司	2009-03-16	—	0552-3183878
池州中安创业投资基金合伙企业（有限合伙）	2016-06-01	—	0551-65732844
滁州浚源创业投资中心（有限合伙）	2011-06-01	www.jycapital.cn	010-82609194
合肥高新产业投资有限公司	2016-07-12	—	0551-65326361
合肥高新创业投资管理合伙企业（有限合伙）	2015-08-21	www.hfgxt.com.cn	0551-65326361
合肥高新科技创业投资有限公司	2012-10-19	www.gxkt.hfgxjt.com	0551-65326361
合肥广电投资有限责任公司	2003-08-06	www.hfbtv.com	0551-63509689
合肥赛富合元创业投资中心（有限合伙）	2011-01-13	—	010-65630202
合肥世纪创新投资有限公司	2002-09-11	—	0551-66195765
合肥市创新科技风险投资有限公司	2000-08-28	www.hfgk.com	0551-62616563
合肥市高科技风险投资有限公司	2000-04-18	—	0551-63535831
合肥同安创业投资基金	2010-09-06	—	0551-63677135
合和达投资管理有限公司	2011-11-04	—	0551-3713458
华晟投资管理有限责任公司	2012-05-14	—	0551-63533681
淮南市创业风险投资有限公司	2011-11-26	—	0554-6699152
汇智创业投资有限公司	2009-04-29	—	0551-65321476
江东控股集团有限责任公司	1999-03-15	www.jdkgjt.com.cn	0555-8286872
六安高科创业投资有限公司	2011-10-20	—	0564-3319533
六安中安天使基金合伙企业（有限合伙）	2016-06-21	—	0551-63677280
太湖县企业公有资产经营管理有限公司	2005-12-01	www.thzcgs5506@sina.com	0556-4295506

公司名称	成立时间	网址	电话
铜陵明源循环经济产业创业投资基金中心（有限合伙）	2014-04-30	—	0562-2885287
铜陵市中融大有天源创业投资有限合伙企业（有限合伙）	2016-08-23	—	010-50860679
铜陵天源股权投资集团有限公司	2007-02-01	—	0562-2885859
皖江产业转移投资基金（安徽）管理有限公司	2009-01-15	—	—
芜湖达成创业投资中心（有限合伙）	2010-04-28	—	—
芜湖奇瑞科技有限公司	2001-11-21	www.mychery.com	0553-5923141
芜湖瑞建汽车产业创业投资有限公司	2010-07-01	—	0553-3812768
芜湖市科创融资担保有限公司	2004-05-28	—	0553-5846661
芜湖市世纪江东创业投资中心（有限合伙）	2009-08-18	www.jd-capital.cn	0553-5772022
芜湖远大创业投资有限公司	2009-04-23	—	0553-5992132
宣城火花科技创业投资有限公司	2017-06-15	—	0551-65168562
DCM 投资管理咨询（北京）有限公司	2007-11-29	www.dcm.com	—
奥仁治创业投资管理（北京）有限公司	2008-09-26	—	010-82175141
北极光创投	2005-12-15	www.nlvc.com	10-5769-6500
北京安芙兰创业投资有限公司	2009-06-11	www.vcpe.hk	0532-88018557
北京安龙投资顾问中心（有限合伙）	2015-11-06	www.anlongmed.com	010-59776068
北京白鲸创业投资有限公司	2010-02-23	—	—
北京采思投资有限公司	2015-01-21	www.unityvc.com	010-52905493
北京晨光创业投资有限公司	2000-12-25	www.chgvc.com	010-69709488
北京晨光宏盛中小企业创业投资有限公司	2009-03-01	www.bjcghs.com	010-89710922
北京创梦创业投资有限公司	2015-12-15	—	—
北京创园国际科技孵化器有限公司	2011-03-02	www.mpark-int.com	—
北京鼎晖时代创业投资有限公司	2007-10-11	—	—
北京鼎金翔辉创业投资有限责任公司	2009-01-01	www.dinkincapital.com	010-85679486
北京高特佳资产管理有限公司	2007-11-06	www.szgig.com	010-58156018
北京高新技术创业投资有限公司	1998-10-27	www.bhti.com.cn	010-62140588
北京海富创业投资有限公司	2006-07-31	—	—
北京海豫祺创业投资管理有限公司	2012-02-22	—	—
北京汉新行胜投资管理中心（有限合伙）	2015-10-30	—	010-85889000
北京荷塘国际健康创业投资管理有限公司	2017-10-18	—	010-62776611
北京恒利创新投资有限公司	2000-12-31	www.e-10031.com	—
北京恒资时代创业投资股份有限公司	2011-02-01	www.bjhzsd.com	010-83488782
北京洪泰同创投资管理有限公司	2014-10-24	www.apluscap.com	—

公司名称	成立时间	网址	电话
北京华创盛景投资管理有限公司	2010-01-26	—	010-53205050
北京华创智业投资有限公司	2010-05-01	www.hczycapital.com	010-82525299
北京华汇通创业投资管理有限公司	2007-07-01	www.bjhhtvc.com	010-82158855
北京华信金石创业投资有限公司	2008-01-23	—	010-65511474
北京汇江华盛创业投资有限公司	2010-02-08	—	—
北京吉磊创业投资有限公司	2009-01-01	www.jileivc.com	010-59604999
北京嘉木英实创业投资管理中心（有限合伙）	2012-05-02	—	—
北京金科同盛创业投资有限公司	2008-10-14	—	010-64853161
北京金沙江创业投资管理有限公司	2006-03-30	www.gsrventures.cn	+1-650-3317300
北京朗玛峰创业投资管理有限公司	2010-07-19	www.lmfvc.com	010-52486519
北京乐视文创投资管理中心（有限合伙）	2013-07-12	—	—
北京联想之星创业投资有限公司	2009-12-01	www.legendstar.com.cn	010-8298-2599
北京联想之星投资管理有限公司	2015-10-29	www.legendstar.com.cn	—
北京奇正道和创业投资有限公司	2000-10-09	www.sdziben.com	—
北京青山同创投资有限公司	2011-11-18	www.hwazing.com	86-10-8591-0317
北京清源德峰投资管理有限公司	2000-04-01	—	—
北京瑞鑫安泰创业投资中心（有限合伙）	2008-02-02	—	—
北京盛邦惠民创业投资有限责任公司	2009-05-25	www.shbhm.com	010-62151203
北京盛元丰亨创业投资有限公司	2009-03-01	www.syfhct.cn	010-88596658
北京施拉特创业投资管理有限公司	2014-01-03	—	—
北京世纪方舟资本管理中心（有限合伙）	2007-01-01	www.macapital.cn	010-65686698
北京市久盛立德创业投资管理中心（有限合伙）	2011-03-29	—	—
北京市元亨盈盛创业投资管理中心（有限合伙）	2011-03-29	—	—
北京首创创业投资有限公司	1998-07-24	www.capitalvc.com	010-68964806
北京首都科技发展集团投资管理有限公司	2014-12-08	—	010-64841342
北京首科三新投资基金管理有限公司	2014-04-28	—	—
北京顺为创业投资有限公司	2011-05-17	www.shunwei.com	010-85315100
北京天地融创创业投资有限公司	2006-02-01	www.cbc-capital.com	010-85638811
北京天峰汇泉投资管理有限公司	2013-09-05	—	010-68945095-8008
北京通盈盛世投资基金管理有限公司	2010-01-01	—	—
北京协同创新黑马投资管理有限公司	2018-06-25	www.heimajijin.com	—
北京协同创新投资管理有限公司	2015-06-01	www.bici.org	010-60976530
北京新光创业投资有限公司	2001-06-29	—	—
北京雅惠资产管理有限公司	2015-11-10	—	010-85906188
北京亦庄普丰国际创业投资管理有限公司	2009-08-17	—	010-67877699

公司名称	成立时间	网址	电话
北京引航创业投资有限公司	2007-11-08	www.pilotcapital.com	—
北京用友幸福投资管理有限公司	2010-05-12	www.ufcap.com	010-62436279
北京远望创业投资有限公司	2001-09-27	—	—
北京真成致诺投资管理有限公司	2018-11-28	www.zhenchengcap.com	—
北京中关村青年科技创业投资有限公司	2000-01-05	www.bjcvc.com.cn	010-62770006
北京中海创业投资有限公司	2003-04-09	www.zh-vc.com	010-68947179-8115
北京中科创星创业投资管理合伙企业（有限合伙）	2017-08-11	www.casstar.com.cn	010-62418390
北京中科图灵基金管理有限公司	2017-05-15	—	010-57031366
北京中通和达创业投资管理有限公司	2008-02-03	—	—
北京中咨顺景创业投资有限公司	2009-07-24	—	—
丰厚投资管理（北京）有限公司	2012-11-26	www.fhcapital.cn	010-89508968
富汇创新创业投资管理有限公司	2008-05-14	www.fuhocapital.com	—
光大三山创业投资管理有限公司	2007-05-01	www.everbright165.com	010-68947976
国科嘉和	2011-08-24	www.cashcapital.cn	010-59786889
国投高科技投资有限公司	1996-09-12	—	010-66579531
航天科工	2012-09-11	www.casicfund.com	010-68949907
荷塘创业投资管理（北京）有限公司	2001-03-30	www.tsinghua-vc.com	010-62776611
洪泰资本	2014-10-24	www.apluscap.com	010-65000261
华夏幸福创业投资有限公司	2010-11-26	—	—
考拉基金	2015-08-28	www.koalafund.com.cn	010-56710999-1282
理工创动（北京）投资管理有限公司	2016-11-03	—	010-68730850-8004
联创策源投资咨询（北京）有限公司	2005-06-14	www.ceyuan.com	010-84028800
联想创投集团	2016-03-21	www.capital.lenovo.com	010-58861600
联想创新（天津）投资管理有限公司	2017-04-20	—	86-10-5886-1600
马力创业投资有限公司	2000-11-06	—	010-62780752
盘古创富（北京）创业投资管理有限公司	2009-03-03	www.vangoocapital.com	010-85351850
启迪创业投资管理（北京）有限公司	2001-03-30	www.tsinghua-vc.com	010-62776611
启赋资本	2013-10-21	www.qfvc.cn	010-83020158
千山资本管理有限公司	2016-02-04	www.qianshancapital.com	010-65889989
清流（北京）投资咨询有限公司	2012-12-03	www.crystalstreamcap.cn	—
深圳市前海青松创业投资基金管理企业（有限合伙）	2013-12-13	www1.qingsongfund.com	0755-33326333-8696
世纪方舟投资有限公司	1999-12-01	www.millenniumark.com.cn	—
首一创业投资有限公司	2006-01-01	www.sonevc.com.cn	010-64939765
天裕创业投资有限公司	2010-12-06	www.tyvc.com.cn	010-88092061
通用技术创业投资有限公司	2012-03-19	www.gtimvc.com.cn	—

公司名称	成立时间	网址	电话
同冀华成创业投资（北京）有限公司	2010-10-27	—	—
英诺融科（北京）投资管理有限公司	2014-03-05	www.innoangel.com	—
浙商万嘉（北京）创业投资管理有限公司	2010-12-22	www.entworks.com.cn	—
执一（北京）投资管理有限公司	2013-08-27	www.zhiyivc.com	010-84442268
中电数融投资管理（杭州）有限公司	2017-06-01	—	—
中鼎开源创业投资管理有限公司	2012-02-08	—	0371-69177108
中国风险投资有限公司	2000-04-10	www.c-vc.com.cn	010-64685180
中科智能（北京）投资管理有限公司	2016-01-13	—	010-84244188
中软科技创业投资有限公司	2001-04-26	—	010-51527815
中英低碳创业投资有限公司	2010-03-03	—	—
珠海夏尔巴一期股权投资合伙企业（有限合伙）	—	—	—
爱特众创空间（厦门）投资管理有限责任公司	2015-05-08	—	4008010345
福建红桥创业投资管理有限公司	2007-08-29	www.hqcapital.com.cn	0592-2278621
福建华兴创业投资有限公司	2000-12-26	www.fjhxvc.com	0591-88524881
福建省乐助投资有限公司	2011-04-25	—	0591-87886170
弘信创业工场投资集团股份有限公司	1996-10-30	—	18259079801
罗普特（厦门）投资管理有限公司	2013-05-30	—	0592-3662253
南安市红桥创业投资有限公司	2010-08-13	www.hqcapital.com.cn	0595-86392980
泉州市红桥创业投资有限公司	2010-02-22	www.hqcapital.com.cn	0595-28292980
泉州市红桥民间资本管理股份有限公司	2008-10-29	www.hqcapital.com.cn	0595-82032099
厦门爱爱特投资管理合伙企业（有限合伙）	2014-09-12	—	4008010345
厦门保金股权投资基金管理有限公司	2012-12-24	—	0592-2226660
厦门博芮投资股份有限公司	2012-05-29	www.xmbory.com	15980825985
厦门长融投资管理有限公司	2012-10-19	www.xmcrcapital.cn	0592-5035671
厦门创翼创业投资有限公司	2008-06-20	—	0592-2360788
厦门创兆投资管理有限公司	2012-03-26	—	0592-5566635
厦门高能海银创业投资管理有限公司	2014-03-04	—	0592-2681116
厦门高能投资有限公司	1999-11-18	—	0592-2682688
厦门高新技术创业中心有限公司	1996-12-18	www.xmibi.com	0592-3923888
厦门高新技术风险投资有限公司	1998-12-09	—	0592-2078632
厦门高新科创天使创业投资有限公司	2013-03-11	www.xmibi.com	0592-6036652
厦门光彩伟业商业管理有限公司	2016-05-30	—	—
厦门广道创业投资管理有限公司	2010-12-30	www.bnwvc.com	0592-5961813
厦门国海坚果投资管理有限公司	2013-03-28	www.capitalnuts.com	0592-2577214
厦门海西创业投资有限公司	2015-06-09	www.hxvc.cn	0592-2519991

公司名称	成立时间	网址	电话
厦门海西股权投资中心管理有限公司	2013-09-30	—	0592-2519991
厦门海峡科技创新股权投资基金管理有限公司	2015-08-11	—	0592-6275076
厦门弘信移动互联股权投资合伙企业（有限合伙）	2014-08-01	—	0592-5670277
厦门弘信云创业股权投资管理合伙企业（有限合伙）	2014-06-12	—	0592-5670277
厦门红土创业投资有限公司	2010-06-08	—	0592-5778290
厦门红土投资管理有限公司	2010-06-12	—	0592-5778290
厦门华登创业投资有限公司	2008-08-13	www.XMerqing.com	0592-2206777
厦门火炬产业发展股权投资基金有限公司	2015-03-10	—	—
厦门火炬集团创业投资有限公司	2004-04-05	www.xmhjtz.com	0592-5797717
厦门吉相股权投资有限公司	2016-08-24	www.geecap.com	0592-3180206
厦门坚果投资管理有限公司	2012-08-07	www.capitalnuts.com	0592-2577214
厦门健和熙资本管理有限公司	2016-01-16	—	0592-5952900
厦门金拾股权投资基金管理有限公司	2015-06-05	—	0592-5330336
厦门金拾集团股份有限公司	2013-10-21	www.kingsfund.cn	0592-5330336
厦门京道产业投资基金管理有限公司	2011-12-27	www.kingdomcapital.com.cn	0592-3869888
厦门京道科创投资合伙企业（有限合伙）	2015-08-17	—	0592-3869888
厦门科技创业投资有限公司	2011-04-06	—	0592-5797717
厦门隆领海西创业投资合伙企业（有限合伙）	2016-01-14	—	0592-2652999
厦门隆领投资合伙企业（有限合伙）	2011-03-29	www.lognling.com	13799280569
厦门铭源红桥投资管理有限公司	2011-08-31	—	0592-2278621
厦门七匹狼创业投资有限公司	2009-07-03	www.sw-gh.com	0592-5977387
厦门七匹狼节能环保产业创业投资管理有限公司	2012-12-28	—	0592-5977387
厦门青瓦投资管理有限公司	2014-05-05	www.greytile.cn	0592-2387228
厦门软件产业投资发展有限公司	1998-12-02	www.xsoft.com.cn	0592-2519991
厦门锐泰隆投资发展有限公司	2011-07-06	—	13696979930
厦门市弘磐投资管理有限公司	2016-06-28	—	0592-5757513
厦门天铭基业股权投资合伙企业（有限合伙）	2011-06-17	—	18950069009
厦门伟泰晟弘股权投资合伙企业（有限合伙）	2017-03-02	—	0592-5655853
厦门文广投资管理有限公司	2014-11-17	—	0592-6308352
厦门携合创业投资合伙企业（有限合伙）	2013-08-01	—	0592-2278621
厦门新格瑞杰投资管理合伙企业（有限合伙）	2016-08-05	—	0592-2118241
厦门信诚通创业投资有限公司	2015-03-27	—	0592-5952900
厦门信息集团资本运营有限公司	2015-01-30	—	0592-5952900
厦门英诺爱特投资管理有限公司	2016-03-08	—	4008010345
厦门英诺嘉业股权投资基金合伙企业（有限合伙）	2016-08-12	—	13400645852

公司名称	成立时间	网址	电话
厦门英特嘉投资管理有限公司	2016-05-10	—	—
厦门永红创业投资有限公司	2006-12-19	—	0592-5051629
厦门中和元投资管理有限公司	2011-12-19	—	0592-2511533
厦门中和致信创业投资合伙企业（有限合伙）	2012-12-11	—	—
中信金创（厦门）投资集团有限公司	2008-01-24	www.zxjctz.com	0592-2523966
白银科键创新创业投资基金合伙企业（有限合伙）	2016-11-04	—	0931-8539642
白银兰白大健康产业创业投资基金（有限合伙）	2017-02-15	—	0931-8539642
甘肃低碳产业科技发展投资基金（有限合伙）	2017-09-05	—	0931-8826221
甘肃锋创创新创业产业投资基金（有限合伙）	2016-12-15	—	0931-8633169
甘肃兰白试验区张江创新创业投资基金合伙企业（有限合伙）	2017-01-10	—	021-50313139
甘肃普高创业投资基金（有限合伙）	2016-09-14	www.gspgct.com	0931-8515983
甘肃省科技风险投资有限公司	2001-08-01	—	0931-8537882
甘肃中睿泰德新兴农业投资基金（有限合伙）	2016-07-11	—	010-57613004
兰州鸿富创业投资基金	2018-08-02	www.gspgct.com	0931-8551882
兰州科技产业发展投资基金	2016-07-28	www.hljczb.com	0931-4890527
兰州科技创新创业风险投资基金（有限合伙）	2016-07-28	—	0931-4890527
兰州重点产业知识产权运营基金（有限合伙）	2018-07-19	—	0931-8388539
宸科创业投资（深圳）有限公司	2017-06-14	—	13728701001
诚承投资控股有限公司	2013-10-01	—	—
佛山市博古科技投资有限公司	2009-09-14	—	0757-87380711
佛山市科海创业投资有限公司	2002-05-15	—	0757-86683130
佛山市优势集成创业投资合伙企业（有限合伙）	2010-06-08	—	0757-83216333
高榕资本	2014-06-06	www.banyanvc.com	—
冠誉创业投资管理（深圳）有限公司	2004-03-28	www.itechvc.com	0755-83733657
光大控股创业投资（深圳）有限公司	2001-04-04	—	0755-83024379
广东国科创业投资有限公司	2010-10-28	—	—
广东国科蓝海创业投资企业（有限合伙）	2015-06-17	—	0755-88265270
广东弘德恒顺新材料创业投资合伙企业（有限合伙）	2017-06-19	—	0755-88265270
广东集成创业投资有限公司	2008-09-23	www.ipevc.cn	0757-83216333
广东猎投创业投资基金合伙企业（有限合伙）	2014-10-28	—	0757-66867803
广东三泽投资管理有限公司	2015-11-23	—	0731-82768320
广东省科技创业投资有限公司	1992-11-05	www.gvcgc.com	020-87680388
广东省科技风险投资有限公司	1998-01-08	www.gvcgc.com	020-87683662
广东省粤科财政股权投资有限公司	2013-12-26	—	—

公司名称	成立时间	网址	电话
广东省粤科创新创业投资母基金有限公司	2014-01-08	—	020-85656201
广东省粤科大学生创新创业投资有限公司	2015-06-11	—	020-83256937
广东省粤科金融集团有限公司	2000-09-21	www.gvcgc.com	020-87680388
广东粤科白云新材料创业投资有限公司	2014-12-16	—	020-83256918
广东粤科创赛种子一号创业投资有限公司	2015-09-22	—	—
广东粤科风险投资管理有限公司	2009-04-01	www.gvcgc.com	020-83256905
广东粤科泓润创业投资有限公司	—	—	—
广东粤科惠华电子信息产业创业投资有限公司	2013-12-20	—	020-83256973
广东粤科钜华创业投资有限公司	2010-10-11	—	0757-22391723
广东粤科天使一号创业投资有限公司	2013-12-09	—	020-83256918
广东粤科拓思智能装备创业投资有限公司	2015-07-03	—	020-83256918
广东粤科新鹤创业投资有限公司	2015-12-24	—	—
广州黑洞投资有限公司	2014-01-01	www.blackholecap.com	—
国信弘盛创业投资有限公司	2008-08-08	www.hs.guosen.com.cn	0755-83235934
惠州市 TCL 恺创企业管理有限公司	2010-12-03	—	0755-33313833
君盛投资管理有限公司	2003-01-13	www.junsancapital.com	0755-82571118
克雷（深圳）资本管理有限公司	2015-06-11	—	—
力合科创集团有限公司	1999-08-31	www.leaguer.com.cn	0755-26654505
深圳德威精选股权投资有限公司	2013-11-25	—	0755-88603888
深圳东方赛富投资有限公司	2010-05-06	www.esaif-capital.com	0755-83612326
深圳国成世纪创业投资有限公司	2003-04-16	www.ciamvc.com	0755-83733767
深圳国金纵横投资管理有限公司	2013-12-06	www.guojin.com	0755-82997467
深圳国中创业投资管理有限公司	2015-12-21	www.gzvcm.com	—
深圳诺辉岭南投资管理有限公司	2015-03-05	—	0755-86705783
深圳鹏德创业投资有限公司	2010-07-01	—	0755-26549385
深圳前海同威资本有限公司	2013-04-10	—	0755-86715587
深圳世裕创业投资有限公司	2009-07-28	www.poly888.com	0755-33355733
深圳市保腾创业投资有限公司	2007-12-03	www.platinumvc.cn	0755-23982886
深圳市保中太创业投资有限公司	2007-04-06	—	0755-83244848
深圳市贝石创业投资有限公司	2008-03-05	—	0755-82774796
深圳市博爱生投资管理有限公司	2003-06-30	—	0755-86111029
深圳市博叡创业投资有限公司	2010-03-18	www.boricapital.com	0755-83669873
深圳市创东方投资有限公司	2007-08-21	www.cdfcn.com	0755-83189608
深圳市创新投资集团有限公司（管理）	1999-08-25	www.szvc.com.cn	0755-82912888
深圳市达晨财智创业投资管理有限公司	2008-12-15	—	0755-83515108

公司名称	成立时间	网址	电话
深圳市达晨创业投资有限公司	2000-04-01	www.fortunevc.com	0755-83515108
深圳市达实股权投资发展有限公司	2014-09-01	—	0755-26712246
深圳市大正元股权投资基金管理有限公司	2010-04-16	www.tdrcap.com	0755-33371196
深圳市点石投资管理有限公司	2008-04-11	www.touchwood-pe.com	13923732910
深圳市鼎实创业投资有限公司	2001-04-18	—	0755-25771135
深圳市鼎正投资咨询有限公司	2003-04-23	—	0755-26551907
深圳市东方富海投资管理股份有限公司	2006-10-10	www.ofcapital.com	0755-88836399
深圳市东方汇富创业投资管理有限公司	2017-09-01	www.orica.com.cn	0755-83515166
深圳市东方盛富创业投资管理有限公司	2010-07-15	www.shengfuvc.com	0755-82038388
深圳市分享创业投资管理有限公司	2009-04-28	www.sharecapital.cn	0755-86331909
深圳市分享投资合伙企业（有限合伙）	2007-08-27	www.sharecapital.cn	0755-86331909
深圳市孚威创业投资有限公司	2007-10-15	www.szfuweivc.com	0755-25771135
深圳市福田投资控股有限公司	1983-11-29	www.ftid.com.cn	0755-82078603
深圳市富坤创业投资集团有限公司	2008-04-11	www.rlequities.com	0755-88311638
深圳市高特佳投资集团有限责任公司	2001-03-02	www.szgig.com	0755-86332999
深圳市高新投创业投资有限公司	1994-12-29	www.szhti.com.cn	0755-82852588
深圳市和康投资管理有限公司	2010-09-17	—	0755-26776208
深圳市红岭创投股权投资基金管理有限公司	2012-03-22	—	0755-82831253
深圳市红土创客创业投资管理有限公司	2016-01-25	—	0755-82912888
深圳市红土孔雀创业投资有限公司	2015-07-15	—	0755-82912888
深圳市红土星河创业投资合伙企业（有限合伙）	2016-03-16	—	0755-83883956
深圳市华智创业投资管理有限公司	2016-02-26	—	0755-26907260
深圳市吉财投资咨询有限公司	2010-11-09	—	0755-23962576
深圳市佳利泰创业投资有限公司	2009-07-20	www.jialitai.com	0755-25312078
深圳市金域九鼎股权投资中心（有限合伙）	2012-05-23	—	0755-26551907
深圳市君丰创业投资基金管理有限公司	2009-09-30	www.jfamc.com	0755-82823636
深圳市南桥资本投资管理合伙企业（有限合伙）	2012-05-08	—	0755-86550699
深圳市朋年投资集团有限公司	2007-03-21	www.pn1970.com	0755-26501133
深圳市前海乐途资本管理有限公司	2015-06-20	—	0755-86575081
深圳市融创创业投资有限公司	2008-01-23	www.szrci.com	0755-22678441
深圳市天图创业投资有限公司	2002-04-11	www.tiantu.com.cn	0755-36909866
深圳市同创伟业创业投资有限公司	2000-06-26	www.cowincapital.com.cn	0755-82877047
深圳市同心文鼎基金管理有限公司	2014-10-31	—	0755-86958592
深圳市鑫海泰投资咨询有限公司	2008-06-23	—	—
深圳市亚布力创新股权投资管理有限公司	2017-03-24	—	0755-88605150

公司名称	成立时间	网址	电话
深圳市悦享资本管理有限公司	2010-08-06	www.szyxzbgl.com	0755-23819909
深圳市中和春生壹号股权投资基金合伙企业（有限合伙）	2010-11-18	—	0755-26776208
深圳市中兴创业投资基金管理有限公司	2010-10-18	—	0755-26776208
深圳市中兴合创投资管理有限公司	2012-02-15	www.ztevc.cn	0755-22176033
深圳市卓佳汇智创业投资有限公司	2006-09-25	www.zhuojia.vc.net	0755-82032606
深圳西交海纳创业投资有限公司	2018-12-19	—	0755-86525985
深圳信科创业投资管理有限公司	1994-11-28	www.sivc.com.cn	0755-83066610
深圳优元投资有限公司	2002-10-16	—	13622320091
深圳智汇达投资管理有限公司	2006-11-23	—	13728626581
深圳中新创业投资管理有限公司	2001-12-19	www.szvc.com.cn.　www.uobgroup.com	0755-82918888
盈富泰克创业投资有限公司	2000-04-20	www.infovc.com	0755-82966478
盈富泰克国家新兴产业创业投资引导基金（有限合伙）	2016-09-01	—	0755-23884335
招商局科技集团有限公司	1995-12-20	www.cmtech.net	18018727007
肇庆市粤科金瑞投资管理有限公司	2010-08-19	—	0758-2321528
肇庆市粤科金叶创业投资有限公司	2010-10-18	—	0758-2733126
浙银富海（深圳）资本管理有限公司	2016-01-15	—	0755-23977196
中海创业投资（深圳）有限公司	2001-01-01	www.cohl.com	0755-26982418
珠海高科创业投资管理有限公司	2017-09-28	—	—
珠海高新创业投资有限公司	2015-09-29	—	—
珠海高新技术创业投资管理有限公司	2017-08-25	—	—
珠海高新天使创业投资有限公司	2017-01-25	—	—
珠海红杉资本股权投资中心（有限合伙）	2010-03-26	—	010-84475668
珠海金控高新产业投资中心（有限合伙）	2014-04-23	—	—
珠海九控投资有限公司	2015-04-16	—	0756-3262027
珠海领先互联高新技术产业投资中心（有限合伙）	2014-09-03	—	0756-3333838-8305
珠海清华科技园创业投资有限公司	2001-07-01	www.tspz.com	0756-3612888
珠海招商银科股权投资中心（有限合伙）	2012-01-21	—	0755-26672068
广西海东科技创业投资有限公司	2010-04-14	—	0772-3867268
广西中小企业创业投资有限公司	2009-08-12	www.gxfi.net	0771-5782036
毕节市科技创业投资有限公司	2014-12-29	—	0851-85567187
鼎信博成创业投资有限公司	2010-08-26	—	0851-85806707
贵阳博实火炬新兴产业创业投资企业（有限合伙）	2013-07-30	—	0851-84111363
贵阳成创合力创业投资管理企业（有限合伙）	2011-03-25	—	0851-84757198

公司名称	成立时间	网址	电话
贵阳创新天使投资基金有限公司	2014-03-01	—	0851-85806600
贵阳高新创业投资有限公司	2011-04-27	—	0851-82203995
贵阳工投生物医药产业创业投资有限公司	2013-02-19	—	0851-84757198
贵阳贵银科技创业投资基金管理中心（有限合伙）	2016-12-09	—	—
贵阳花溪科技创业投资有限公司	2011-07-19	—	0851-83863159
贵阳甲秀创业投资中心（有限合伙）	2011-04-08	—	0851-84757198
贵阳市创业投资有限公司	2010-12-28	www.gyvc.cn	0851-84757198
贵阳市大数据安全产业创业投资基金有限公司	2017-10-19	—	0851-84757198
贵阳市服务外包及呼叫产业创业投资基金有限公司	2016-02-19	—	0851-84757198
贵阳市工业和信息化产业发展引导基金有限公司	2016-12-26	—	0851-84757198
贵阳市星火现代服务业创业投资有限公司	2014-05-13	—	0851-85806600
贵阳市引凤高技术产业创业投资基金有限公司	2014-05-13	—	0851-84757198
贵州得天汇信创业股权投资中心（有限合伙）	2013-09-23	—	0851-85081869
贵州德欣禾悦创业投资管理有限公司	2014-04-08	—	0851-85567187
贵州鼎信博成投资管理有限公司	2009-09-16	—	0851-85806707
贵州鼎信卓越创业投资有限公司	2013-12-06	—	0851-85806707
贵州贵孵一起创天使基金投资中心（有限合伙）	2015-09-25	—	0851-85281869
贵州红土创业投资有限公司	2014-08-22	—	0851-84397138
贵州金通达投资有限公司	2012-10-22	www.jtd.cc	0592-8079999
贵州经开创业投资管理有限公司	2012-06-01	www.gzjkct.com	0851-3890646
贵州经开创业投资有限公司	2012-08-21	—	0851-3890646
贵州省贵鑫瑞和创业投资管理有限责任公司	2014-07-31	—	0851-86893303
贵州省科技风险投资有限公司	1998-12-01	www.gzstvc.net	0851-85806600
贵州双龙航空港创业投资有限公司	2015-10-13	—	0851-85537637-8273
贵州中水建设管理股份有限公司	2004-02-17	www.gsgcgw.com	0851-85584571
贵州筑银资本管理有限公司	2012-03-02	—	0851-84757198
六盘水市科技创业投资有限公司	2011-04-14	—	0858-6135066
黔西南州创业投资基金有限公司	2015-07-31	—	0851-3890646
铜仁梵净山科技创业投资有限公司	2013-04-09	—	0851-85806597
遵义科技创业投资有限公司	2010-11-05	—	0851-28922337
海南青创投资管理有限公司	2014-03-17	www.joyoty.com	0898-65252198
海南师范大学科技园管理有限公司	2014-07-01	www.hkdsp.com	0898-65797407
海南众汇资本管理有限公司	2015-11-12	—	—
保定市创元科技风险投资有限公司	2008-12-22	—	0312-6775532
保定市科锐特创业投资有限公司	2006-02-27	www.krtvc.com	0312-8919877

公司名称	成立时间	网址	电话
河北国创创业投资有限公司	2012-06-01	www.guochuangchuangtou.com	0311-67663758
河北金冀达创业投资有限公司	2009-08-31	—	0311-85961615
河北科技投资集团有限公司	2001-02-15	www.hebvc.com	0311-85961611
河北科润杰创业投资有限公司	2013-07-25	—	0311-69053128
河北领创嘉盛创业投资有限公司	2015-10-19	—	0311-67667379
河北天鑫创业投资有限公司	2011-07-04	—	0311-85961617
河北兴石创业投资有限公司	2009-12-21	—	0311-85961615
河北燕郊燕胜创业投资有限公司	2011-05-27	—	022-283067276
廊坊市高科创新创业投资有限公司	2006-10-19	—	0316-2235190
秦皇岛市科技投资公司	2000-02-18	www.qhdktgs.com	0335-3639741
秦皇岛燕大产业集团有限公司	1996-12-23	www.ysusp.com.cn	0335-8500964
荣盛创业投资有限公司	2007-09-08	—	010-59232688-808
石家庄高新区方亿投资有限公司	2009-08-06	—	0311-85384475
石家庄高新区科发投资有限公司	2010-03-23	—	0311-66685387
石家庄科创投资有限公司	2002-09-19	—	0311-66685166
石家庄科技创业投资有限公司	2002-09-19	—	0311-66685167
石家庄鑫汇金投资有限公司	2003-04-23	—	0311-66858059
唐山高新创业投资有限公司	2007-07-02	—	0315-3858385
张家口宣科双创天使创业投资基金有限公司	2017-11-01	—	0313-3238856
河南秉鸿生物高新技术创业投资有限公司	2012-11-05	www.beyondfund.com	010-82483542
河南创业投资股份有限公司	2002-09-01	www.hnvc.cn	0371-67897008
河南德瑞恒通高端装备创业投资基金有限公司	2013-05-15	—	0371-55698755
河南德先私募基金管理有限公司	2018-12-10	—	18201735137
河南高科技创业投资股份有限公司	2001-04-29	www.hnvc.com.cn	0371-67895090
河南华祺节能环保创业投资有限公司	2013-06-20	www.haiyuqi.com	0371-86684801
河南华夏海纳创业投资集团有限公司	2009-06-18	www.huaxiahn.com	0371-86068166
河南华夏海纳源禾小微企业创业投资基金（有限合伙）	2015-10-08	—	0371-86068166
河南科源产业投资基金合伙企业（有限合伙）	2018-03-05	—	010-62365885
河南睿达资产管理中心（有限合伙）	2012-12-06	www.henanruida.com	0371-86002515
河南省国控基金管理有限公司	2012-10-31	—	0371-86556701
河南嵩岚投资管理有限公司	2018-01-08	—	18601162983
河南信科股权投资基金管理有限公司	2016-03-28	—	0379-60869936
河南兴豫生物医药创业投资基金（有限合伙）	2014-05-26	—	0371-86661004
河南豫博先进制造创业投资基金（有限合伙）	2016-07-22	—	0371-86080336

公司名称	成立时间	网址	电话
河南战兴产业投资基金（有限合伙）	2018-07-11	—	15565132553
河南中创信环保产业创业投资基金（有限合伙）	2016-10-21	—	0371-53369659
鹤壁市海创产业转型发展投资基金（有限合伙）	2017-06-13	—	13837309109
洛阳创业投资有限公司	2011-10-28	—	0379-63000233
洛阳宏科创新创业投资有限公司	2014-12-19	www.lyhkct.com	0379-60211158
洛阳盈科智能装备投资管理有限公司	2017-03-20	—	0379-65185575
信阳市汇盈创业孵化有限公司	2016-03-03	www.xyhycyfh.com	13137622530
许昌市发展创业投资有限公司	2006-06-20	—	13849881409
许昌市开源股权投资基金管理有限公司	2016-09-06	—	0374-2676521
郑州百瑞创新资本创业投资有限公司	2007-07-30	www.szvc.com.cn	0371-69177637
郑州海归孵化器管理中心（有限合伙）	2014-12-22	—	0371-66785777
郑州浩海投资发展中心（有限合伙）	2011-02-11	—	15736725726
郑州企巢资产管理有限公司	2017-08-22	—	0371-55555536
郑州乾乾投资管理中心（有限合伙）	2014-07-23	—	0371-86068198
郑州市银融投资有限公司	2006-01-20	—	15036179914
郑州优埃富欧投资管理有限公司	2015-10-29	www.ufovc.com.cn	0371-56788629
郑州郑大眉湖创业投资管理有限公司	2017-10-13	—	0371-55901122
郑州中惠融金创业投资管理中心（有限合伙）	2017-11-22	—	17719803626
中科图灵洛阳投资管理中心（有限合伙）	2017-11-10	—	0379-69697796
中证中扶私募基金管理有限公司	2016-10-11	—	0371-60981371
大庆市高新技术产业投资企业（有限合伙）	2016-07-22	—	0451-51920801
哈尔滨爱立方投资管理有限公司	2016-03-31	—	0451-85996739
哈尔滨创新投资有限公司	2002-06-28	—	0451-84686551
哈尔滨创业投资集团有限公司	2009-02-26	www.hrbvc.com.cn	0451-82668766
哈尔滨东方汇富创业投资管理有限公司	2015-07-10	—	13817502705
哈尔滨富德恒创业投资企业（有限合伙）	2014-01-24	—	18686790885
哈尔滨华滨创业投资管理有限公司	2014-12-02	—	15145110504
哈尔滨华滨光辉创业投资企业（有限合伙）	2014-12-29	—	15145110504
哈尔滨嘉玺创业投资管理有限公司	2012-12-27	—	0451-51854033
哈尔滨经济技术开发区新兴产业股权投资企业（有限合伙）	2016-06-24	—	0451-51920808
哈尔滨君丰创业投资企业（有限合伙）	2015-01-29	—	0451-82336520
哈尔滨凯致辰风投资管理有限公司	2015-08-19	—	0451-51920707
哈尔滨科力创业投资管理有限公司	2016-05-19	—	0451-51920801
哈尔滨朗江创新股权投资企业（有限合伙）	2015-04-01	—	0451-84865253

公司名称	成立时间	网址	电话
哈尔滨朗江创业投资管理有限公司	2015-03-26	—	0451-82622588
哈尔滨联创创业投资企业（有限合伙）	2015-12-03	—	010-65288289
哈尔滨市科技风险投资中心	1998-05-01	—	0451-84686551
哈尔滨市天琪创业投资企业（有限合伙）	2014-07-30	—	0451-82287777
哈尔滨市天琪股权投资基金管理企业（有限合伙）	2014-07-25	www.tqtz.com.cn	0451-82287777
哈尔滨越榕先锋创业投资有限责任公司	2014-12-15	—	0451-87186164
哈尔滨越榕阳光投资企业（有限合伙）	2014-12-25	—	0451-87186164
哈尔滨云谷创业投资管理有限公司	2016-04-15	—	13904649197
哈尔滨云谷创业投资企业（有限合伙）	2013-07-09	—	13904649197
黑龙江凯致天使创业投资企业（有限合伙）	2015-11-04	—	13936057371
黑龙江科力北方投资企业（有限合伙）	2018-02-08	—	0451-51920801
黑龙江科力天使创业投资有限公司	2014-07-11	—	0451-51920806
黑龙江省工研院创业投资管理有限公司	2017-08-04	—	0451-87171034
黑龙江省工研院创业投资企业（有限合伙）	2017-11-15	—	0451-87171034
黑龙江省科力高科技产业投资有限公司	2003-06-25	www.hljkl.com	0451-51920806
齐齐哈尔市科技成果转化创业投资合伙企业（有限合伙）	2017-09-20	—	0451-51920801
楚商领先（武汉）创业投资基金管理有限公司	2013-06-25	www.chushang-invest.cc	027-87750826
湖北高长信新材料创业投资合伙企业（有限合伙）	2015-06-08	—	027-86659541
湖北高金生物科技创业投资基金合伙企业（有限合伙）	2013-11-07	—	027-87813798
湖北高投科技金融投资管理有限公司	2013-11-06	—	027-87269888
湖北宏泰产业投资基金有限公司	2016-08-24	www.ht-fund.cn	027-88107006
湖北科创天使投资有限公司	2014-07-11	—	027-87734226
湖北量科高投创业投资有限公司	2010-11-26	—	027-87734221
湖北珞珈梧桐创业投资有限公司	2014-04-23	www.luojiacapital.com	027-87115066
湖北申铧产业投资管理有限公司	2016-11-24	—	—
科华（宜都）科技创业投资基金（有限合伙）	2015-12-02	—	027-59817357
科华银赛创业投资有限公司	2009-07-30	www.khysct.com	027-59817357
武汉导航与位置服务工业技术研究院有限责任公司	2013-09-22	www.wnlbs.com	027-81717030
武汉地质资源环境工业技术研究院有限公司	2013-09-29	www.ige-live.com	027-87001696
武汉东湖经纬天使投资基金	2016-12-08	—	027-87053267
武汉高农生物创业投资有限公司	2010-08-04	—	027-87397856
武汉固德银赛创业投资管理有限公司	2009-04-21	www.gdysct.com	027-59817357
武汉光谷咖啡创投有限公司	2013-01-17	www.ggcykf.com	027-86520558
武汉硅谷天堂阳光企业管理咨询有限公司	2009-03-18	—	027-84842218

公司名称	成立时间	网址	电话
武汉华工创业投资有限责任公司	2000-09-11	www.hustvc.com.cn	027-81338730
武汉融和科技资本管理股份有限公司	2014-02-25	www.whrhcapital.com	027-87575578
武汉睿成股权投资管理有限公司	2015-05-28	—	—
武汉智能装备工业技术研究院有限公司	2014-09-01	https：chinawie.com	027-65521837
武汉智启临空智慧城市创业投资基金合伙企业（有限合伙）	2017-10-26	—	027-87691179
长沙大定投资管理有限公司	2012-02-29	www.dadingcaifu.com	0731-82777501
长沙鼎钧投资管理有限公司	2014-07-02	—	0731-84156188
长沙高新技术创业投资管理有限公司	2000-09-09	www.cshvc.com	0731-88286868
长沙麓谷创业投资管理有限公司	2007-12-18	—	0731-88713979
长沙麓谷高新移动互联网创业投资有限公司	2014-03-25	—	0731-89707427
长沙市科技风险投资管理有限公司	2000-05-18	www.csvcc.cn	0731-88286890
长沙天巺投资合伙企业（有限合伙）	2017-05-24	—	0731-84110285
长沙通和投资管理咨询有限公司	2010-01-21	—	0731-84418986
长沙先导产业投资有限公司	2009-05-15	www.cpih.cn	0731-88222827
长沙兴创投资管理合伙企业（有限合伙）	2007-11-13	—	0731-82953001
常德合金生物科技投资中心（有限合伙）	2015-12-31	—	021-66313081
常德沅澧产业投资控股有限公司	2014-01-22	—	—
常德智能制造装备产业投资合伙企业（有限合伙）	2017-01-20	—	021-66313081
常德中科芙蓉创业投资有限责任公司	2011-01-12	—	0736-7703191
常德中科现代农业投资管理中心（有限合伙）	2015-11-04	—	0736-7111286
湖南财富同超创业投资管理股份有限公司	2010-07-19	—	0731-82567348
湖南财富同超创业投资有限公司	2010-10-10	—	0731-82567348
湖南达晨财鑫创业投资有限公司	2011-03-28	—	0736-7123168
湖南迪策创业投资有限公司	2002-12-05	—	0731-89952741
湖南东方金典控股集团有限公司	2013-11-25	www.dfjdwh.com	0731-82033967
湖南高科发创智能制造装备创业投资有限公司	2013-02-05	—	0731-28861596
湖南高新创业投资管理有限公司	2011-03-10	www.hhtvc.com	0731-85165395
湖南高新创业投资集团有限公司	2007-06-28	www.hhtvc.com	0731-85165403
湖南国微集成电路创业投资基金合伙企业（有限合伙）	2015-12-24	—	0731-89952611
湖南国微投资管理合伙企业（有限合伙）	2015-11-27	—	0731-89952611
湖南海捷投资有限公司	2010-04-09	www.hiyield.cn	0731-88780176
湖南海捷先进装备创业投资有限公司	2013-05-08	www.hiyield.cn	0731-88780116
湖南弘高高技术服务创业投资有限公司	2015-07-07	—	0731-62190624

公司名称	成立时间	网址	电话
湖南湖大海捷津杉创业投资有限公司	2011-04-29	www.hiyield.cn	0731-88780116
湖南华鸿景开投资管理有限公司	2010-06-08	—	0731-88186797
湖南华菱津杉投资管理有限公司	2010-03-25	—	—
湖南华曦资产管理有限公司	2015-02-12	www.huaxizichan.com	0731-85580510
湖南金科投资担保有限公司	2003-11-27		0731-85492666
湖南金源创业投资管理有限公司	2007-11-19	www.hnjyct.com	0731-85677338
湖南浚源鼎立创业投资管理有限公司	2015-06-25		0731-82263898
湖南乐华私募股权基金管理有限公司	2017-12-27	—	18807310996
湖南力合创业投资有限公司	2016-07-21		0731-55515511
湖南麓晨创业投资基金管理有限公司	2016-02-18	—	15675846944
湖南美雅资本管理有限公司	2008-08-21		0731-82226292
湖南省财信产业基金管理有限公司	2001-01-17		0731-85196810
湖南省广信创业投资基金有限公司	2012-06-05		0731-88737707
湖南天巽高端制造产业投资基金合伙企业（有限合伙）	2018-06-05	—	0731-84110285
湖南天巽投资管理有限公司	2015-08-31	—	0731-84110285
湖南唯通领创投资管理有限责任公司	2015-11-05		0731-82297788
湖南文化旅游创业投资基金企业（有限合伙）	2010-12-21		0731-89820078
湖南湘投高科技创业投资有限公司	2000-02-23	www.hnhvc.com	0731-85188651
湖南新能源创业投资基金企业（有限合伙）	2010-05-14		0731-82768320
湖南永创伟业创业投资企业（有限合伙）	2015-10-28	—	18602162524
湖南兆富投资控股（集团）有限公司	2009-08-24	www.zaffer.cn	0731-88737707
湖南浙商嘉立创业投资有限公司	2010-08-06		0731-85696976
湖南臻泰股权投资管理合伙企业（有限合伙）	2012-12-27		0731-88705916
湖南中大融港投资管理有限公司	2015-12-28		—
湖南中科高科动力产业创业投资基金企业（有限合伙）	2017-11-30		0731-28861596
湖南中能融创私募股权基金管理有限公司	2016-12-23		0731-82500888
华菱津杉（湖南）创业投资有限公司	2011-01-04		0731-89952613
津市津鑫投资发展有限公司	2017-01-18		13575203316
农银国际（湖南）投资管理有限公司	2014-01-24		0731-89831897
三泽创业投资管理有限公司	2008-02-28	www.sunzfund.com	0731-82768320
韶山高新创业投资有限公司	2013-06-07		0731-55679508
招商湘江产业投资管理有限公司	2008-03-01	www.xjinvestment.com	0731-85952988
株洲高新动力产业投资发展有限公司	2016-11-12	—	0731-28861563

公司名称	成立时间	网址	电话
株洲广信兆富投资管理有限公司	2012-02-28	—	0731-88737707
株洲启元动力谷私募股权基金合伙企业（有限合伙）	2018-03-05	—	010-65052480
株洲时代创新投资企业（有限合伙）	2016-10-19	www.timesinvest.cn	0731-22877368
株洲市国投创新创业投资有限公司	2015-11-27	www.zzgtct.com	0731-28688892
株洲市国投创盈私募股权基金合伙企业（有限合伙）	2018-01-03	—	0731-28688892
株洲市青年创业引导投资合伙企业（有限合伙）	2016-12-06	—	18373351655
株洲云创投资管理有限公司	2017-09-26	—	18182050523
株洲兆富成长企业创业投资有限公司	2010-10-13	—	0731-88737707
株洲中车时代高新投资有限公司	2003-05-12	www.timesinvest.cn	0731-22877368
长春市科技发展中心有限公司	1997-06-06	—	0431-88578575
常创（常州）创业投资合伙企业（有限合伙）	2013-09-03	www.jzvc.cn	0519-85220322
常创天使（常州）创业投资中心（有限合伙）	2014-03-04	www.jzvc.cn	0519-85220322
常熟金茂创业投资管理有限公司	2010-11-01	www.jolmo.com	025-84730370
常熟市国发创业投资有限公司	2010-11-25	—	0512-52896730
常州常金创业投资有限公司	2014-12-12	—	0519-82690301
常州常荣创业投资有限公司	2009-09-08	www.ndinvest.cn	0519-89816652
常州常以创业投资管理有限公司	2009-12-31	—	0519-89629927
常州常以创业投资中心（有限合伙）	2010-01-12	—	0519-89629927
常州德丰杰清洁技术创业投资中心（有限合伙）	2009-12-01	www.dfjcompass.com	0519-89189161
常州德丰杰投资管理有限公司	2009-12-01	www.dfjcompass.com	0519-89189161
常州德丰杰正道创业投资中心（有限合伙）	2012-03-01	www.dfjcompass.com	0519-89189161
常州德丰杰正道投资管理有限公司	2012-02-20	www.dfjcompass.com	0519-89189161
常州东方产业引导创业投资有限责任公司	2016-04-01	—	0519-89863367
常州沣时扬创业投资中心（有限合伙）	2017-11-07	www.xcap.com.cn	0519-89189161
常州高睿创业投资管理有限公司	2007-09-24	—	0519-85150557
常州高投创业投资有限公司	2008-07-22	—	0519-85150557
常州高新创业投资有限公司	2012-01-18	—	0519-81235028
常州高新技术风险投资有限公司	2000-12-22	www.cz-vc.com	0519-85150557
常州高新区印刷电子产业基金创业投资有限公司	2013-09-05	—	0519-88850171
常州和裕创业投资有限公司	2011-04-01	—	0519-85176186
常州红土人才投资合伙企业（有限合伙）	2017-11-27	www.szvc.com.cn	0519-86318332
常州华软投资管理有限公司	2010-07-07	—	010-65538990
常州嘉和达创业投资中心（有限合伙）	2016-12-12	—	—
常州金陵华软创业投资合伙企业（有限合伙）	2010-08-05	—	010-65538990
常州金码创业投资管理合伙企业（有限合伙）	2011-11-30	www.jolmo.net	025-84730307

公司名称	成立时间	网址	电话
常州金茂经信创业投资管理企业（有限合伙）	2013-12-31	www.jolmo.net	025-84730307
常州金茂新兴产业创业投资合伙企业（有限合伙）	2011-09-01	—	025-84730370
常州九洲创星创业投资合伙企业（有限合伙）	2018-01-03	www.jzvc.cn	0519-85220322
常州力合创业投资有限公司	2008-10-10	www.leaguercapital.com	0519-86220118
常州力合华富创业投资有限公司	2010-09-27	www.leaguercapital.com	0519-86220118
常州力合清源投资管理合伙企业（有限合伙）	2011-12-14	www.leaguercapital.com	0519-86220118
常州力合投资管理有限公司	2008-08-01	www.leaguercapital.com	0519-86220118
常州牡丹江南创业投资有限责任公司	2010-03-15	—	0519-68866959
常州青年创业投资中心（有限合伙）	2012-12-20	www.jzvc.cn	0519-85220322
常州青企联合创业投资合伙企业（有限合伙）	2013-01-05	www.jzvc.cn	0519-85220322
常州清源创新投资管理合伙企业（有限合伙）	2016-01-25	www.leaguercapital.com	0519-86220118
常州清源东方投资管理合伙企业（有限合伙）	2016-06-12	www.leaguercapital.com	0519-86220118
常州瑞烁创业投资合伙企业（有限合伙）	2017-06-15	—	—
常州睿泰捌号创业投资中心（有限合伙）	2018-02-27	—	0518-81081860
常州睿泰创业投资管理有限公司	2012-01-06	—	0519-81081860
常州睿泰创业投资中心（有限合伙）	2012-01-09	—	0519-81081861
常州睿泰贰号创业投资中心（有限合伙）	2017-07-20	—	0519-81081860
常州睿泰叁号创业投资中心（有限合伙）	2017-10-18	—	0519-81081860
常州赛富高新创业投资管理有限公司	2009-10-28	www.sbaif.com	0519-89603600
常州赛富高新创业投资中心（有限合伙）	2009-12-01	www.sbaif.com	0519-89603600
常州市久益股权投资中心（有限合伙）	2010-07-30	www.nd-invest.cn	0519-89816652
常州武进红土创业投资有限公司	2008-08-19	www.szvc.com.cn	0519-86318332
常州武岳峰创业投资管理有限公司	2011-03-03	www.summitviewcapital.com	0519-86220218
常州武岳峰创业投资合伙企业（有限合伙）	2011-03-23	www.summitviewcapital.com	0519-86220218
常州信辉创业投资有限公司	2007-05-11	—	0519-88137096
常州正赛联创业投资管理有限公司	2017-05-24	—	0519-69877777
丹阳市高新技术创业投资有限公司	2010-12-31	—	0511-86922618
斐然创业投资管理（苏州）有限公司	2011-01-05	—	—
高投名力成长创业投资有限公司	2007-04-29	www.mcgf.com.cn	021-62889998
国科瑞祺物联网创业投资有限公司	2010-07-22	www.casim.cn	010-82607629
国润创业投资（苏州）管理有限公司	2008-05-01	www.guorun.com	0512-62998661
海安达志创业投资有限公司	2016-09-18	www.dzct.cn	0513-88656688
海安得一创业投资有限公司	2015-12-14	—	021-64178726
海安东阳创业投资有限公司	2015-03-31	—	0513-88773298
海安丰睿创业投资有限公司	2015-08-20	—	0513-88750343

公司名称	成立时间	网址	电话
海安峰融创业投资有限公司	2014-12-18	—	0513-88760065
海安峰融投资管理有限公司	2014-10-15	—	0513-88760065
海安富阳创业投资有限公司	—	—	0513-88826567
海安海高创业投资有限公司	2016-03-28	—	15370608008
海安海开创业投资有限公司	2016-03-28	—	13901478210
海安晗泰创业投资有限公司	2016-06-29	—	0513-88651230
海安恒益创业投资有限公司	2016-06-23	—	0513-88600692
海安华强创业投资有限公司	2016-09-28	—	0513-88966279
海安建新创业投资有限公司	—	—	0513-88783109
海安金鑫创业投资有限公司	2016-10-01	—	0513-88463966
海安开泰创业投资有限公司	2016-03-28	—	—
海安科创投资有限公司	2016-03-28	—	—
海安蓝天创业投资有限公司	2016-11-15	—	0513-88869893
海安青蓝创业投资有限公司	2015-03-26	—	—
海安荣创创业投资有限公司	2017-12-19	—	0513-88922986
海安双惠创业投资有限公司	2015-03-25	—	0513-88765003
海安泰港创业投资有限公司	2015-06-24	—	0513-88260071
海安信拓创业投资有限公司	2016-06-30	—	0513-88833885
海安泽创创业投资有限公司	2017-12-20	—	0513-88922986
海门光控健康养老产业投资合伙企业（有限合伙）	2017-08-16	—	0532-82930990
海门国仟天使投资基金合伙企业（有限合伙）	2017-08-11	www.guoqianvc.com	0512-82182109
海门时代伯乐创富股权投资合伙企业（有限合伙）	2017-08-29	—	0755-83063277
海门时代伯乐股权投资合伙企业（有限合伙）	2014-09-26	—	0513-82197321
华软创业投资无锡合伙企业（有限合伙）	2009-08-01	www.csinvestmentgroup.com	010-82525455
华软创业投资宜兴合伙企业（有限合伙）	2010-08-28	www.csinvestmentgroup.com	010-82525455
华穗食品创业投资企业	2009-04-13	—	021-80280999
淮安市淮上英才创业投资有限公司	2014-07-17	—	0517-83606175
淮安浙科成远创业投资合伙企业（有限合伙）	2017-10-30	—	0571-88869317
江苏艾利克斯投资有限公司	2006-01-19	—	0511-86900801
江苏昌盛阜创业投资有限公司	2008-08-22	—	0512-69560209
江苏常州武商创业投资合伙企业（有限合伙）	2013-04-10	www.jzvc.cn	0519-85220322
江苏大生文化产业发展有限公司	2014-10-16	www.dszcjq.com	0513-85256210
江苏鼎信资本管理有限公司	2009-06-25	—	025-86586900
江苏风行天下创业投资有限公司	2017-08-08	—	0516-69090027
江苏高鼎科技创业投资有限公司	2007-08-31	www.js-vc.com	025-85529819

公司名称	成立时间	网址	电话
江苏高弘投资管理有限公司	2006-09-01	—	025-52308939
江苏高晋创业投资有限公司	2008-06-12	—	0519-85150557
江苏高科技投资集团有限公司	1992-07-30	www.js-vc.com	025-85529999
江苏高投成长价值股权投资合伙企业（有限合伙）	2011-05-01	—	025-85529999
江苏高投创新价值创业投资合伙企业（有限合伙）	2011-05-19	—	025-85529999
江苏高投创新科技创业投资合伙企业（有限合伙）	2011-04-01	—	025-85529999
江苏高投创新中小发展创业投资合伙企业（有限合伙）	2012-12-25	—	025-85529999
江苏高投创业投资管理有限公司	1999-01-29	—	025-85529999
江苏高投发展创业投资有限公司	2010-07-16	—	025-85529999
江苏高投科贷创业投资合伙企业（有限合伙）	2013-12-31	—	025-85529999
江苏高投宁泰创业投资合伙企业（有限合伙）	2012-01-30	—	025-85529999
江苏高投中小企业创业投资有限公司	2009-05-01	—	025-85529999
江苏高新创业投资管理有限公司	2005-01-14	www.js-vc.com	025-85529819
江苏高新创业投资有限公司	2005-08-15	www.js-vc.com	025-85529819
江苏汎渡投资有限公司	2009-07-15	—	0510-87820122
江苏弘瑞科技创业投资有限公司	2002-09-01	—	025-52308939
江苏红黄蓝创业投资有限公司	2014-02-19	—	0513-88869893
江苏华控创业投资有限公司	2008-07-10	www.huakongpe.com	025-87776220
江苏华控投资管理有限公司	2008-01-15	—	025-87716220
江苏华全创业投资有限公司	2013-01-05	—	13961076917
江苏华睿投资管理有限公司	2010-06-12	—	025-82263032
江苏汇鸿创业投资有限公司	2004-07-06	—	025-86770767
江苏金茂低碳产业创业投资有限公司	2010-11-19	—	025-84730370
江苏金茂环保产业创业投资有限公司	2010-12-17	www.jolmo.net	025-84730370
江苏金茂投资管理股份有限公司	2009-07-09	www.jolmo.net	025-84730370
江苏津通创业投资有限公司	2007-06-25	www.jinton.com	0519-86220888
江苏九洲创业投资管理有限公司	2007-09-30	www.jzvc.cn	0519-85220322
江苏九洲投资集团创业投资有限公司	2007-09-19	www.jzvc.cn	0519-85220322
江苏聚融创业投资有限公司	2011-11-16	—	0511-87899196
江苏科泉高新创业投资有限公司	2012-10-31	www.kequanvc.com	025-85589170
江苏两岸双创科技孵化器运营管理有限公司	2017-06-13	www.bshacker.com	0514-87234572
江苏隆鑫创业投资有限公司	2006-05-01	—	025-84575383
江苏南通沿海创业投资基金（有限合伙）	2016-11-08	—	—
江苏人才创新创业投资二期基金（有限合伙）	2015-05-19	—	025-85529999

公司名称	成立时间	网址	电话
江苏如东高新创业投资有限公司	2014-05-05	—	0513-88158079
江苏瑞明创业投资管理有限公司	2009-12-30	www.jsrm2009@yeah.net	025-83172132
江苏桑夏投资有限公司	2010-04-28	—	0513-86249377
江苏省苏高新风险投资股份有限公司	2000-03-31	www.sz-vc.com	0512-68242192
江苏省现代服务业发展创业投资基金（有限合伙）	2015-05-29	—	025-85529999
江苏盛宇丹昇创业投资有限公司	2008-10-28	—	0511-86988333
江苏苏豪投资集团有限公司	1999-05-06	—	—
江苏腾海创业投资有限公司	2015-03-27	—	0513-81883299
江苏天氏创业投资有限公司	2005-01-01	—	025-85867799
江苏通顺创业投资有限公司	2009-08-25	—	0512-69560209
江苏同兴财富投资管理有限公司	2008-05-01	—	0512-69560209
江苏新材料产业创业投资企业（有限合伙）	2013-11-13	www.jolomo.net	025-84730370
江苏新顶旭科技创业投资有限公司	2010-04-27	—	0518-85882962
江苏兴科创业投资有限公司	2007-08-20	www.jsxkct.com	0519-86302528
江苏盐城龙湖文化产业发展有限公司	2013-05-28	—	0515-88459606
江苏毅达成果创新创业投资基金（有限合伙）	2015-05-19	—	025-85529617
江苏毅达股权投资基金管理有限公司	2014-02-18	—	025-85529999
江苏鹰能创业投资有限公司	2007-08-28	—	025-85529999
江苏智光创业投资有限公司	2015-04-22	—	0523-87320009
江苏中关村科技产业园创业投资有限公司	2016-04-26	—	0519-87171609
江苏中科物联网科技创业投资有限公司	2010-07-14	www.casiot.com	0510-85383398
江苏紫金文化产业发展基金（有限合伙）	2010-03-15	—	025-85529999
江苏紫金文化创业投资合伙企业（有限合伙）	2011-08-04	—	025-85529999
江阴市高新技术创业投资有限公司	2007-02-06	—	0510-81602090
江阴银杏谷股权投资合伙企业（有限合伙）	2014-12-08	—	0510-86036868
靖江市高新技术创业投资有限公司	2011-03-22	—	0523-89180322
连云港金海创业投资有限公司	2006-07-19	www.lygjhvc.com	0518-85523512
连云港市润财创业投资发展有限公司	2010-10-22	—	0518-85523092
明石创业投资江苏有限公司	2015-01-13	—	0513-88478979
南京创动股权投资基金管理有限公司	2012-11-05	—	0755-33313833
南京高达资本管理有限公司	2011-09-22	www.goodvc.cn	025-83153506
南京高新创业投资有限公司	2012-06-01	—	025-58539385
南京红土创业投资有限公司	2010-05-31	www.szvc.com.cn	025-58861750
南京捷源投资管理合伙企业（有限合伙）	2015-07-20	—	—
南京市高新技术风险投资股份有限公司	2001-02-24	www.nj-vc.com	025-86579659

公司名称	成立时间	网址	电话
南京市鼓楼科技创新投资发展有限公司	2011-03-17	—	025-83170781
南京市栖霞区科技创业投资有限公司	2009-07-31	—	025-85329822
南京文化创业投资有限公司	2011-02-24	—	025-83192970
南京协立创业投资有限公司	2009-05-11	—	025-86816827
南京毅达股权投资管理企业（有限合伙）	—	—	—
南京中成创业投资有限公司	2009-08-28	—	025-83192970
南通爱福七龙投资中心（有限合伙）	2014-12-17	—	0513-81288095
南通邦融二期股权投资基金中心（有限合伙）	2017-11-24	—	0513-88760065
南通博诚投资管理有限公司	2012-01-01	—	0513-85638088
南通成为常青股权投资合伙企业（有限合伙）	2016-10-28	—	021-54048566
南通创源投资有限公司	2012-02-27	—	0513-86267318
南通高特佳汇金投资合伙企业（有限合伙）	2013-05-24	—	0513-81288026
南通国泰创业投资有限公司	2006-10-20	www.ntgtvc.com	0513-85288204
南通恒富创业投资合伙企业（有限合伙）	2013-12-16	—	0513-86126130
南通红土伟达创业投资管理有限公司	2014-04-21	www.szvc.com.cn	0513-83562508
南通红土伟达创业投资有限公司	2014-04-21	www.szvc.com.cn	0513-83562508
南通沪通七龙股权投资中心（有限合伙）	2016-12-01	—	0513-84310208
南通金源汇富投资合伙企业（有限合伙）	2015-04-07	—	025-86816827
南通科创创业投资管理有限公司	2013-04-23	—	0513-85728710
南通科技创业投资有限公司	2011-04-22	—	0513-55005137
南通蓝湾壹号创业投资合伙企业（有限合伙）	2017-10-25	—	0513-82182109
南通鲤鱼高新技术创业服务有限公司	2014-12-25	www.innovationpark.cn	18616299615
南通玲珑湾天使投资基金合伙企业（有限合伙）	2017-01-16	—	0513-89158556
南通懋德股权投资中心（有限合伙）	2018-09-18	—	0513-62703417
南通平衡创业投资基金中心（有限合伙）	2015-06-11	—	025-51889763
南通启华生物医疗产业基金合伙企业（有限合伙）	2017-02-23	—	0513-82182109
南通如意物联网产业投资基金管理中心（有限合伙）	2010-09-09	—	0513-87300528
南通时代伯乐创业投资合伙企业（有限合伙）	2016-09-12	—	0755-83063277
南通时代伯乐汇邦股权投资合伙企业（有限合伙）	2017-08-17	—	0755-83063277
南通松禾创业投资合伙企业（有限合伙）	2009-01-01	—	0513-55005135
南通松禾资本管理有限公司	2009-01-05	—	0513-55005135
南通翔宇创业投资合伙企业（有限合伙）	—	—	—
南通迅和投资有限公司	2016-03-28	—	—
南通迅通投资有限公司	2016-03-28	—	0513-88765002
农银国联无锡投资管理有限公司	2011-09-30	—	0510-85199125

公司名称	成立时间	网址	电话
苏民创业投资有限公司	2017-10-16	—	0510-88585200
苏州荻溪文化创意产业投资中心（有限合伙）	2012-04-28	—	0512-65808812
苏州东方汇富创业投资企业（有限合伙）	2012-12-06	—	0512-65126847
苏州敦行价值投资合伙企业（有限合伙）	2017-06-23	—	0512-68159093
苏州敦行投资管理有限公司	2017-03-22	—	0512-68159093
苏州斐然向风创业投资中心（有限合伙）	2011-01-01	—	—
苏州高创天使电子商务产业投资合伙企业（有限合伙）	2016-10-24	—	0512-66066938-8012
苏州高创天使二号投资合伙企业（有限合伙）	2016-10-21	—	0512-66066938-8012
苏州高创天使三号投资合伙企业（有限合伙）	2016-12-21	—	0512-66065128-8010
苏州高创天使一号投资合伙企业（有限合伙）	2015-11-09	—	0512-66065128-8006
苏州高华创业投资管理有限公司	2009-09-08	—	0512-68313150
苏州高铨创业投资企业（有限合伙）	2011-11-10	—	0512-68240392
苏州高新创业投资集团融联管理有限公司	2012-02-08	—	0512-68081106
苏州高新创业投资集团新麟管理有限公司	2008-12-04	—	0512-68762911
苏州高新创业投资集团有限公司	2008-07-30	www.sndvc.com	0512-68310566
苏州高新创业投资集团中小企业发展管理有限公司	2013-12-05	—	0512-66065128-8010
苏州高新创业投资集团中小企业天使投资有限公司	2015-09-09	—	0512-66065128-8010
苏州高新风投创业投资管理有限公司	2009-02-23	—	0512-68240392
苏州高新富德投资企业（有限合伙）	2015-04-22	—	0512-68313299
苏州高新国发创业投资有限公司	2009-05-22	—	0512-65126847
苏州高新华富创业投资企业	2010-01-08	—	0512-68313150
苏州高新明鑫创业投资管理有限公司	2010-12-29	www.sndvc.com	0512-68326120
苏州高新启源创业投资有限公司	2011-05-01	www.sndvc.com	0512-66065128-8010
苏州高新区创业科技投资管理有限公司	2003-03-03	—	0512-66065128-8010
苏州高新新联创业投资管理有限公司	2009-06-24	—	0512-68313528
苏州高新友利创业投资有限公司	2010-04-28	—	0512-68313528
苏州高铖创业投资管理有限公司	2011-01-01	—	0512-68240392
苏州工业园区弘丰创业投资有限公司	2010-04-01	—	0512-69560209
苏州工业园区华穗创业投资管理有限公司	2008-07-18	—	021-80280999
苏州工业园区领军天使创业投资中心（有限合伙）	2015-10-08	—	0512-69560210
苏州工业园区南凯创业投资有限公司	2011-03-01	—	0512-69560209
苏州工业园区太浩成长二期创业投资合伙企业（有限合伙）	2016-01-22	—	0512-66329155
苏州工业园区元禾原点创业投资管理有限公司	2013-09-24	www.oriza.com.cn	0512-66969539

公司名称	成立时间	网址	电话
苏州工业园区原点正则壹号创业投资企业（有限合伙）	2013-11-19	—	0512-66969539
苏州工业园区原点种子创业投资企业（有限合伙）	2017-12-07	—	0512-66969539
苏州国发创富创业投资企业（有限合伙）	2010-07-14	—	0512-65126847
苏州国发创业投资控股有限公司	2008-05-08	www.sidvc.com	0512-65126370
苏州国发东方创业投资管理有限公司	2008-11-14	—	0512-65126847
苏州国发服务业创业投资企业（有限合伙）	2012-04-23	—	0512-65126847
苏州国发高铁文化创业投资管理有限公司	2013-08-19	—	—
苏州国发高铁文化创业投资中心（有限合伙）	2013-09-29	—	—
苏州国发高新创业投资管理有限公司	2008-12-17	—	0512-65126847
苏州国发股权投资基金管理有限公司	2012-11-21	—	0512-65126847
苏州国发宏富创业投资企业（有限合伙）	2011-04-01	—	0512-65126847
苏州国发建富创业投资企业（有限合伙）	2010-06-30	—	0512-65126847
苏州国发聚富创业投资有限公司	2010-03-25	—	0512-65126847
苏州国发黎曼创业投资有限公司	2010-05-19	—	0512-65126847
苏州国发融富创业投资管理企业（有限合伙）	2009-12-28	—	0512-65126847
苏州国发融富创业投资企业（有限合伙）	2010-01-20	—	0512-65126847
苏州国发天使创业投资企业（有限合伙）	2011-06-01	—	0512-65126847
苏州国发添富创业投资企业（有限合伙）	2012-05-09	—	0512-65126847
苏州国发文化产业创业投资企业（有限合伙）	2012-12-17	—	0512-65126847
苏州国发涌富创业投资企业（有限合伙）	2011-06-01	—	0512-65126847
苏州国发源富创业投资企业（有限合伙）	2011-01-01	—	0512-65126847
苏州国发智富创业投资企业（有限合伙）	2010-03-01	—	0512-65126847
苏州国润创业投资发展有限公司	2008-07-01	www.guorunpe.com	0512-62998661
苏州国润瑞祺创业投资企业（有限合伙）	2011-07-01	www.guorunpe.com	0512-62998661
苏州宏正创业投资管理有限公司	2011-05-30	—	13776289187
苏州华创赢达创业投资基金企业（有限合伙）	2012-01-01	—	0512-63936960
苏州汇利华创业投资有限公司	2010-08-27	—	0512-68070777
苏州金茂创业投资管理企业（有限合伙）	2011-05-01	www.jolmo.net	025-84730370
苏州金茂投资管理有限公司	2007-12-27	www.jolmo.net	025-84730307
苏州金茂新兴产业创业投资企业（有限合伙）	2011-06-01	www.jolmo.net	025-84730370
苏州君实协立创业投资有限公司	2014-01-06	—	025-86816827
苏州君玄创业投资中心（有限合伙）	2011-01-01	—	025-86816827
苏州蓝贰创业投资有限公司	2010-01-01	—	0512-62993166
苏州蓝壹创业投资有限公司	2008-03-01	—	0512-62993166

公司名称	成立时间	网址	电话
苏州明鑫高投创业投资有限公司	2011-02-15	www.sndvc.com	0512-68313299
苏州清商成长创业投资企业（有限合伙）	2011-09-01	—	0512-68075806
苏州清研汽车产业创业投资企业（有限合伙）	2014-10-18	—	0512-63936960
苏州清研资本管理企业（有限合伙）	2014-03-07	—	0512-63936973
苏州融联创业投资企业（有限合伙）	2012-03-15	www.sndvc.com	0512-68081156
苏州瑞华投资合伙企业（有限合伙）	2015-07-06	—	025-83172132
苏州瑞璟创业投资企业（有限合伙）	2010-11-17	—	0512-68326637
苏州瑞曼投资管理有限公司	2010-03-17	—	0512-68326637
苏州深蓝创业投资有限公司	2007-09-04	www.deepblues.cn	0512-61712492
苏州市科技创新创业投资有限公司	1993-07-01	—	0512-69330075
苏州市吴中科技创业园管理有限公司	2004-06-01	www.wzcy.cn	0512-65859363
苏州市相城创新产业创业投资中心（有限合伙）	2017-11-13	—	0512-65808802
苏州市相城创业投资有限责任公司	2008-01-01	—	0512-65808805
苏州市相城埭溪创业投资有限责任公司	2016-06-17	—	0512-65808802
苏州市相城高新创业投资有限责任公司	2009-03-12	—	0512-65808802
苏州市相城基金管理有限公司	2009-01-16	—	0512-65808802
苏州市相城区湘溪创业投资有限公司	2018-07-24	—	0512-65808812
苏州水木清华资本管理有限公司	2012-08-29	—	0512-68075806
苏州顺融创业投资管理合伙企业（有限合伙）	2014-09-10	www.shunrongvc.com	0512-67902058
苏州顺融进取创业投资合伙企业（有限合伙）	2016-11-12	—	0512-67902058
苏州顺融瑞腾创业投资合伙企业（有限合伙）	2015-06-10	www.shunrongvc.com	0512-67902058
苏州顺融天使二期创业投资合伙企业（有限合伙）	2014-11-19	www.shunrongvc.com	0512-67902058
苏州顺融天使三期创业投资合伙企业（有限合伙）	2015-10-16	www.shunrongvc.com	0512-67902058
苏州太浩成长创业投资合伙企业（有限合伙）	2014-11-05	—	0512-66329155
苏州太浩创业投资管理合伙企业（普通合伙）	—	—	0512-66329155
苏州吴中国发创业投资管理有限公司	2008-08-28	—	0512-65126847
苏州吴中国发创业投资有限公司	2008-08-28	—	0512-65126847
苏州相渭汽车产业投资中心（有限合伙）	2015-12-08	—	0512-65808802
苏州协立创业投资有限公司	2013-04-28	—	025-86816827
苏州协立宽禁带创业投资中心（有限合伙）	2017-09-17	—	025-86816827
苏州协立投资管理有限公司	2011-03-01	—	025-86816827
苏州新麟创业投资有限公司	2009-01-22	—	0512-68762977
苏州新麟二期创业投资企业（有限合伙）	2011-11-01	—	0512-68762911
苏州新麟三期创业投资企业（有限合伙）	2017-03-08	—	0512-68762911
苏州新协创业投资有限公司	2006-05-16	—	0512-62620019

公司名称	成立时间	网址	电话
苏州亿和创业投资有限公司	2009-12-29	—	0512-68436312
苏州亿文创新资本管理有限公司	2007-12-03	—	0512-68364700
苏州亿新熠合投资企业（有限合伙）	2012-09-28	—	0512-68436312
苏州银基创业投资有限公司	2006-05-10	—	0512-67157278-806
苏州银基美林创业投资管理有限公司	2012-09-03	—	0512-36830117
苏州银基美林创业投资合伙企业（有限合伙）	2012-10-23	—	0512-67157278-806
苏州元禾控股股份有限公司	2007-09-11	www.oriza.com.cn	0512-66969999
苏州紫荆华创创业投资合伙企业（有限合伙）	2017-08-09	—	0512-67509067
宿迁国发创业投资企业（有限合伙）	2011-07-22	—	0527-87031252
宿迁科技创业投资有限公司	2012-03-23	—	0527-81686005
宿迁市开创创业投资有限公司	2010-09-07	—	0527-88859883
睢宁县天使创业投资有限责任公司	2013-03-06	—	0516-88307115
太仓金茂生物医药创业投资企业（有限合伙）	2013-12-05	—	—
泰州华诚高新技术投资发展有限公司	2005-01-01	www.tzibi.com	0523-86196006
泰州华健创业投资有限公司	2007-06-08	—	0523-86200562
泰州市创业风险投资有限公司	2001-08-01	—	0523-86238689
泰州市高港高新区开发投资有限责任公司	2010-08-01	—	0523-86118801
无锡 TCL 爱思开半导体产业投资基金合伙企业（有限合伙）	2015-09-01	—	0510-82800509
无锡 TCL 创业投资合伙企业（有限合伙）	2010-07-01	—	0510-82800509
无锡滨湖科技创业投资有限责任公司	2006-07-18	—	0510-85898528
无锡创业投资集团有限公司	2000-10-26	www.wxvcg.com	0510-82698712
无锡高新技术风险投资股份有限公司	2000-08-01	www.wxvc.com.cn	0510-85269565
无锡国联厚泽创业投资企业（有限合伙）	2011-10-28	—	021-61631096
无锡国联浚源创业投资中心（有限合伙）	2010-04-16	www.jycapital.cn	0510-82700340
无锡红土创业投资有限公司	2009-04-29	—	0510-82800627
无锡厚泽成长创业投资企业（有限合伙）	2011-07-05	—	021-61631095
无锡厚泽创新创业投资企业（有限合伙）	2011-06-27	—	021-61631095
无锡华软投资管理有限公司	2009-06-01	www.csinvestmentgroup.com	010-82525455
无锡惠开正合投资管理有限公司	2018-03-29	—	0510-83588698
无锡江南大学国家大学科技园有限公司	2009-04-03	www.j-park.jiangnan.edu.cn	0510-85191065
无锡金茂二号新兴产业创业投资企业（有限合伙）	2011-12-21	www.jolmo.net	025-84730307
无锡均衡创业投资有限公司	2007-11-14	—	0510-86216651
无锡浚源资本管理中心（有限合伙）	2010-04-16	www.jycapital.cn	0510-82700340
无锡力合创业投资有限公司	2008-11-01	www.leaguercapital.com	0510-83590287

公司名称	成立时间	网址	电话
无锡力合清源创业投资合伙企业（有限合伙）	2011-09-09	www.leaguercapital.com	0510-83590287
无锡力合投资管理咨询有限公司	2009-04-17	www.leaguercapital.com	0510-83590287
无锡领峰创业投资有限公司	2009-12-11	—	0510-85212838
无锡清研投资有限公司	2009-08-14	—	—
无锡群英股权投资合伙企业	2012-12-17	—	0510-66676999
无锡日升昌创业投资中心（有限合伙）	2012-07-09	—	0510-82727582
无锡日升盛创业投资中心	2012-08-23	—	0510-82727582
无锡日升兴创业投资企业（有限合伙）	2012-07-12	—	0510-82727582
无锡瑞明博创业投资有限公司	2010-12-15	—	025-83172132
无锡赛天投资管理有限公司	2017-05-31	—	—
无锡市金惠创业投资有限责任公司	2006-11-01	—	0510-83590163
无锡市金融投资有限责任公司	2013-11-27	www.wxfig.com	0510-85189096
无锡市锡山创业投资有限公司	2007-08-01	—	0510-88705868
无锡市新区科技金融创业投资集团有限公司	2008-01-31	www.wxvc.com.cn	0510-81816620
无锡新区领航创业投资有限公司	2009-08-03	www.wxvc.com.cn	0510-85269546
无锡源清创业投资有限公司	2012-06-28	—	0510-81801983
无锡源清盛华创业投资有限公司	2013-04-28	—	0510-81801983
无锡源生高科技投资有限责任公司	2006-01-01	—	0510-85345959-8208
无锡耘杉创业投资中心（有限合伙）	2013-07-12	—	0510-83333767
无锡正海联云投资企业（有限合伙）	2012-12-04	—	021-50937908
无锡中科汇盈创业投资有限责任公司	2008-03-07	—	0510-82739911
无锡中科汇盈二期创业投资有限责任公司	2010-04-07	—	0510-82739911
无锡众合投资发展有限公司	2006-12-01	—	0510-82720555
吴江东方创富创业投资企业（有限合伙）	2012-10-29	—	0512-65126847
吴江东方国发创业投资有限公司	2008-11-11	—	0512-65126847
吴江东方融富创业投资管理企业（有限合伙）	2012-10-12	—	0512-68126847
吴江华业创业投资管理中心（有限合伙）	2011-12-21	—	0512-63936960
徐州淮海红土创业投资有限公司	2014-01-14	www.szvc.com.cn	0511-85988775
徐州开宏创业投资有限公司	2017-04-21	—	18251728988
徐州中金创业投资有限公司	2016-09-29	—	0516-89656788
盐城服务业集聚区投资有限公司	2015-07-22	—	0515-88459606
盐城高新区创业投资有限公司	2011-01-14	—	0515-88638011
盐城高新区投资集团有限公司	2009-09-23	—	0515-88638063
扬中市创新投资有限公司	2015-10-09	—	0511-88329629
扬州保盈投资基金合伙企业（有限合伙）	2016-06-07	—	13776610242

公司名称	成立时间	网址	电话
扬州长晟安众创业投资基金合伙企业	2017-03-06	—	0514-87186568
扬州长晟创业投资基金合伙企业	2014-12-03	—	0514-87188338
扬州海圣创业投资中心	2012-07-09	—	0514-87991537
扬州邗江高新创业投资有限公司	2011-08-05	—	0514-87770527
扬州经信新兴产业创业投资中心（有限合伙）	2013-01-01	www.jolmo.net	025-84730370
扬州市创业投资有限公司	2007-05-21	www.jrjt.yangzhou.gov.cn	0514-80789370
扬州市金创京杭创业投资基金中心（有限合伙）	2017-03-02	—	0514-80789370
扬州市金创邮城创业投资基金中心	2017-06-29	—	0514-80789370
扬州运河之帆投资基金中心（有限合伙）	2018-01-26	—	0514-80785691
宜兴江南天源创业投资企业（有限合伙）	2011-03-16	—	0510-82800509
怡和联创（无锡）创业投资企业（有限合伙）	2011-04-15	—	0510-85125611
镇江创业园有限公司	2015-10-15	—	0511-89886870
镇江高科创业投资有限公司	2012-03-16	—	0511-85601080
镇江高投创业投资有限公司	2008-08-01	—	025-85529999
镇江高新创业投资有限公司	2010-06-11	—	0511-83179322
镇江国投创业投资有限公司	2011-10-19	—	0511-85606910
镇江红土创业投资有限公司	2011-04-22	www.szvc.com.cn	0511-85988775
镇江京口高新技术创业服务中心	2006-09-01	—	0511-88781306
镇江君鼎协立创业投资有限公司	2013-02-04	—	025-86816827
镇江君舜协立创业投资中心（有限合伙）	2016-09-08	—	025-86816827
镇江凯普斯创业投资中心（有限合伙）	2015-06-03	—	
镇江康成亨创业投资合伙企业（有限合伙）	2013-08-12	—	13912286858
镇江力合天使创业投资企业（有限合伙）	2012-12-13	—	0511-88884035
镇江领军人才创新创业股权投资有限公司	2016-10-20	—	0511-85601080
镇江乾鹏创业投资基金企业（有限合伙）	2012-11-20	—	0511-80896166
镇江亿致能源科技孵化器有限公司	2010-10-18	—	0511-85986133
镇江银河创业投资有限公司	2012-06-11	—	010-66568022
镇江中科金山创业投资企业（有限合伙）	2011-08-24	www.csm-inv.com	0510-82739911
中节能南通合同环境管理投资基金中心（有限合伙）	2013-04-03	—	0513-81288030
华章天地传媒投资控股集团有限公司	2013-04-28	—	0791-86895379
江西立达新材料产业创业投资中心（有限合伙）	2011-08-03	www.reitercapital.com	0791-83851565
江西省创东方科技创业投资中心（有限合伙）	2014-09-24	—	0755-21517251
鞍山激光产业股权投资基金合伙企业中心（有限合伙）	2016-09-05	—	0412-31905001
鞍山科技创业投资有限责任公司	2001-03-22	—	0412-5200199

公司名称	成立时间	网址	电话
北国华盖（辽宁）投资管理有限公司	2016-07-06	—	024-22699599
大连海融高新创业投资管理有限公司	2008-02-18	—	0411-66863683
大连海融高新创业投资基金有限公司	2007-12-29	—	0411-66863675
大连天使创业投资有限公司	2006-04-14	—	0411-84753206
大连万融天使投资有限公司	2010-11-30	—	0411-66863683
大连网信创业投资管理有限公司	1999-06-28	—	0411-82529852
大连银信创业投资有限公司	2006-09-13	—	0411-84802259
德晟创业投资有限公司	2011-03-09	—	0411-82778081
联合创业集团有限公司	2005-07-07	—	0411-88009333-819
辽宁诚泰投资有限公司	2012-10-31	—	024-83760928
辽宁科发实业有限公司	1993-02-23	—	024-62265580
辽宁科技创业投资有限责任公司	2000-02-28	www.lnvc.com.cn	024-23244922
辽宁星云朵朵投资管理有限公司	2014-12-01	—	024-31320789
盘锦建银股权投资基金管理有限公司	2016-06-30	—	0427-2680605
盘锦中以英飞投资管理有限公司	2016-06-29	—	0427-2680609
沈阳德鸿创展股权投资有限公司	2017-02-22	—	024-83785673
沈阳高新创业投资有限公司	2004-11-08	—	024-81379877
沈阳禾诚科技项目投资合伙企业（有限合伙）	2016-04-01	—	024-83760928
沈阳恒信安泰股权投资基金管理有限公司	2012-11-23	www.hxatvc.com	024-67767952
沈阳浑南科技城发展有限公司	2011-05-06	www.sycx360.com	024-83766158
沈阳锦绣中和资本管理有限公司	2013-09-17	—	—
沈阳科技风险投资有限公司	1998-11-04	—	024-22791880
沈阳起点创业投资有限公司	2013-06-19	—	024-25822668
沈阳青果投资管理有限公司	2011-01-28	—	13624990901
沈阳日亚创业投资管理有限公司	2011-11-16	www.jaic-vc.co.jp	024-83773216
沈阳赛伯乐绿科股权投资管理有限公司	2015-07-13	—	15840456333
沈阳梧桐谷创业投资管理有限公司	2014-04-08	—	024-89577776
沈阳星科汇创业投资有限公司	2017-09-14	—	024-83766267
中天辽创投资管理有限公司	2016-08-11	—	024-22870888
内蒙古生产力促进中心有限公司	2004-12-08	—	0471-3907915
宁夏国投基金管理有限公司	2002-08-26	—	0951-3026489
宁夏穆坤投资基金管理有限公司	2014-03-19	www.mukunpe.com	0951-5099567
宁夏宁东科技创业投资有限公司	2016-06-07	—	0951-5918507
宁夏中财高新投资管理有限公司	2013-04-17	www.nxzcgx.com	0951-7834967
银川市产业基金管理有限公司	2014-08-26	www.ycfof.com	0951-6981990

公司名称	成立时间	网址	电话
广东粤科润华创业投资有限公司	2012-10-18	—	0750-3882729
无锡江溪科技创业投资有限公司	2017-09-22	—	0510-88232059
青海国科创业投资基金（有限合伙）	2013-10-23	—	0971-6152307
青海汇富科技成果转化投资基金（有限合伙）	2015-12-21	—	0971-5115081
青海科技创新投资基金（有限合伙）	2013-12-25	—	010-88301980
滨州北海创业投资有限公司	2011-12-26	—	0543-6515002
滨州市慧立创业投资有限公司	2011-06-20	—	0543-3160189
东营经济开发区斯博特创业投资有限公司	2012-06-04	—	0546-8300909
东营市金凯高新投资有限公司	2009-02-16	—	0546-8300909
菏泽创新风险投资有限公司	2000-06-02	—	0530-5880679
黄河三角洲投资管理有限公司	2009-04-03	—	0546-7768883
黄蓝创业投资有限公司	2012-08-06	—	0543-5164777
济南华科创业投资合伙企业（有限合伙）	2013-11-12	—	0531-88880699
济南科技创业投资集团有限公司	2001-04-01	www.jnvc.com.cn	0531-88879287
济南科信创业投资有限公司	2011-10-01	www.jnvc.com	0531-88879287
济南云海创业投资有限公司	2013-05-24	—	0531-85106729
济宁共创投资有限公司	2013-09-29	—	0537-3292799
济宁市惠达财丰创业投资有限公司	2014-03-11	www.huidatouzi.com	0537-5170103
济宁英飞尼迪创业投资管理有限公司	2010-12-22	www.infinity-equity.com	0537-3281510
济宁英飞尼迪创业投资中心（有限合伙）	2011-04-21	www.infinity-equity.com	0537-3281510
美世联合创业投资股份有限公司	2007-04-04	www.usbcc.cn	0543-5164777
青岛高新创业投资有限公司	2011-06-24	www.qdhvc.com	0532-58882882
青岛海银达创业投资有限公司	2009-11-20	—	0532-86681258
青岛华仁创业投资有限公司	2010-12-27	www.chinar.com.cn	0532-80905588
青岛里程碑创业投资管理有限公司	2011-05-20	www.ms-vc.com	0532-80931757
青岛迈通创业投资管理有限公司	2016-04-21	www.ms-vc.com	0532-80931757
青岛清控高创投资管理有限公司	2013-06-18	—	0532-88897836
青岛清控科创投资管理有限公司	2014-10-14	—	010-82158900
青岛少海高创天地投资管理有限公司	2017-09-01	www.qdshgc.com	0532-66850086
青岛市科技风险投资有限公司	2000-08-17	www.huatongvc.com	0532-88013916
青岛协同创新股权投资管理有限公司	2013-09-30	—	0532-85063788
青岛信中利少海汇高创投资管理有限公司	2016-12-12	—	010-85550508
青岛知灼创业投资有限公司	2010-11-02	—	0532-85063788
日照华和科技创业投资有限责任公司	2010-05-28	—	0633-8336990
山东昌润创业投资股份有限公司	2008-08-22	www.crtz.com	0635-2119071

公司名称	成立时间	网址	电话
山东多盈节能环保产业创业投资有限公司	2014-01-07	—	15153100210
山东府新创业投资有限公司	2012-10-23	—	0543-3181669
山东恒发创业投资有限公司	2012-02-28	—	0543-5077698
山东红桥创业投资有限公司	2011-12-22	—	0531-67803781
山东红桥股权投资管理有限公司	2011-11-30	—	0531-67803781
山东华天科技创业投资有限公司	2012-07-30	—	0531-82670025
山东黄河三角洲创业发展集团有限公司	2010-03-30	www.sdhsjcy.com	0543-3181669
山东汇益创业投资有限公司	2014-01-13	—	0531-68654798
山东江诣创业投资有限公司	2010-08-12	—	0535-6719306
山东科创投资有限公司	2010-10-22	—	0537-3292710
山东科融天使创业投资合伙企业（有限合伙）	2015-02-06	—	0531-67803781
山东领新创业投资中心（有限合伙）	2016-01-29	—	0531-55699810
山东旗城科技创业投资股份有限公司	2009-08-19	—	0536-2132008
山东麒津创业投资管理有限公司	2015-12-17	—	021-58791618
山东融裕金谷创业投资有限公司	2014-08-22	www.sdryjg.com	0531-88821351
山东省方正创业投资有限责任公司	2010-10-29	—	0543-6782271
山东同瑞大成创业投资有限公司	2012-07-03	—	0531-82670023
山东中泰天使创业投资基金企业（有限合伙）	2015-12-17	—	18560075279
威海北创投资管理有限公司	2015-09-11	—	0631-5699019
威海创新投资有限公司	2003-07-16	—	0631-5231709
威海恒创股权投资管理有限公司	2017-04-26	—	—
潍坊红土资本管理有限公司	2008-08-01	—	0536-8795070
潍坊鲁信厚源创业投资中心（有限合伙）	2014-06-13	—	0531-86566788
潍坊市国维创业投资有限公司	2014-11-13	—	0536-8101056
潍坊市国信创业投资有限公司	2012-07-17	—	0536-7100035
潍坊万通创业投资有限公司	2009-09-28	—	0536-8101056
烟台安芙兰创业投资中心（有限合伙）	2015-12-11	—	0535-2160208
烟台红土创业投资管理有限公司	2014-05-07	—	0535-6933130
烟台泰达生物及新医药产业创业投资中心（有限合伙）	2015-01-22	—	022-66299990
烟台源创科技投资中心（有限合伙）	2014-07-17	—	010-63597504
烟台源创现代服务业创业投资合伙企业（有限合伙）	2017-01-04	—	010-63597505
淄博创新资本创业投资有限公司	2007-05-01	—	0533-3583388
淄博高新技术风险投资股份有限公司	2003-07-10	www.zbvc.net	0533-3586338
淄博齐鲁创业投资有限责任公司	2002-12-06	www.zbqlct.com	0533-6206606

公司名称	成立时间	网址	电话
淄博市高新技术创业投资有限公司	2007-07-25	—	0533-6206610
晋商世纪山西股权投资管理有限公司	2013-08-07	www.jssjjt.com	0351-5627586
山西TCL汇融创业投资有限公司	2010-09-26		13683376156
山西澳华加德投资有限责任公司	2010-06-22	www.accg.cc	0351-7061980
山西佰世投资管理有限公司	2010-07-05		13935103856
山西财惠资本管理有限公司	2017-01-05	—	—
山西晨皓创业投资有限公司	2011-03-15		0351-8062098
山西大正元投资咨询有限公司	2007-06-12	www.tdrcap.com	15303539910
山西典石股权投资管理有限公司	2011-11-28	—	0351-7672281
山西丰创股权投资管理有限公司	2016-02-02		13834215856
山西高新产业投资基金管理有限公司	2017-07-05		0351-2799766
山西国电创业投资有限公司	2011-04-14	tzgs.sxgjdl.com	0351-3111156
山西国金股权投资管理有限公司	2015-01-29		0351-5628152
山西弘道投资管理有限公司	2016-02-02		13834215856
山西红土创新创业投资有限公司	2011-10-11		0351-7032998
山西黄河股权投资管理有限公司	2017-10-11		—
山西惠百川创业投资有限公司	2009-12-22		0351-7560418
山西金丰承树投资管理有限公司	2010-08-03		0351-3343158
山西金丰汇智创业投资有限公司	2009-04-10	www.jfhjzvc.com	0351-3343158
山西金利行股权投资管理有限公司	2013-05-28	www.kinlyhong.com	0351-4617788
山西金通创业投资有限公司	2012-12-07	—	0351-5628362
山西晋尚博银股权投资管理有限公司	2013-03-13		0351-6650883
山西龙城燕园创业投资管理有限公司	2012-02-15		0351-2986873
山西龙翔基金管理有限公司	2017-03-24	—	—
山西省创业风险投资引导基金有限责任公司	2008-08-06	—	0351-8330500
山西省创业投资基金管理集团有限公司	2012-11-01	www.sxcxt.com.cn	0351-5628151
山西省高新技术创业中心	1992-07-01	www.sxbi.org	0351-7039502
山西省科技基金发展有限公司	1993-06-01	www.sxstf.com	0351-4157808
山西省山投新能源产业集团有限公司	2007-09-20	www.stny.com.cn	0351-7775218
山西省文化产业股权投资管理有限公司	2015-10-21	—	0351-7190803
山西省中小企业创业投资有限公司	2013-10-25		0351-8225779
山西首赫投资管理有限公司	2012-11-14	www.sxshouhe.cn	0351-5269168
山西太钢创业投资有限公司	2010-02-05		0351-5262800
山西兴创达股权投资管理有限公司	2015-01-29		0351-5628587
山西易鑫创业投资有限公司	2009-02-26		0351-2197666

公司名称	成立时间	网址	电话
山西中盈洛克利创业投资有限公司	2011-03-14	—	0351-8225532
山西众信德隆股权投资管理有限公司	2013-05-07	—	0356-2136669
山西转型综改示范区股权投资有限公司	2014-01-02	—	0351-2799797
山证基金管理有限公司	2013-06-05	—	0351-7028554
上海晋燃惠赋投资管理有限公司	2016-04-14	—	0351-2985689
上海晋燃能源投资有限公司	2015-01-30	www.shjrtz.com	0351-2985689
太原市海信小微企业创业基金管理有限公司	2016-09-14	—	0351-5669996
中合盛资本管理有限公司	2014-12-04	—	15503685639
汉中投资基金管理有限公司	2017-12-20	—	0916-8858001
汉中众合创业投资管理有限公司	2018-04-02	—	0916-67853462
科耐特投资管理有限公司	2016-07-18	—	029-89284203
曲江文化产业风险投资有限公司	2009-12-01	—	029-85427802
陕西大同创业投资有限公司	2016-03-14	www.oneworldcapital.net	029-81100979
陕西德同福方投资管理有限公司	2012-12-20	—	029-88894811
陕西动漫股权管理有限公司	2016-02-02	—	029-83216888
陕西敦敏投资合伙企业（有限合伙）	2017-02-14	—	029-86262570
陕西高端装备高技术创业投资基金（有限合伙）	2013-06-28	—	0917-3322911
陕西供销知守基金管理有限公司	2015-11-16	—	—
陕西和灵投资管理有限公司	2012-06-12	—	029-68295961
陕西宏信创业投资有限公司	2017-12-29	www.sxhxtz.com	029-89188628
陕西鸿创投资管理有限公司	2014-03-04	—	029-68200936
陕西华秦永和投资管理有限公司	2014-04-03	www.sxhqyh.com	029-89833544
陕西金控知守基金管理有限公司	2017-03-10	—	029-88893260
陕西科技创业投资管理有限公司	2012-09-18	www.cycn.net	029-88446713
陕西科控启元创业投资管理合伙企业（有限合伙）	2017-01-19	—	029-68953830
陕西科控投资管理有限责任公司	2016-02-04	—	029-81104045
陕西空港临空产业投资管理有限公司	2018-09-21	—	029-33636035
陕西凌翔创业投资有限公司	1996-08-20	www.sxlxvc.com	029-62276030
陕西秦商投资管理有限公司	2011-03-09	—	029-87882393
陕西青年创业投资管理有限公司	2018-01-15	—	029-88888186
陕西荣厚源创业投资有限公司	2012-07-12	—	029-89864267
陕西省产业投资有限公司	1989-06-09	www.sctouzi.com	029-87311434
陕西省现代能源创业投资基金有限公司	2012-12-20	—	029-68295811
陕西文化产业投资基金（有限合伙）	2014-06-25	www.scgpimc.com	029-89558052
陕西西科天使投资管理有限公司	2014-10-31	—	029-81151605

公司名称	成立时间	网址	电话
陕西源丰投资发展有限公司	2009-03-24	—	029-68255896
陕西中海创业投资有限公司	2014-05-23	www.zhhtz.com	029-89183253
陕西中盛创业投资股份有限公司	2006-12-18	www.21-vc.com	029-88255097
神木金益基金管理有限公司	2017-01-04	—	0912-7110293
西安浐灞基金管理有限公司	2016-05-27	www.xajkgroup.com	029-83540065
西安创想宇航投资管理合伙企业（有限合伙）	2017-12-25	—	029-88199876
西安创业园投资管理有限公司	2003-07-04	—	029-81112035
西安德蒙投资有限公司	2017-09-22	—	029-68957328
西安德盛投资发展有限公司	7061-02-05	—	029-8193399
西安德同迪亚士投资管理有限公司	2011-09-28	—	029-88894881
西安电子科大创投基金管理有限公司	2018-09-03	—	—
西安敦成投资管理有限公司	2017-01-12	—	029-89528946
西安高新盈峰创业投资管理有限公司	2016-11-23	—	029-81113016
西安航创基金管理有限公司	2017-06-05	www.hangchuangfund.com	029-62651380
西安航空城产业基金管理有限公司	2018-04-27	—	029-89083755
西安航天基地创新投资有限公司	2009-07-08	www.xaibfs.com	029-85688713
西安浩蓝行远投资管理有限公司	2017-07-17	—	029-81142186
西安君铸投资管理合伙企业（有限合伙）	2017-04-25	—	029-81124787
西安科耐特投资管理有限公司	2014-07-08	—	029-88272744
西安迈扑投资发展有限公司	2002-01-08	—	029-81113288
西安迈朴投资发展有限公司	2002-01-08	—	029-81113288
西安迈朴资本管理有限公司	2012-11-29	www.mapsxa.com	029-81113288
西安曲江文化产业风险投资有限公司	2009-12-01	www.xaqjvc.com	029-85427808
西安上恩创业投资管理有限公司	2018-03-28	—	029-88217511
西安市高新区车库咖啡孵化器运营管理有限公司	2017-06-29	—	029-88217329
西安微纳点石投资管理有限公司	—		029-81123325
西安西交科创股权投资合伙企业（有限合伙）	2016-02-04	—	029-89550936
西安西交一八九六资本管理有限公司	2017-06-12	—	029-89550936
西安熙信科创资本管理合伙企业（有限合伙）	2016-01-22	—	029-89550936
西安现代服务业发展基金合伙企业（有限合伙）	2016-10-24	—	029-89836300
西安韵杰投资管理有限公司	2016-01-25	—	029-86180569
西安知守创业投资管理有限公司	2017-03-24	—	029-88608363
西安中辰伟业投资有限公司	2014-09-18	—	029-88217511
西安中科创星科技孵化器有限公司	2013-09-26	www.casstar.com.cn	—

公司名称	成立时间	网址	电话
杨凌东方富海现代农业生物产业股权投资企业（有限合伙）	2011-06-17	—	0755-88836399
榆林能源产业基金管理有限公司	2016-11-21	www.ylnyfund.com	0912-7180262
中兴众创空间（西安）投资管理有限公司	2017-09-15	—	15827346257
大简投资管理（上海）有限公司	2015-07-27	www.dajiancapital.com	021-54268308
戈壁创赢（上海）创业投资管理有限公司	2011-07-13	www.gobivc.com	8621-51601618
国药资本管理有限公司	2012-01-19	www.sinopharmcapital.com	021-63337900
上海创业投资有限公司	1999-08-06	www.shvc.com.cn	021-22302800
上海德丰杰龙升创业投资合伙企业（有限合伙）	2012-11-01	www.draperdragon.com	021-62800580
上海复旦医疗产业创业投资有限公司	2003-01-24	www.fudanmed.com	021-64736426
上海复星化工医药创业投资有限公司	2003-12-23	—	021-68862466
上海亘元创业投资有限公司	2009-03-02	—	13801886312
上海硅谷天堂合众创业投资有限公司	2010-06-18	www.ggttvc.com	021-50623601
上海国盛古贤创业投资管理有限公司	2012-12-12	www.gsgx-capital.com	021-58306168
上海国盛古贤创业投资合伙企业（有限合伙）	2013-04-01	www.gsgx-capital.com	021-58306168
上海国鑫创业投资有限公司	2017-03-03	www.guoxinsh.com	021-33987393
上海恒如投资管理有限公司	2009-03-02	www.hengrush.com	021-54220269
上海惠畅投资管理合伙企业（有限合伙）	2015-01-27	—	021-68453169
上海建信康颖创业投资合伙企业（有限合伙）	2013-08-22	—	021-62967232
上海科技创业投资股份有限公司	1993-06-30	www.sstic.com.cn	021-64338288
上海力合清源创业投资管理合伙企业（有限合伙）	2012-08-22	www.leaguercapital.com	021-60322064
上海力合清源创业投资合伙企业（有限合伙）	2012-09-21	www.leaguercapital.com	021-60322064
上海利彤创业投资有限公司	2015-07-23	—	021-50801251
上海联创永钦创业投资企业（有限合伙）	2011-08-31	www.newmargin.com	021-62123000
上海尼罗投资管理有限公司	2014-05-14	—	021-60829048
上海欧奈而创业投资有限公司	2010-03-17	—	021-50800508
上海欧奈尔创业投资中心（有限合伙）	2011-06-28	—	021-50800508
上海浦东科技投资有限公司	1999-06-01	www.pdsti.com	021-50276328
上海浦软晨汇创业投资中心（有限合伙）	2014-08-27	—	021-50302658
上海浦软创业投资有限公司	2010-12-08	—	021-50302656
上海七鹏创业投资中心（有限合伙）	2016-07-12	www.7seasvc.com	021-62225010
上海七鹏投资管理有限公司	2015-06-05	www.7seasvc.com	021-62225010
上海荣顾创业投资有限公司	2015-12-17	—	021-61258655
上海商投创业投资有限公司	2001-06-05	—	021-53088130
上海上实创业投资有限公司	2011-11-30	—	021-35963977

公司名称	成立时间	网址	电话
上海晟唐创业投资中心（有限合伙）	2015-07-03	www.shsti.cn	021-20966005
上海思佰益仪电股权投资管理有限公司	2012-11-14	—	021-52004055
上海天地人和创业投资有限公司	2008-10-13	www.tdgrowth.com	021-58791618
上海英诺众程投资管理有限公司	2015-12-03	—	13671777930
上海英诺众连创业投资中心（有限合伙）	2015-08-14	—	13671777930
上海源溯投资管理有限公司	2010-12-13	—	021-20223003
上海责祥投资管理有限公司	2016-03-30	—	021-31115128
上海张江创业投资有限公司	2000-07-12	www.zj-vc.com	021-50800508
上海正海聚弘创业投资中心（有限合伙）	2014-08-21	—	021-50937908
上海正海资产管理有限公司	2008-01-31	www.royalsea-capital.com	021-50937908
上海正赛联创业投资管理有限公司	2011-01-31	www.cacfund.com	021-64286339
上海正赛联创业投资有限公司	2010-10-22	www.cacfund.com	021-64286339
上海紫竹创业投资有限公司	2003-09-17	www.zizhupark.com	021-61212288
天翼科技创业投资有限公司	2012-07-23	www.189chuangyi.com	021-20989599
成都创新风险投资有限公司	2001-06-08	www.cd-vc.com.cn	028-85337113
成都电科鹰熊创业投资中心（有限合伙）	2015-11-26	—	028-68902966
成都高投创业投资有限公司	2004-05-17	www.cdhtivc.com	028-85987560
成都合力蓉信股权投资基金管理有限公司	2015-12-16	—	028-86026342
成都激创投资管理有限公司	2015-07-06	www.suhehui.com	028-83334288
成都阶梯创业投资合伙企业（有限合伙）	2016-03-09	—	028-65471211
成都阶梯创业投资有限公司	2015-04-15	—	028-65471211
成都老鹰易真创业投资有限公司	2015-06-05	—	028-68902966
成都同德创客投资管理合伙企业（有限合伙）	2015-07-02	www.newtdvc.com	028-86154811
成都微风菁蓉创业投资管理合伙企业（有限合伙）	2017-02-13	www.microwindvc.com	028-67175219
成都银科创业投资有限公司	2009-03-18	www.ykvc.cn	028-85336380
成都盈创德弘股权投资基金管理有限公司	2015-09-08	—	—
成都盈创泰富创业投资合伙企业（有限合伙）	2015-07-15	—	028-65938907-8012
成都盈创泰富股权投资基金管理有限公司	2015-06-11	—	028-65938907
成都盈创兴科股权投资基金管理有限公司	2014-09-23	—	028-85318681
成都招商局银科创业投资有限公司	2010-12-31	—	028-85341105
成都真然股权投资基金管理有限公司	2015-01-30	www.zhenranziben.com	13925213677
德阳阳光天使投资有限公司	2015-07-30	—	0838-6150795
德阳盈创阳光天使创业投资管理有限公司	2015-09-14	—	0838-6939393
广元市广发创业投资有限公司	2013-03-15	www.gygfct.com	0839-3289909
合之力蓉盛成都创业投资中心（有限合伙）	2015-12-31	—	028-86026342

公司名称	成立时间	网址	电话
洪泰天创投成都创业投资中心（有限合伙）	2015-09-06	www.angelplus-cd.com	028-64770755
洪泰天使（成都）股权投资基金管理有限公司	2015-09-06	www.angelplus-cd.com	028-64770755
绵阳金慧通股权投资基金管理有限公司	2014-12-02	—	18681268882
绵阳久盛科技创业投资有限公司	2004-03-05	—	0816-2354363
绵阳市金慧丰股权投资基金管理中心（有限合伙）	2014-03-26	—	13350011221
攀枝花市金源创业投资有限公司	2008-08-15	—	0812-3373896
四川鼎祥股权投资基金有限公司	2014-07-17	www.dinxcapital.com	028-85343188
四川中物创业投资有限公司	2007-02-08	www.caep-vc.com	028-85311608
华控（天津）投资管理有限公司	2016-07-19	www.techtransfer-vc.com	010-82159596
菁英汇投资管理（天津）有限责任公司	2015-12-15	www.jingyinghuitj.com	022-28389033
日亚（天津）创业投资管理有限公司	2011-06-13	www.jaic-vc.co.jp	15710248645
日亚（天津）创业投资企业	2011-08-01	www.jaic-vc.co.jp	15710248645
上创普盛（天津）创业投资管理有限公司	2015-12-29	—	022-58793609
天创博盛（天津）股权投资基金合伙企业（有限合伙）	2011-10-18	—	022-86259216
天津滨海财富股权投资基金有限公司	2007-08-21	www.behycapital.com	022-23374055
天津滨海创投投资管理有限公司	2007-09-18	www.binhaicapital.com	022-58909361
天津滨海高新技术产业开发区科鑫创业投资有限公司	2012-01-12	—	022-58785818
天津滨海天创众鑫股权投资基金有限公司	2010-02-04	—	022-86259326
天津琛琰投资有限公司	2010-12-20	—	022-23374055
天津陈塘海天创业投资合伙企业（有限合伙）	2017-01-25	—	—
天津创业投资管理有限公司	2003-03-28	www.tjvcm.com	022-86259216
天津创业投资有限公司	2001-03-30	www.tjvc.com.cn	022-58785805
天津东虹科技创业投资发展有限公司	2011-04-28	—	022-58785818
天津蜂巢投资管理合伙企业（有限合伙）	2011-09-15	—	022-59908091
天津海达创业投资管理有限公司	2007-11-29	www.hideavc.com	022-59852167
天津海泰戈壁创业投资管理有限公司	2008-02-21	www.htgvc.com	022-59908091
天津海泰科技投资管理有限公司	1997-05-08	www.hitech-investment.com	022-83713390
天津和易谷雨股权投资合伙企业（有限合伙）	2011-07-18	www.grainsvalley.com	01059775065-827
天津和悦谷雨股权投资基金合伙企业（有限合伙）	2011-04-20	www.grainsvalley.com	01059775065-827
天津汇鑫创富股权投资基金管理有限公司	2010-10-21	—	022-23374055
天津科创天使投资有限公司	2006-06-19	www.tjacco.com	022-87894631
天津科技融资控股集团有限公司	2010-11-24	www.tjstgroup.com	022-58785818
天津科技投资集团有限公司	1997-12-01	www.stic.com.cn	022-28355150

公司名称	成立时间	网址	电话
天津南开区苑鑫创业投资有限公司	2012-10-12	—	022-58785818
天津普银天使创业投资有限公司	2017-06-20	—	022-58793069
天津清启陆石股权投资中心（有限合伙）	2016-05-04	—	022-84908955
天津清研华阳投资管理有限公司	2015-11-09	—	—
天津清研陆石投资管理有限公司	2016-05-03	—	022-84908955
天津市武清区信邦科技创业投资发展有限公司	2011-05-23	—	022-58785818
天津水星创业投资有限责任公司	2010-05-10	—	022-59852163
天津泰达科技投资股份有限公司	2000-10-13	www.tedavc.com.cn	022-66299990
天津天保成长资产管理有限公司	2007-03-06	—	022-86259216
天津天创华鑫现代服务产业创业投资合伙企业（有限合伙）	2012-12-04	—	022-86259216
天津天创盈讯创业投资合伙企业（有限合伙）	2011-09-26	—	022-86259216
天津天富创业投资有限公司	2007-12-04	—	022-86259216
天津天以生物医药股权投资基金有限公司	2010-11-25	—	022-86259216
天津天英创业投资管理有限公司	2010-06-22	—	022-86259216
天津浔渡创业投资合伙企业（有限合伙）	2011-04-08	—	0510-80708899
天津燕山航空创业投资有限公司	2013-03-28	—	022-58087222
天津友和投资管理有限公司	2015-09-25	www.uohope.com	022-88379181
天津沅渡创业投资合伙企业（有限合伙）	2010-08-11	—	0510-80708899
博汇源创业投资有限合伙企业	2009-05-26	—	0755-29966130
新疆火炬创业投资有限公司	2012-08-09	www.tvcxj.com	0991-3678085
新疆江之源股权投资合伙企业（有限合伙）	2010-12-02	—	18999182433
新疆融汇鑫创业投资管理有限公司	2011-11-30	—	0991-6993761
新疆维吾尔自治区国有资产投资经营有限责任公司	1998-04-23	—	0991-2831446
新疆兴华富疆股权投资管理有限公司	2015-08-06	—	0991-3955612
新疆浙新股权投资有限合伙企业	2011-11-02	—	13819485869
新疆中科援疆创新创业私募基金管理有限公司	2015-10-09	—	0991-3820157
中广核银创一期股权投资有限公司	2011-12-07	—	—
红塔创新投资股份有限公司	2000-06-15	—	0871-65177809
云南惠众股权投资基金管理有限公司	2011-07-06	—	0871-63632718
云南宁祥股权投资基金管理有限公司	2012-10-19	—	0871-68358445
云南银科股权投资基金合伙企业（有限合伙）	2016-10-27	—	13888140928
安丰创业投资有限公司	2008-02-28	www.anfengvc.com	0571-87633583
长兴大象投资管理中心（有限合伙）	2016-12-28	—	—
长兴科创投资管理合伙企业（有限合伙）	2015-10-19	—	0571-81968096

公司名称	成立时间	网址	电话
长兴科商创业投资合伙企业（有限合伙）	2015-06-15	—	0571-88869317
长兴科威创业投资合伙企业（有限合伙）	2014-12-30	—	0571-88869317
长兴启航投资管理合伙企业（有限合伙）	2015-10-09	—	0571-81968096
长兴天使投资管理合伙企业（有限合伙）	2015-10-22	—	0571-81968096
海宁力合天使创业投资合伙企业（有限合伙）	2014-09-30	—	0573-87296061
杭州安丰宸元创业投资合伙企业（有限合伙）	2016-01-21	—	0571-87633580
杭州安丰创健创业投资合伙企业（有限合伙）	2018-07-17	—	0571-87633580
杭州安丰杭盈创业投资合伙企业（有限合伙）	2017-04-20	—	0571-87633580
杭州安丰慧元创业投资合伙企业（有限合伙）	2016-03-15	—	0571-87633583
杭州安丰玖号创业投资合伙企业（有限合伙）	2015-09-28	—	0571-87633583
杭州安丰上盈创业投资合伙企业（有限合伙）	2015-01-09	—	0571-87633583
杭州安丰盛科创业投资合伙企业（有限合伙）	2017-06-15	—	0571-87633580
杭州安丰新千投创业投资合伙企业（有限合伙）	2017-01-09	—	0571-87633580
杭州安丰鑫元创业投资合伙企业（有限合伙）	2017-01-10	—	0571-87633580
杭州帮创投资合伙企业（有限合伙）	2016-01-29	—	—
杭州帮实投资管理有限公司	2014-04-03	www.vcchina.com	0571-58100716
杭州葆光投资管理有限公司	2012-10-18	—	0571-85450699
杭州滨江普华天晴股权投资合伙企业（有限合伙）	2016-02-24	—	0571-87755559
杭州滨江众创投资合伙企业（有限合伙）	2015-04-24	—	—
杭州伯乐圣赢股权投资合伙企业（有限合伙）	—	—	—
杭州博观丰年投资合伙企业（有限合伙）	2015-04-22	—	0571-89774867
杭州博谊投资合伙企业（有限合伙）	2016-01-21	—	0571-89774867
杭州长江创业投资有限公司	1996-01-06	—	0571-86622798
杭州辰弘投资合伙企业（有限合伙）	2016-06-14	—	0571-88771697
杭州诚和创业投资有限公司	2006-06-01	—	0571-88219849
杭州诚和西元投资合伙企业（有限合伙）	2012-08-30	—	0571-88219849
杭州赤子之礼投资管理合伙企业（有限合伙）	2016-05-30	—	0571-56056898
杭州崇石投资合伙企业（有限合伙）	2015-06-03	—	0571-89774867
杭州创客加速投资管理有限公司	2014-12-02	www.makeraccel.com	0571-87983570
杭州德石驱动投资合伙企业（有限合伙）	2014-08-01	—	0571-28182340
杭州德石速动投资合伙企业（有限合伙）	2017-03-29	—	0571-28182340
杭州德同创业投资合伙企业（有限合伙）	2010-07-08	—	—
杭州德同投资管理有限公司	2010-04-21	—	0571-86690980
杭州登弘投资合伙企业（有限合伙）	2015-07-15	—	0571-88122783
杭州鼎聚芥园创业投资合伙企业（有限合伙）	2011-05-28	—	—

公司名称	成立时间	网址	电话
杭州鼎聚景盛创业投资合伙企业（有限合伙）	2018-08-07	—	—
杭州鼎聚景远创业投资合伙企业（有限合伙）	2016-05-23	—	—
杭州鼎聚坤华创业投资合伙企业（有限合伙）	2011-12-21	—	—
杭州鼎聚茂华创业投资合伙企业（有限合伙）	2013-01-07	—	—
杭州鼎聚投资管理有限公司	2011-04-06	—	—
杭州敦和创业投资有限公司	2011-04-11	www.dunhevc.com	0571-87789060
杭州复朴共进投资合伙企业（有限合伙）	2015-03-31	—	0571-86690980
杭州复朴投资管理有限公司	2014-09-17	—	0571-86690980
杭州高特佳睿海合伙企业（有限合伙）	2016-02-29	—	—
杭州高新创业投资有限公司	2005-12-29	—	0571-28216236
杭州高盈创业投资合伙企业（有限合伙）	2009-06-18	—	0571-87997755
杭州广润创业投资有限公司	2007-11-28	—	0571-87182917
杭州贵巨创业投资合伙企业（有限合伙）	2015-09-23	—	0571-87182917
杭州海邦巨擎创业投资合伙企业（有限合伙）	2016-03-14	—	0571-88212200
杭州海邦投资管理有限公司	2010-12-10	www.hbvc.com.cn	0571-88212200
杭州海邦新湖人才创业投资合伙企业（有限合伙）	2013-08-02	www.hbvc.com.cn	0571-88212200
杭州海邦药谷从正创业投资合伙企业（有限合伙）	2015-06-05	—	0571-88212200
杭州海邦羿谷创业投资合伙企业（有限合伙）	2017-12-28	—	0571-88212200
杭州海邦引智投资管理有限公司	2012-06-01	www.hbvc.com.cn	0571-8821200
杭州汉洋友创投资合伙企业（有限合伙）	2015-01-29	—	0571-87952529
杭州杭商宝石创业投资合伙企业（有限合伙）	2011-02-21	—	0571-86837835
杭州好望角车航投资合伙企业（有限合伙）	2016-06-30	—	0571-28178260
杭州好望角启航投资合伙企业（有限合伙）	2011-07-28	—	0571-28178260
杭州好望角投资管理有限公司	2007-08-22	—	0571-28178237
杭州好望角苇航投资合伙企业（有限合伙）	2015-11-23	—	0571-28178260
杭州好望角引航投资合伙企业（有限合伙）	2014-05-05	—	0571-28178235
杭州弘翔金投投资合伙企业（有限合伙）	2017-03-28	—	0571-28199590
杭州宏桥锦上添花投资合伙企业（有限合伙）	2015-08-13	—	0571-87031727
杭州宏桥精彩未来投资合伙企业（有限合伙）	2015-08-10	—	0571-87031727
杭州宏桥熠熠生辉投资合伙企业（有限合伙）	2015-08-07	—	0571-87031727
杭州厚初创业投资合伙企业（有限合伙）	2014-05-22	—	0571-88301885
杭州华薇创业投资合伙企业（有限合伙）	2017-11-03	—	0571-88902017
杭州金投智远创业投资合伙企业（有限合伙）	2017-07-21	—	0571-87155986
杭州金永信创业投资合伙企业（有限合伙）	2009-12-21	—	0571-85270710
杭州金永信润禾创业投资合伙企业（有限合伙）	2010-05-04	—	0571-85270710

公司名称	成立时间	网址	电话
杭州金永信天时创业投资合伙企业	2010-04-07	—	0571-85270710
杭州锦聚投资管理有限公司	2014-07-21	www.jinju-capital.com	0571-85395572
杭州锦聚新能源壹号投资合伙企业（有限合伙）	2017-12-12	—	0571-28205211
杭州锦杏谷创业投资合伙企业（有限合伙）	2015-02-13	—	0571-28205211
杭州经济技术开发区创业投资有限公司	2008-10-09	www.hedaventures.com	0571-88073089
杭州君知投资合伙企业（有限合伙）	2017-02-01	—	—
杭州君志投资合伙企业（有限合伙）	2017-02-10	—	—
杭州科发创业投资合伙企业（有限合伙）	2013-01-09	www.zdkfcapital.com	0571-89939939
杭州科发金鼎创业投资合伙企业（有限合伙）	2017-10-11	www.zjkfcapital.com	0571-88250328
杭州科发天使投资合伙企业（有限合伙）	2015-02-12	www.zdkfcapital.com	0571-88250328
杭州科发相湖创业投资合伙企业（有限合伙）	2018-03-19	—	0571-88250328
杭州兰德优势创业投资合伙企业（有限合伙）	2011-07-07	—	0571-86963977
杭州蓝贝壳帮实创业投资合伙企业（有限合伙）	2015-11-26	—	—
杭州浪淘沙势弘投资合伙企业（有限合伙）	2016-06-14	—	0571-88771697
杭州浪淘沙投资管理有限公司	2014-09-19	www.ltsvc.com	0571-88771697
杭州浪淘沙智选创业投资合伙企业（有限合伙）	2014-11-06	—	0571-88771697
杭州立晟佳悦创业投资合伙企业（有限合伙）	2016-05-11	www.ls-vc.com	0571-88212200
杭州立元创业投资股份有限公司	2006-12-08	www.cnlyjt.com	0571-87974698
杭州粒子加速投资管理有限公司	2017-08-10	—	0571-81020224
杭州联创投资管理有限公司	2008-10-07	www.newmargin.com	0571-28130555
杭州联创永津创业投资合伙企业（有限合伙）	2009-09-01	—	0571-28130555
杭州联创永润投资合伙企业（有限合伙）	2012-03-14	—	0571-28130555
杭州联创永溢创业投资合伙企业（有限合伙）	2010-10-08	—	0571-28130555
杭州联创永源股权投资合伙企业（有限合伙）	2011-03-07	—	0571-28130555
杭州灵峰赛伯乐创业投资合伙企业（有限合伙）	2008-12-10	—	0571-86089290
杭州灵琰投资合伙企业（有限合伙）	2013-06-03	—	0571-85450699
杭州龙庆长阜股权投资合伙企业（有限合伙）	2012-11-09	—	—
杭州普华博帆投资合伙企业（有限合伙）	2016-01-21	—	—
杭州普华锐昆创业投资合伙企业（有限合伙）	2017-10-26	—	—
杭州普华智顺股权投资合伙企业（有限合伙）	2016-10-25	—	—
杭州钱江浙商创业投资合伙企业（有限合伙）	2009-06-03	—	0571-89922222
杭州钱江中小企业创业投资有限公司	2010-09-25	—	0571-87245986
杭州榕环股权投资基金合伙企业（有限合伙）	—	—	—
杭州如山创业投资有限公司	2007-08-01	—	0571-87814985
杭州润琰投资合伙企业（有限合伙）	2013-04-08	—	0571-85450699

公司名称	成立时间	网址	电话
杭州赛伯乐晨星投资合伙企业（有限合伙）	2010-09-21	—	0571-86089296
杭州赛伯乐瓦特投资合伙企业（有限合伙）	2016-08-23	—	—
杭州赛硅银投资合伙企业（有限合伙）	2014-04-11	www.cybernaut.com.cn	0571-89939898
杭州赛久投资合伙企业（有限合伙）	2016-02-04	—	—
杭州赛智君锐投资合伙企业（有限合伙）	2017-05-19	—	—
杭州市高科技投资有限公司	2000-08-20	—	0571-86699729
杭州数创创业投资合伙企业（有限合伙）	2013-11-13	—	0571-87997755
杭州天帮投资合伙企业（有限合伙）	2014-06-26	—	—
杭州天联投资管理合伙企业（有限合伙）	2014-03-14	—	0571-28233263
杭州天璞创业投资合伙企业（有限合伙）	2013-07-05	—	—
杭州天使湾投资管理股份有限公司	2010-09-28	www.tisiwi.com	0571-28237185
杭州同心众创投资合伙企业（有限合伙）	2017-10-19	—	—
杭州万豪投资管理有限公司	2006-01-09	—	0571-88129633
杭州文辰友创投资合伙企业（有限合伙）	2017-04-05	—	0571-87952529
杭州文诚创业投资有限公司	2012-07-09	—	0571-89833218
杭州文广创业投资有限公司	2010-12-29	—	0571-89833218
杭州文广股权投资管理有限公司	2010-11-10	—	0571-89833988
杭州信倍股权投资合伙企业（有限合伙）	2016-05-31	—	0571-87331033
杭州信得宝投资管理有限公司	2016-02-17	www.cndebo.com	0571-87331033
杭州英选投资合伙企业（有限合伙）	2016-06-14	—	0571-88771697
杭州盈动悦创创业投资合伙企业（有限合伙）	2015-09-10	—	0571-87997755
杭州友创天辰投资合伙企业（有限合伙）	2017-07-06	—	0571-87952529
杭州友创天使投资合伙企业（有限合伙）	2016-07-20	—	0571-87952529
杭州元弈投资合伙企业（有限合伙）	2016-03-01	—	0571-88122783
杭州远瞩股权投资合伙企业（有限合伙）	2014-10-20	—	—
杭州云创创业投资合伙企业（有限合伙）	2014-10-24	—	0571-87997755
杭州云栖创投股权投资合伙企业（有限合伙）	2017-11-20	—	0571-86036868
杭州哲创投资合伙企业（有限合伙）	2016-12-04	—	—
杭州浙科厚合创业投资合伙企业（有限合伙）	2018-02-02	—	0571-88869317
杭州浙科汇福创业投资合伙企业（有限合伙）	2016-10-12	—	0571-88869317
杭州浙科汇经创业投资合伙企业（有限合伙）	2017-06-30	—	0571-88869317
杭州浙科汇庆创业投资合伙企业（有限合伙）	2013-04-10	—	0571-88869317
杭州浙科盛元创业投资合伙企业（有限合伙）	2017-01-01	—	0571-88869317
杭州浙农科业投资管理有限公司	2015-06-05	—	0571-85229220
杭州浙农科众创业投资合伙企业（有限合伙）	2017-05-17	—	0571-85229220

公司名称	成立时间	网址	电话
杭州浙农鑫科创业投资合伙企业（有限合伙）	2015-06-15	—	0571-85229220
杭州浙农鑫翔创业投资合伙企业（有限合伙）	2016-09-26	—	0571-85229220
杭州中来锦聚新能源合伙企业（有限合伙）	2015-04-20	—	0571-28205211
杭州中赢复朴仁股权投资合伙企业（有限合伙）	2015-10-15	—	0571-86690980
红榕创业投资股份有限公司	2010-07-16	—	—
嘉兴华聚投资管理有限公司	2016-06-30	www.huajuvc.com	0298-8998155
嘉兴华睿布谷鸟创业投资合伙企业（有限合伙）	2014-08-14	—	—
嘉兴天禀投资合伙企业（有限合伙）	2014-05-16	—	0571-85395797
嘉兴天浩投资管理有限公司	2014-12-10	—	0571-85395797
嘉兴天玑创业投资合伙企业（有限合伙）	2014-04-04	—	0571-85395797
嘉兴天爵投资合伙企业（有限合伙）	2016-09-29	—	0571-85395797
嘉兴天澜投资合伙企业（有限合伙）	2014-11-17	—	0571-85395797
嘉兴天禄投资合伙企业（有限合伙）	2014-12-22	—	0571-85395797
嘉兴天叶投资合伙企业（有限合伙）	2016-06-24	—	0571-85395797
江山市恒创投资合伙企业（有限合伙）	2016-01-19	—	—
金华普华君跻投资合伙企业（有限合伙）	2017-03-03	—	—
金华普华天勤股权投资基金合伙企业（有限合伙）	2017-05-26	—	—
金华市博观科华股权投资合伙企业（有限合伙）	2015-06-04	—	—
金华市普华海纳股权投资合伙企业（有限合伙）	2015-07-28	—	—
金华市普华济帆股权投资合伙企业（有限合伙）	2016-02-17	—	—
金华市普华济兴股权投资合伙企业（有限合伙）	2016-02-03	—	—
金华市天勤科华股权投资合伙企业（有限合伙）	2015-06-03	—	—
兰溪普华聚力股权投资合伙企业（有限合伙）	2015-12-01	—	—
宁波安丰和众创业投资合伙企业（有限合伙）	2011-03-10	—	0571-87633580
宁波安丰汇群创业投资合伙企业（有限合伙）	2011-08-12	—	0571-87633580
宁波安丰领先创业投资合伙企业（有限合伙）	2011-04-26	—	0571-87633580
宁波安丰添富创业投资合伙企业（有限合伙）	2012-07-13	—	0571-87633580
宁波安丰众盈创业投资合伙企业（有限合伙）	2010-04-27	—	0571-87633580
宁波北岸智谷海邦创业投资合伙企业（有限合伙）	2016-07-07	—	0574-83088585
宁波北远创业投资中心（有限合伙）	2010-08-27	—	0574-27706565
宁波创业风险投资有限公司	1999-05-06	—	0574-86896339
宁波东元创业投资有限公司	2005-05-16	www.nbvc.com.cn	0574-87747281
宁波海邦人才创业投资合伙企业（有限合伙）	2011-09-29	—	0574-83088585
宁波华桐创业投资管理有限公司	2016-02-24	—	0574-87747281
宁波开云融汇创业投资合伙企业（有限合伙）	2015-05-18	—	0574-27903661

公司名称	成立时间	网址	电话
宁波科发宝鼎创业投资合伙企业（有限合伙）	2016-11-16	www.zjkfcapital.com	0571-88250328
宁波科发富鼎创业投资合伙企业（有限合伙）	2017-11-02	—	0571-88250328
宁波科发海鼎创业投资合伙企业（有限合伙）	2014-05-30	www.zdkfcapital.com	0571-89939939
宁波梅山保税港区道通好合股权投资合伙企业（有限合伙）	2017-06-07	—	0571-85450699
宁波梅山保税港区金格投资合伙企业（有限合伙）	2018-07-23	—	0574-87833188
宁波梅山保税区普华天跻创业投资合伙企业（有限合伙）	2017-03-01	—	—
宁波民和风险投资有限公司	2010-06-03	—	0571-55001908
宁波普华友实股权投资合伙企业（有限合伙）	2016-07-22	—	—
宁波普华元顺股权投资合伙企业（有限合伙）	2016-07-22	—	—
宁波赛伯乐甬科股权投资合伙企业（有限合伙）	2011-11-28	—	0574-28869979
宁波杉杉望新科技创业投资有限公司	2009-12-14	—	0574-56801567
宁波市伯乐开图创业投资合伙企业（有限合伙）	2013-06-19	—	0574-27903661
宁波市科发二号股权投资基金合伙企业（有限合伙）	2012-09-18	www.zdkfcapital.com	0571-89939939
宁波市科发股权投资基金合伙企业（有限合伙）	2012-03-01	www.zdkfcapital.com	0571-89939939
宁波思得成长创业投资合伙企业（有限合伙）	2018-05-21	—	0574-87833188
宁波天堂硅谷合众股权投资合伙企业（有限合伙）	2012-02-16	—	0571-87081027
宁波天堂硅谷融创股权投资合伙企业（有限合伙）	2014-01-01	—	0571-87081027
宁波天堂硅谷融合股权投资合伙企业（有限合伙）	2018-07-10	—	0571-86483523
宁波天堂硅谷融正股权投资合伙企业（有限合伙）	2014-01-08	—	0571-86483523
宁波天堂硅谷新风股权投资合伙企业（有限合伙）	2015-12-17	—	—
宁波天堂硅谷新健股权投资合伙企业（有限合伙）	2015-12-23	—	—
宁波天堂硅谷新象股权投资合伙企业（有限合伙）	2015-01-01	—	0571-86483523
宁波天堂硅谷元德股权投资合伙企业（有限合伙）	2016-01-06	—	—
宁波天堂硅谷正汇股权投资合伙企业（有限合伙）	2012-09-07	—	—
宁波万豪铭辉投资合伙企业（有限合伙）	2017-12-18	—	13940559107
宁波万豪铭锐投资合伙企业（有限合伙）	2017-05-15	—	—
宁波万豪铭山投资合伙企业（有限合伙）	2016-10-26	—	—
宁波万豪铭轩投资合伙企业（有限合伙）	—	—	13940559107
宁波新以创业投资管理有限公司	2010-01-13	www.infinty-equity.com	0571-87993883
宁波新以创业投资合伙企业（有限合伙）	2010-01-29	www.infinty-equity.com	0574-87993883
宁波英飞伯乐创业投资管理有限公司	2015-06-25	www.infinty-equity.com	0574-87993883
宁波英飞伯乐创业投资合伙企业（有限合伙）	2015-09-10	—	0571-87993883
宁波浙科汇聚创业投资合伙企业（有限合伙）	2014-07-16	—	0571-88869317

公司名称	成立时间	网址	电话
宁波浙科永强创业投资合伙企业（有限合伙）	2015-12-09	—	0571-88829317
平湖绿合股权投资基金合伙企业（有限合伙）	2018-05-31	—	18721136258
平湖绿合投资管理有限公司	2018-03-05	—	18721136258
衢州隆启润泽股权投资合伙企业（有限合伙）	2017-05-17	—	0571-87769995
绍兴海邦人才创业投资合伙企业（有限合伙）	2017-07-07	www.hbvc.com.cn	0571-88212200
绍兴柯桥锦聚创业投资合伙企业（有限合伙）	2016-02-24	—	0574-28205211
绍兴柯桥天堂硅谷远光股权投资合伙企业（有限合伙）	2017-08-24	—	—
绍兴上虞盛万投资合伙企业（有限合伙）	2017-06-29	—	021-58400138
绍兴市上虞区安丰盈元创业投资合伙企业（有限合伙）	2017-07-03	—	0574-87633580
绍兴市上虞区青创投资合伙企业（有限合伙）	2018-01-09	—	0571-88575727
绍兴天堂硅谷恒煜股权投资合伙企业	2016-09-27	—	0571-86483523
深圳市帮而为实天使投资企业（有限合伙）	2015-06-10	—	—
遂昌县科技创新创业投资基金合伙企业	2017-09-17	—	0571-88219849
台州科金创业投资合伙企业（有限合伙）	2014-11-12	—	0571-81968096
万向创业投资股份有限公司	2000-12-01	—	0571-81101791
武岳峰	2016-01-19	—	13621339905
象山弘成股权投资基金合伙企业（有限合伙）	2018-07-10	—	0574-28885831
象山弘日股权投资基金合伙企业（有限合伙）	2017-07-10	—	0574-28885831
义乌科发创业投资合伙企业（有限合伙）	2016-01-21	www.zjkfcapital.com	0571-88250328
义乌浙科汇富创业投资合伙企业（有限合伙）	2016-01-25	—	0571-88869317
永康市天堂硅谷智能制造投资合伙企业（有限合伙）	—	—	—
浙江安丰进取创业投资有限公司	2009-03-25	—	0571-87633580
浙江春晖创业投资有限公司	2007-10-17	—	0575-82167856
浙江大学创新技术研究院有限公司	2012-09-29	www.zjuiti.com	0571-58122670
浙江大学科技创业投资有限公司	2008-10-29	www.zdkc.zju.edu.cn	0571-87397926
浙江东翰高投长三角投资合伙企业（有限合伙）	2010-09-20	—	025-85529999
浙江菲达股权投资基金合伙企业（有限合伙）	2016-03-14	—	0575-80720677
浙江富国创新投资有限公司	2010-08-12	—	0571-88068383
浙江富国创业投资有限公司	2007-04-29	—	0571-88068369
浙江富国投资管理有限公司	2010-07-13	—	0571-88068369
浙江海邦人才创业投资合伙企业（有限合伙）	2011-12-01	www.hbvc.com.cn	0571-88212200
浙江海宁天玑创业投资管理合伙企业（有限合伙）	2015-06-19	—	0571-85395797
浙江海宁天擎创业投资管理合伙企业（有限合伙）	2015-07-06	—	0571-85395797

公司名称	成立时间	网址	电话
浙江海洋经济创业投资有限公司	2010-01-19	—	0580-2036865
浙江浩誉创业投资有限公司	2011-01-14	—	0571-88383341
浙江合力创业投资有限公司	2011-03-09	—	0571-88301885
浙江弘翔创业投资有限公司	2015-06-11	—	0571-28237131
浙江红石创业投资有限公司	2007-11-27	—	0571-88163183
浙江红土创业投资有限公司	2010-04-21	—	0573-83710188
浙江厚达股权投资基金管理有限公司	2016-11-11	—	0571-86091135
浙江华瓯创业投资有限公司	2007-11-16	www.hovc.cn	0571-88301885
浙江华瓯股权投资管理有限公司	2011-05-17	—	0571-88301885
浙江华睿北信源数据信息产业投资合伙企业（有限合伙）	2015-08-19	—	—
浙江华睿布谷鸟创业投资合伙企业（有限合伙）	2015-06-03	—	—
浙江华睿产业互联网股权投资合伙企业（有限合伙）	2015-04-13	—	—
浙江华睿德银创业投资有限公司	2010-05-04	—	0571-88163183
浙江华睿点金创业投资有限公司	2009-08-10	—	—
浙江华睿点石投资管理有限公司	2007-11-14	—	—
浙江华睿富华创业投资合伙企业（有限合伙）	2012-07-03	—	0571-88163183
浙江华睿海越光电产业创业投资有限公司	2009-12-23	—	0571-8813183
浙江华睿海越现代服务业创业投资有限公司	2010-01-28	—	0571-88163183
浙江华睿弘源智能产业创业投资有限公司	2010-03-22	—	0571-88163183
浙江华睿胡庆余堂健康产业投资基金合伙企业（有限合伙）	2015-11-27	—	—
浙江华睿火炬创业投资合伙企业（有限合伙）	2016-10-27	—	—
浙江华睿金石投资合伙企业（有限合伙）	—	—	—
浙江华睿控股有限公司	2002-08-01	www.sinowisdom.cn	0571-88163183
浙江华睿如山创业投资有限公司	2010-12-07	—	0575-88163183
浙江华睿如山装备投资有限公司	2009-10-13	—	—
浙江华睿睿银创业投资有限公司	2007-03-28	—	—
浙江华睿盛银创业投资有限公司	2009-08-11	—	—
浙江华睿泰信创业投资有限公司	2008-07-21	—	0571-88163183
浙江华睿祥生环境产业创业投资有限公司	2010-11-15	—	0571-88163183
浙江华睿兴华股权投资合伙企业（有限合伙）	2012-12-24	—	0571-88163729
浙江华睿医疗创业投资有限公司	2011-01-24	—	—
浙江华睿中科创业投资有限公司	2010-07-05	—	0571-88163183
浙江嘉海创业投资有限公司	2010-01-13	—	0571-89922222

公司名称	成立时间	网址	电话
浙江金永信投资管理有限公司	2005-03-24	—	0571-85270710
浙江君亚创业投资合伙企业（有限合伙）	2012-05-21	—	0571-8675-1630
浙江科发资本管理有限公司	2003-11-11	www.zdkfcapital.com	0571-89939939
浙江科金天使启航股权投资合伙企业（有限合伙）	2011-11-14	—	0571-81968385
浙江联盛创业投资有限公司	2007-10-26	—	0575-82960006
浙江美林创业投资有限公司	2008-07-11	www.merrillcapital.cn	0571-85451820
浙江瓯联创业投资有限公司	2009-05-12	—	0571-88301885
浙江瓯盛创业投资有限公司	2008-06-03	—	0571-88301885
浙江瓯信创业投资有限公司	2009-04-02	—	0571-88301885
浙江普华天勤股权投资管理有限公司	2011-06-20	www.puhuacapital.com	0571-89774867
浙江如山成长创业投资有限公司	2008-08-18	—	0571-87814985
浙江如山高新创业投资有限公司	2010-11-10	—	0571-87814985
浙江如山汇金资本管理有限公司	2010-09-26	www.crestvalue.com	0571-87814985
浙江如山汇鑫创业投资合伙企业（有限合伙）	2015-11-05	—	0571-87814985
浙江如山新兴创业投资有限公司	2012-09-11	—	0571-87814985
浙江赛伯乐科创股权投资管理有限公司	2011-08-09	www.cybernautvc.com	0571-88085123
浙江赛伯乐投资管理有限公司	2008-06-16	www.zjcybernaut.com	0571-86089290
浙江赛珩投资合伙企业（有限合伙）	2016-09-13	—	—
浙江赛康创业投资有限公司	2010-04-20	—	0571-86089290
浙江绍兴普华兰桥文化投资合伙企业（有限合伙）	2015-11-10	—	—
浙江绍兴普华兰亭文化投资合伙企业（有限合伙）	2015-12-07	—	—
浙江绍兴普华天勤投资管理有限公司	2015-10-27	—	—
浙江省创业投资集团有限公司	2000-09-30	www.zjvc.cn	0571-88259216
浙江省科技风险投资有限公司	1993-06-01	www.zvc-zj.com	0571-88869317
浙江泰银创业投资有限公司	2007-10-26	—	—
浙江天使湾创业投资有限公司	2010-09-29	www.tisiwi.com	0571-28237185
浙江天堂硅谷长泰股权投资合伙企业（有限合伙）	2011-07-15	—	0571-87081027
浙江天堂硅谷朝阳创业投资有限公司	2007-04-16	—	0571-87081027
浙江天堂硅谷晨曦创业投资有限公司	2007-10-16	—	0571-87081027
浙江天堂硅谷海天汇缘创业投资合伙企业（有限合伙）	2013-03-04	—	0571-87081027
浙江天堂硅谷合丰创业投资有限公司	2009-10-13	—	0571-87081027
浙江天堂硅谷合胜创业投资有限公司	2009-10-20	—	0571-87081027
浙江天堂硅谷合行至臻股权投资合伙企业（有限合伙）	2015-05-18	—	0571-86483523

公司名称	成立时间	网址	电话
浙江天堂硅谷合众创业投资有限公司	2007-10-24	—	0571-87081027
浙江天堂硅谷和翔股权投资合伙企业（有限合伙）	2012-07-09	—	0571-86483523
浙江天堂硅谷恒通创业投资有限公司	2008-05-26	—	0571-87081027
浙江天堂硅谷恒裕创业投资有限公司	2008-01-03	—	0571-87081027
浙江天堂硅谷久和股权投资合伙企业（有限合伙）	2012-03-01	—	0571-86483523
浙江天堂硅谷久晟股权投资合伙企业（有限合伙）	2011-01-01	—	0571-87081027
浙江天堂硅谷鲲诚创业投资有限公司	2006-12-01	—	0571-87081027
浙江天堂硅谷鲲鹏创业投资有限公司	2009-06-26	—	0571-87081027
浙江天堂硅谷乐通至臻股权投资合伙企业（有限合伙）	2011-01-01	—	0571-86483523
浙江天堂硅谷七弦股权投资合伙企业（有限合伙）	2011-01-01	—	0571-87081027
浙江天堂硅谷时顺股权投资合伙企业（有限合伙）	—	—	—
浙江天堂硅谷台州合盈股权投资有限公司	2011-01-01	—	0571-87081027
浙江天堂硅谷阳光创业投资有限公司	2006-06-20	—	0571-87081027
浙江天堂硅谷银泽股权投资合伙企业（有限合伙）	2010-10-19	—	0571-87081027
浙江天堂硅谷盈丰股权投资合伙企业（有限合伙）	2010-07-30	—	0571-87081027
浙江天堂硅谷盈通创业投资有限公司	2010-06-01	—	0571-87081027
浙江天堂硅谷元得股权投资合伙企业（有限合伙）	2015-07-23	—	0571-86483523
浙江维科创业投资有限公司	2008-02-28	—	0571-87207616
浙江先文投资管理有限公司	2017-04-14	—	0517-85279785
浙江新安创业投资有限公司	2011-01-01	—	0571-88845040
浙江信德丰创业投资有限公司	2010-05-27	—	0571-87221919
浙江亿都创业投资有限公司	2007-11-01	—	0571-85310058
浙江银杏谷投资有限公司	2013-07-19	www.yxgzb.com	0571-87382708
浙江银杏云股权投资基金合伙企业（有限合伙）	—	—	0571-86036868
浙江盈瓯创业投资有限公司	2010-11-05	—	0571-88301885
浙江浙大大晶创业投资有限公司	2001-01-03	—	0571-87382890
浙江浙大友创投资管理有限公司	2001-01-21	—	0571-87952529
浙江浙科汇丰创业投资有限公司	2010-09-01	—	—
浙江浙科汇利创业投资有限公司	2010-05-01	—	0571-88869317
浙江浙科汇涛创业投资合伙企业（有限合伙）	2011-05-09	—	0571-88869317
浙江浙科汇盈创业投资有限公司	2009-08-01	—	0571-88869317
浙江浙科美林创业投资有限公司	2011-04-01	—	0571-88869317
浙江浙科升华创业投资有限公司	2010-10-01	—	—
浙江浙科投资管理有限公司	2011-11-01	—	0571-88869317

公司名称	成立时间	网址	电话
浙江浙科银江创业投资有限公司	2010-10-14	—	0571-88869317
浙江浙能创业投资有限公司	2003-03-11	—	0571-86679060
浙江浙商长海创业投资合伙企业（有限合伙）	2010-12-14	—	0571-89922222
浙江浙商创业投资股份有限公司	2007-11-01	www.zsvc.com.cn	0571-89922222
浙江浙商海鹏创业投资合伙企业（有限合伙）	2008-06-03	—	0571-89922222
浙江浙商诺海创业投资合伙企业（有限合伙）	2010-04-14	—	0571-89922222
浙江舟山如山汇盈创业投资合伙企业（合伙企业）	2016-04-28	—	0571-87814985
浙江诸暨惠风创业投资有限公司	2008-08-06	—	0575-87015792
浙江诸暨万泽股权投资基金合伙企业（有限合伙）	2016-12-05	—	0571-86655863
舟山浙科东港创业投资合伙企业（有限合伙）	2018-07-24	—	0571-88869317
诸暨鼎信创业投资有限公司	2008-07-29	—	0571-87814985
诸暨富华产业转型升级基金合伙企业（有限合伙）	2017-08-03	—	—
诸暨富华中云投资合伙企业（有限合伙）	2017-11-17	—	0575-88163183
诸暨华睿嘉银创业投资合伙企业（有限合伙）	2014-11-21	—	—
诸暨华睿聚银股权投资合伙企业（有限合伙）	2018-08-07	—	—
诸暨华睿聚智股权投资合伙企业（有限合伙）	2018-05-29	—	—
诸暨华睿庆丰创业投资合伙企业（有限合伙）	2016-12-01	—	—
诸暨华睿文华股权投资合伙企业（有限合伙）	2015-06-10	—	—
诸暨华睿新锐投资合伙企业（有限合伙）	2015-06-01	—	—
诸暨华睿钻石投资合伙企业（有限合伙）	2017-10-17	—	0575-88163183
诸暨如山汇安创业投资合伙企业（有限合伙）	2017-05-02	—	0571-87814985
诸暨浙科乐英创业投资合伙企业（有限合伙）	2018-04-02	—	0571-88869317
国本股权投资基金管理（重庆）有限公司	2014-10-15	—	023-63084362
民商（重庆）股权投资基金管理有限公司	2014-02-26	—	—
西证重庆股权投资基金管理有限公司	2013-07-18	www.swsc.com.cn	023-67112321
重庆北斗卫星导航投资管理有限公司	2014-11-25	—	010-85180860
重庆贝信投资有限公司	2014-10-21	—	023-86713575
重庆渤溢股权投资基金管理有限公司	2014-09-30	—	023-63219655
重庆大石投资管理有限公司	2013-09-17	www.upcubator.com	023-68693523
重庆德同创业投资中心（有限合伙）	2010-04-01	—	023-67889908
重庆德同领航创业投资中心（有限合伙）	2014-04-30	—	023-67889908
重庆德同投资管理有限公司	2009-12-29	—	023-67889908
重庆东方恒益股权投资基金管理有限公司	—	—	023-67889858
重庆富坤创业投资中心（有限合伙）	2009-09-22	www.rlequities.com	023-67030567
重庆富坤新智能交通投资合伙企业（有限合伙）	2014-04-08	www.rlequities.com	023-67030600

公司名称	成立时间	网址	电话
重庆富坤智通投资管理有限公司	2013-12-31	www.rlequities.com	023-67030567
重庆高技术创业中心	2002-03-25	www.cqgczx.com	023-67300612
重庆高新创投红马资本管理有限公司	2014-04-14	www.cqrhcapital.com	023-67990997
重庆汉能科技创业投资中心（有限合伙）	2011-08-30	www.hinagroup.com.cn	010-85889000
重庆华犇创业投资管理有限公司	2010-04-16	www.chinarunvc.com	023-63807808
重庆华犇电子信息创业投资中心（有限合伙）	2010-11-16	—	023-63807807
重庆华夏博大股权投资基金管理有限公司	2014-02-26	www.hxbdfund.cn	023-60360540
重庆洹杉股权投资基金管理有限公司	2015-01-15	—	023-63427475
重庆汇涌金股权投资基金管理有限公司	2014-04-04	www.cqhyj.cn	023-67876780
重庆九方股权投资基金管理中心（有限合伙）	2011-07-27	—	13883372072
重庆开创高新技术创业投资有限公司	2005-03-25	—	023-63118585
重庆科技风险投资有限公司	1993-01-16	www.cqskjvc.com	023-67516829
重庆科兴乾健创业投资有限公司	2011-12-01	—	—
重庆两江新区创新创业投资发展有限公司	2011-09-26	www.chinaljcapital.com	023-61757901
重庆临空开发投资集团有限公司	2014-11-24	—	023-61962571
重庆清研股权投资基金管理中心（有限合伙）	2016-03-15	—	023-88251185
重庆瑞利丰股权投资基金管理有限公司	2013-09-23	www.richfo.com	023-63065608
重庆三屋领行创业投资有限公司	—	—	023-68883533
重庆三屋领秀创业投资有限公司	2012-11-22	—	023-62628666
重庆三屋投资有限公司	2009-12-02	www.cqswtz.com	023-62628666
重庆市大渡口区科技产业创业投资有限公司	2013-01-21	—	023-67516108
重庆市渝北国有资本投资有限公司	2014-09-28	—	023-61962571
重庆天使科技创业投资有限公司	2010-01-25	—	023-67516829
重庆天使投资引导基金有限公司	2009-07-17	www.cqvcgf.com	023-67512501
重庆同趣控股有限公司	2005-06-10	—	023-67680083
重庆万业美科股权投资基金管理有限公司	2011-01-30	www.wanyec.com	023-81156930
重庆英飞尼迪投资管理有限公司	2011-11-11	www.infinity-equity.com	023-63057366
重庆圆基新能源创业投资基金合伙企业（有限合伙）	2011-01-27	—	023-63329022
重庆中冶泊达股权投资基金管理有限公司	2013-12-17	—	023-67683039